사치의 문화

LE LUXE ÉTERNEL

by Gilles Lipovetsky and Elyette Roux

© Editions Gallimard, 2003
Korean translation copyrights © Moonye Publishing Co., 2018

This Korean edition was published by arrangement with Editions Gallimard
through Sibylle Books Literary Agency, Seoul

우리 시대의 일상이 된
사치에 대하여

사치의
문화

질 리포베츠키 | 엘리에트 루 지음

유재명 옮김

문예출판사

○ 머리말

이 책은 두 편의 시론으로 이루어져 있다. 시론을 쓴 필자들의 문제 제기나 연구 대상은 전혀 유사하지 않다. 한 권의 책에, 두 가지 관점이 담겨 있다. 하나는 사회·역사적 관점으로 사치를 소개하려 하고, 다른 하나는 마케팅과 기호학적으로 접근하려 한다. 첫 번째 관점은 아주 장구한 시간의 관점을 채택하고 있고, 두 번째는 상표의 정체성과 시간 속에서의 상표 경영을 채택하고 있다. 여기에 소개된 시론들은 각각 많든 적든 간에 나름대로 이론의 전통이나 혹은 학과목의 전통과 결부된 '정신'을 유지하고 있다. 우리는 공통의 메시지를 주려 하지 않았다. 우리 각자는 메시지의 영역과 그 메시지에서 문제를 삼은 부분에 적용할 수 있었던 나름의 방식을 추구했다. 그러나 연결점들이 존재한다. 이 연결점들을 찾아내고 판단하는 것은 독자들의 몫이 될 것이다.

　잠시 역사적으로 되돌아가 보자. 우리가 알고 있는 것처럼, 사치에 대한 초기의 표현들에서 드러난 사치에 대한 생각은, 윤리적이고 도덕적인 목적을 위해 구축되고 발전되었다. 대부분의 그리스 철학

유파들, 그리고 뤼미에르 철학[18세기 계몽주의 철학] 유파들이, 사치는 과도함과 자만심을 표현하는 수단과 동의어이기 때문에 영혼을 근심에 빠뜨릴 수 있고, 우리를 단순함, 독립, 내적인 기쁨으로부터 멀어지게 할 수 있을 뿐이라 말했다. 게다가 사치는 사람들을 끝도 없는 잘못된 쾌락 경쟁으로 끌어들여 불행하게 만들었고, 육체와 영혼을 나약하게 만들면서, 풍기 문란과 낙원 몰락의 원인이 되었다. 18세기까지의 사치에 대한 분석에서, 사치는 행복과는 양립 불가능하고 민중을 퇴폐로 이끈다는 도덕적인 비판이 지배적이었다. 그러나 이 세기에 잉여와 부에 대한 최초의 근대적인 예찬들이 분출되었다.

사회학과 민속학이 모습을 드러내면서, 완전히 다른 패러다임이 빛을 본다. 이 패러다임은 철학적이고 도덕적인 계획을, 사회적인 논리들을 개념화하려는 학문적 야망으로 대신한다. 여기에서 사회적인 논리들이란 파산할 정도로 소비하고, 영예롭게 소비한 것을 말한다. 집단 규범들이 제일선에 놓이는데, 이 규범들은 과시적인 소비, 요구와 모방 그리고 사회적 구별의 과정을 권장했다. 이 과정이 집단 규범들의 기초가 되었다. 이때부터 사치에 관한 이론들은 사회 계급들이 몰두한 요구와 상징적인 투쟁의 작동 체계에 초점을 맞추었다. 우리는 항상 여러 가지 관점의 중심에 있다. 중요한 대변혁이 역사적 현실의 질서 속에서 발생했음에도, 사치를 지배하는 생각은 '확고부동하게' 남아 있다. 이 독서 목표는 뚜렷하게 그 경계를 드러낸다. 일어난 변화들은 이론적 중심에서 절대적으로 어긋나게 하고, 제시된 모델들을 폭넓게 수정하도록 한다. 이 모델들은 현상의 처음과 끝을 구별짓는 논리를 만든다.

게다가, 필요 불가결하게 새로워지는 문화는 새로운 사치 경제를 배가시킨다. 이러한 맥락에서, 일류 제조업체들, 그들의 상품 콘셉트-광고-유통은 사회적인 힘과 새로운 의미를 얻었다. 새로운 의미란 귀중한 재화의 영역에서 전대미문의 것이 사용되는 상황을 이해하길 바란다면, 그 사용을 가장 정확하게 알아내야 할 정도로 중요한 것을 말한다. 사치 마케팅이 급성장하는 시기에, 수요의 변화와 나란히, 혹은 수요의 변화와 함께 공급 전략에서 특수성을 갖는 것들을 탐색한다는 것은 그 어느 때보다도 상황에 맞는 일이다. 이로부터 마케팅 현상들에 대한 해독의 필요성이 나오는데, 이 책에서 그 현상들을 발견할 수 있을 것이다.

이러한 것들은 책의 전체적인 흐름 속에서 드러난다. 이 책은 틀림없이 상당히 불완전하고 불충분할 수 있다. 실현 불가능한 필자들의 열망이 하나의 시론이란 협소한 한계로 분명히 드러난다고 생각할 때, 어떤 사람들은 이 책이 너무 '안일하다'고 평가할 수 있을 것이다. 다른 사람들은 초현대적인 시장과 일류 제작자의 전략에 과도하게 할애된 지면 때문에 매우 유감스럽게 생각할 수 있을 것이다. 어쩌면 독자들은 관점의 불일치 때문에 놀랄 수도 있을 것이다. 즉 인류학적 고찰과 마케팅 해석 고찰, 가장 동떨어져 있는 것과 가장 근접해 있는 것, 구조적인 것과 일시적인 것, 이론적인 것과 경험적인 것 등 이 모든 것들을 나란히 놓았다는 이유 때문에 놀랄 수도 있을 것이다. 그러나 균일성 속에서 잃었던 것이 명료함으로 얻어지지 않는다고 확신할 수는 없다. 이 점이 바로 이 책이 추구하는 바이다. 변화들이 심하게 진행되고 있는 만큼, 관점과 시간성의 교차는 확실히 하나의 좋은 '방법'이 될 것이다. 이 교차는 이러한 연구 목적에 다시 활력을 주기 위한 것이고, 사치에 대한 새로운 대책들을 더욱 두드러지게 하기 위한 것이다. 현재는 이 환경에서, '귀족주의적인' 열정과 민주주의적인 열정이 공존하고, 전통과 혁신이 공존하며, 장구한 신화의 시대와 짧은 패션의 시대가 공존한다. 보들레르Baudelaire가 《현대적 삶의 화가Le Peintre de la vie moderne》에서 말하지 않았던가, 지나가는 일시적인 것에서 영원한 것이 추출된다고…….

차례

1부

영원한 사치, 감동의 사치

질 리포베츠키
Gilles Lipovetsky

필자는 사치에 관한 특별한 취향을 갖고 있지 않다. 단지 그것에 관해 생각하는 취미를 갖고 있을 뿐이다.

필자는 이 점에 있어서 그리 참신한 생각이라곤 없다. 그리스 철학과 함께 시작되어 장구하고 유서 깊은 사유의 전통을 만들어낸 많고 많았던 의문들은, 18세기에 유명한 '사치에 관한 논쟁'에서 극도의 예찬을 찾아냈고, 사회학이 문제를 삼으면서 19세기로 연장되었다. 부의 잉여와 겉모습 그리고 낭비는 플라톤Platon부터 폴리비오스Polybios에 이르기까지, 에피쿠로스Epicouros부터 에픽테토스Epiktētos에 이르기까지, 아우구스티누스Augustinus부터 루소Rousseau에 이르기까지, 루터Luther부터 칼뱅Calvin에 이르기까지, 맨더빌Mandevill부터 볼테르Voltaire에 이르기까지, 베블런Veblen부터 모스Mauss에 이르기까지, 25세기 동안 우리 스승들의 사유를 끊임없이 자극했다.

필자가 문헌들을 다시 펼치고, 오늘날에도 여전히 사유의 원천으로 남아 있는 건물에 겸허한 돌을 쌓아올리는 것이 필요했다면, 그것은 약 200여 년 동안 사치의 현장에서 일어났던 중요한 변화들을 파악하려는 것이었다. 이후 사치의 현장은 물론 완전히 다른 것이 되지 않았지만, 이미 더는 완전하게 똑같지도 않다. 진행되고 있는 변화들은 현상에 관한 새로운 검토가 필요할 만큼 폭넓다.

재검토는 우선 사치 산업의 경제적인 비중에서 읽어낼 수 있다. 금세기에 사치품 시장은 굉장히 팽창되었다. 시장의 규모는 2000년에 전 세계적으로 약 900억 유로euro로 평가되었다(유로스타프Euro-staf 연구). 그런데도 이러한 수치는 전체 사치품 시장의 상황을 보여주지 못하고 있다. 이 수치는 고가의 승용차 부문을 포함하고 있지 않기 때문이다. 특히 승용차 부문만을 이야기해보면, 2001년에 메르세데스 벤츠, BMW, 아우디, 포르쉐 등은 각각 477억, 335억, 220억, 44억 유로에 달하는 총 매출액을 달성했다. 사치 산업이 상당한 어려움에 봉착하리라 예견되는데도, 여러 연구들의 전망은 사치의 장밋빛 미래를 예견하고, 새로운 부유층의 출현, 세계화를 예견하고 있다. 뿐만 아니라 이러한 연구들은 사치 산업 부문의 강력한 성장 잠재력을 유발시키는 경향들을 만들면서 사치품 소비와 관련하여 여러 나라들의 개방을 예고하고 있다. 일본은 현재 세계 제1의 사치품 소비 시장으로, 이 나라가 홀로 전 세계 사치품 총 매출액의 3분의 1을 차지한다.

사치는 새로운 경제 영역 이상의 의미를 갖는다. 10여 년 전부터, 예전의 독립적이고 반半수공업적 소기업들이 국제 규모 그룹들의 우위를 인정하면서, 사치 부문은 진정한 구조 변화를 겪었다. 국제 규모의 그룹들은 소기업들에게 배타적이지는 않을지라도, 다양한 제품을 갖고 대중 시장에서 그들의 능력을 보여주는 여러 방법과 전략을 구사했다. 최초의 세계적인 사치품 그룹인 LVMH(루이비통 모에 헤네시)는, 2001년에 51개의 고급 제품을 65개국에 출시한 데 힘입어 122억 유로의 총 매출액을 올렸다. 같은 해, 에스티 로더Estée Lauder 그룹의 총 매출액은 46억 달러에 달했고, PPR(피노 프렝탕 레두트, Pinault-Printemps-Redoute) 그룹의 사치 부분 총 매출액은 25억 유로에 달했다. 새로운 사치품의 시대가 오고 있다. 새로운 시대는 합병, 인수, 세계화된 시장에서 상표의 매각 등 가속되는 기업 집중의 움직임으로 드러난다. 현재는 사치 부문의 자본화가 필요하지만, 그렇다고 해서 절대적으로 필요한 특유의 창의성과 탁월한 상품이 사라져서는 안 된다. 현재 모습을 드러내고 있는 사치의 세계는 자본의 논리와 미학적 논리의 참신하고도 이율 배반적인 종합, 생산성의 속박과 전통적인 노하우의 종합, 신기술과 유산 보존의 종합처럼 나타나는 만큼, 사치품 시장의 구조적 변화는 사치품의 성공과 발전을 보장할 수 있다.

예전에는 돈 많은 부르주아 계급층의 전유물이었던 사치품들이, 점차적으로 거리로 '나왔다'. 대그룹들이 거대 유통망 출신이면서 마케팅 정신으로 무장한 경영자들에게 도움을 청할 때, 그들에게 절대적으로 요구한 사항은 최대한 많은 인원들에게 사치를 개방하는 것, '접근할 수 없는 것을 접근할 수 있도록' 만들어달라는 것이었다. 현재 사치 부문은 계층화되어 있고, 분화되어 있으며, 다양화되어 있는 시장처럼 체계적으로 구성되어 있다. 초호화 사치품이 중간적이고 접근할 수 있는 사치품과 공존하고 있다. 이때부터 복잡한 구조 영역으로서의 사치가 '폭발'했다. 모두에게 통용되는 단일한 사치는 더 이상 존재하지 않고, 각양각색의 대중을 위해 여러 층위를 가진 사치들이 존재한다. 어쨌든 이 층위 때문에 사치는 우연이라도 거의 모든 사람들의 지갑을 건드리는 재화처럼 나타났다. RISC 연구소의 연구에 따르면, 지난 1년 동안 유럽인 둘 중 한 명은 사치품을 구매했다. 한편으로는 과거의 전통에 따라 아주 소수의 사람들을 위한 시장이 재현되고, 다른 한편으로 사치는 예전에 경험하지 못했던 일반화의 길로 들어섰다.

같은 시기에, 사회적으로 눈에 띄는 사치가 대단히 증가했다. 우선 시장에서 볼 수 있는 증가한 사치 품목 수의 '작동' 효과 때문에, 그리고 광고 투자의 강화, 더 포괄적으로 말해서 미디어를 통해 사치품들을 전파하려는 노력을 강화했기 때문에, 그 품목 수는 1990년대 중반에 전 세계적으로 412개로 조사되었다. 마지막으로 독점 상점들, 선별된 백화점에서 유명 상표에 할애된 '코너들', 향수와 미용 제품으로 특화한 새로운 거대 상점들(1,500제곱미터), 선별한 향수 화장품을 전문적으로 취급하는 체인점 등 유통망의 확대가 목격된다. 2001년에 세포라Séphora 간판을 내건 상점이 유럽에 385개, 미국에 70개였다. 사치품 유통은 한편으로는 아주 고전적·선별적으로 남아 있고, 다른 한편으로는 대량 유통(셀프 서비스, 과다한 상품 견본 진열)과 유사한 판매 방식과 매장 콘셉트(전자 상거래, 약국 판매, 면세점, 전문화된 하이퍼마켓)가 발전하고 있다. 두 가지 경향이 사치품 유통에 공존하고 있다. 첫 번째는 사치품의 접근을 보편화시켜 그것의 신화적 성격을 제거하는 경향이고, 두 번째는 가격과 이미지 정책을 통해 사치품에 대한 강렬한 꿈과 유혹을 불러일으키는 경향이다.

게다가 값비싼 재화에 대한 기대와 태도는 '더는 예전과 같지 않다'. 현재는 모든 이들이 잉여 물품들에 '권리'를 과시하고 있고, 명품에 대한 취향이 일반화되었으며, 대중으로 확장된 소비 계층들 속에서 우연히 사치품 소비가 급성장했다. 또한 유명 상표에 대한 태도는 예전보다 계층화가 덜 된 반면, 보다 개성적이고 보다 감성적이 되었다. 새로운 시스템이 사치와 자유로운 개인주의의 결합을 찬양하고 있기 때문이다. 이러한 찬양과 마찬가지로 사치스러운 소비는 사회적이고 개인적인 의미를 재고하도록 하면서, 전통적으로 사회 그룹들 사이의 차별화 전략 및 상징적인 대립을 구조화하고 있다.

　완전히 새로운 사치 문화가 우리 눈앞에서 성장하고 있다. 이 문화는 폐쇄 사회의 전유물이었다. 우리는 상표에 대한 대중 숭배, 복제품의 확산, 모조품의 증가를 목격하고 있다. 모조품은 세계 무역의 5퍼센트 정도로 추산된다. 예전에는 명품을 만드는 회사들이 소리를 죽였던 세상에서, 현재는 미디어를 통해 명품을 과도하게 전파하기, 주방장들과 유명 디자이너들의 스타화, 제작자들의 작품 증대, 고급 제품들, 가장 '아름다운 물건들'에 관한 이야기 등이 이어지고 있다. 아주 유명한 상표 이름들이 도시의 광고판에 등장하고 있는 동안에, 사치품과 패션은 텔레비전 프로그램과 인터넷을 둘러싸고 있다. 검소함이 반드시 필요해 약간 격식을 갖춰야 하는 곳에는 유머러스한 생각이나 '위법적인' 생각이 드러나는 선전들로 다양화된다. 이전 세대들의 눈에 사치는 '진부한 것'이었지만, 현재는 옛날을 재평가하고 '진정한 가치', 제품 생산 연도, 기억에 남는 것의 남발, '진품'을 찾으려는 여세 몰이에서 '완전히 현대적인 것'으로 나타난다.

한편으로는 신제품들에 대한 갈망이 증대되고, 다른 한편으로는 '시대를 초월한 것', 유산, 역사적으로 유명한 상품을 압도적으로 필요로 하고 있다. 현재는 예전에 구태의연한 순응주의로 여겨지던 모든 것들—항해 유람, 귀족의 관습들, 대大무도회, 호화 실내 장식—이 새로이 더 높은 평가를 받고 있다. 시대가 변했다. 우리는 문화 정신적 유산에 대한 열정, 유행을 타지 않는 것에 대한 열정으로 사로잡혀 있다. 사방에서 전통, 계승, '유적지'를 기념하고 있다. 사치를 현대적으로 받아들이는 태도는 유산과의 새로운 관계, 과거 역사를 참신하게 더 높은 가치로 평가하기, 창조와 영속성을 조화시키고 유행과 영원성을 조화시키는 포스트모던의 욕망을 따르기 마련이다.

이러한 현상들에 비추어 볼 때, 우리는 진정한 시대의 변화에 참여하고 있다는 생각에서 벗어나기 힘들다. 새로운 사치의 시대는 사치의 제2의 모더니티를 구성하는 것으로 시작되었기 때문이다. 앞으로 읽게 될 텍스트는 이 변화에서 일반적인 경제의 기반이 되는 메커니즘과 원동력을 새롭게 규명할 것이다.

사치를 역사적으로 참신하게 규정한다는 생각은 두 가지의 다른 방법으로 검토될 수 있다. 현상들에 가장 가까이 접근하든지, 반대로 변한 것에 대해 미시적인 개관보다는 전체적인 개관을 드러내기 위해 뒤로 물러서든지 하면 된다. 필자는 장구한 역사를 굽어보는 것이 그 역사의 현재적 의미를 부여할 수 있는 최선의 방법이라 생각하면서 두 번째 방법을 선택했다. 앞으로 전개될 사치가 어떻게 가깝고도 먼 과거와 결부될 수 있을까? 그 사치는 태고의 전통과 어떤 면에서 단절될까? 아주 오래된 사치의 추이를 드러낸 중요한 순간과 구조는 무엇일까? 구조적 역사는 구석기 시대부터 오늘날에 이르기까지 사치의 역사에 대한 개요를 제공한다. 필자가 알기로는 그 역사만이 필자가 제기한 문제에 숨결을 가득히 줄 수 있는 아주 오랜 시간의 관점을 갖고 있다.

어쩌면 우리가 선택한 이 길은 빼앗는 것에서 멀어졌을 수도 있다. 많은 중요한 역사·인류학적 연구들은 과거의 문명들 속에서 사치와 관련된 상징과 사고와 태도에 대한 심도 있고 귀중한 정보들을 제공하고 있다. 그러나 필자가 알기에, 범세계적인 사치의 역사 속에는 새로움을 대신하는 도식도 없고, 장기적 관점에서 고찰한 사치의 미래, 가장 중요한 사치의 단계, 사치의 불연속, 사치의 구조적인 논리 등 큰 줄기들을 제시하는 모델도 없다. 이 시론은 이러한 '결핍'에 일시적으로 대처하기 위한 것이다. 즉 현재의 역사를 정립하고 시대를 구분하기 위하여, 더 정확하게 말하면 큰 주기에 어울리는 시대구분을 시작하고, 장구한 기간에 따른 주요한 사치 역사의 분기점을 설정하여 새로운 방향을 설정하기 위한 것이다. 이렇게 총체적 과정에 혼을 불어넣으려는 필자의 의도를 요약할 수 있을 것이다. 즉 필자는 경험에 의존하는 사치의 역사가 아니라 논리들의 역사를 기술할 것이다.

논리 역사의 기술에서 필연적으로 불완전한, 어쩌면 균형을 상실한 최종 결과의 특성이 도출될 수 있을는지 모른다. 필자는 이러한 결과를 얻기 위해 때로는 높은 곳에서 '추상적인' 도표를 그리기도 하고, 때로는 가장 최근의 현상에서 '미세한' 현상들을 도출하여 묘사하기도 할 것이다. "두 마리의 토끼를 쫓다가는 한 마리도 못 잡는다." 즉 '너무' 광범위한 소개가 내포한 위험들을 알고 있는 사람은, 풍요로움의 관점에서 보면 늘 지나치게 구체성을 단순화하고 있는 것은 아닐까 하는 의문을 제기할 것이다. 그러나 필자가 보기에, '이 시도는 해볼 만한 가치가 있는' 듯했고, 인간의 사치에 관한 모험적인 현상을 최초로 전체적으로 이해하기 쉽게 기술하길 바란다면 그러한 위험을 감수해야만 했다.

필자는 주제의 핵심으로 들어가기 전에 더 객관적인 몇 가지 견해들을 내비칠 수 있다고 생각했다. 오래전부터 최고의 정신을 가진 사람들은, 사치의 보편적이고 인류학적인 특성을 강조했다. 셰익스피어는 쓰지 않았던가, "거지들 중에서 가장 하찮은 거지도 쓸데없는 물건을 늘 필요 이상으로 갖고 있지 않은가! 본성을 생리적 욕구로 단순화하자. 그리고 인간은 동물이다"라고……. 그러나 만일 사치를 통해서 사람의 인간미가 잘 표현된다면, 사치는 위대한 사람이든 소인이든, 귀족이든 가소로운 사람이든 모든 사람과 관련된 것이다. 사치는 꿈이다. 즉 사치는 생활 환경을 아름답게 만들고 사람의 재능을 통해 사물이 완벽해지는 것이다. '대중적인' 사치가 없는 도시들은 예술도 없고 추함과 단조로움을 밖으로 드러낸다. 사치는 인간의 가장 멋진 작품들, 시간을 견뎌내면서 우리의 경탄을 끊임없이 자아내게 하는 작품들을 볼 수 있게 하지 않는가? 사적인 사치는 약속된 관능, 우아한 기쁨과 형태, 가장 아름다운 여행으로의 초대가 아니던가? 사치, 기억 그리고 관능, 이 모든 것이 아름다움에 관한 표현과 사랑, 우아함, 행복의 순간을 거스르는 운동을 이끌기 위해서는 아주 침울한 영혼을 갖고 있어야 한다.

그러나 사치와의 관계가 사람들에게 늘 최상의 나날 그리고 가장 관대한 나날로 보이지 않는 것도 사실이다. 만일 사치품들이 경탄할 만한 것이라면, 더 제한적으로는 상당한 과다 지출을 초래하는 바를 보여줄 수 있을 것이다. 마찬가지로 가장 아름다운 물건에 보이는 애정이 늘 사람과 덜 멋진 현실의 이면에 아름다운 관심을 보여준다는 의미는 아니다. 사치를 옹호하는 것일까? 진정한 상대자가 없기에 더는 옹호할 필요가 없다. 그리고 광고 업자들이 그 일을 어느 누구보다도 더 담당하고 있다. 사치를 규탄하는 것일까? 그렇다면 쾌락의 정신에 왜 반대하는 것일까? 사치는 도시의 퇴폐도, 풍기 문란도, 사람들의 불행도 불러오지 않는다. 이단 배척과 마찬가지로 옹호는 지난 시대의 산물이다. 우리에게는 신들의 기쁨, 단순하게 말하면 인간들의 영혼을 이해하는 일이 남아 있다. 환상적인 영역이지만 늘 무례함을 피할 수 없는 영역으로서의 사치, 숭고함과 허영심의 겉치레를 드러내는 거울로서의 사치, 삶에 대한 애착과 세속적인 경쟁을 드러내는 거울로서의 사치, 인간의 위대함과 불운을 드러내는 거울로서의 사치를 쓸데없이 하늘나라의 행복을 누리는 것으로 만들어 충격을 주려 노력할 필요가 없다. 마찬가지로 사치는 도덕적으로 만들려 노력할 필요는 없다. 선인과 함께 악인이 선택되어야 하고 신께서 그의 사람들을 알아볼 것이다.

성스러움, 국가 그리고 사치

태초에 '정신'이 있었다. 어쩌면 독자들은 일반적으로 유물론과 더 크게 연관된 성찰의 시작에서 이와 같은 '유심론자'의 명제를 발견하고는 약간 놀랄지 모른다. 그러나 초기의 사치 역사는 이 같은 결론으로 이끈다. 사실 이 견해는 신석기 시대 이전 사람을 불운한 조건을 운명적으로 타고 태어나 심한 배고픔과 추위에 대한 두려움에 사로잡혀 귀한 양식을 찾는 데 모든 시간을 바친 사람들로 잘못 떠올리기 때문에 재검토되어야 한다. 인류학은 원시 시대의 경제가 궁핍했다는 생각을 비판하면서 부인했다. 독자들은 사치, 더 정확하게 말하자면 사치의 형태가 식물과 동물을 이용하기 이전부터 존재했고, '문명의 기술들'(섬유 산업, 도기 제조, 야금술)을 습득하기 이전부터 존재했으며, 금과 화려함에 둘러싸인 큰 지배력이 생성되기 이전부터 존재했다고 생각할 권리가 있다. 인류는 모든 것의 궁핍으로부터 누군가를 짓누르는 부로 옮겨가지 않았다. 장신구와 축제, 후한 인심과 낭비는 인류 사회 생활에 존재하는 범세계적인 현상이었다. 장신구와 축제는 기술적으로 가장 덜 발전되었다. 엄밀하게 말하자면, 사치는 그 역사가 시작되어 구성되기 이전에 탄생했다.

사치의 고고학

객관적으로 구석기 시대의 수렵인-채집자 소그룹들이 취약한 생활 수준이었다는 것은 의문의 여지가 없다. 그들의 거주지는 의복과 마찬가지로 투박했고, 그들의 도구는 수적으로 별로 많지 않았다. 그러나 그들이 큰 가치가 있는 재화를 만들지 않았다면, 그것은 그들이 축제를 기해서 치장하고 장신구의 아름다움을 찬미했기 때문이었다. 뿐만 아니라 특히 일종의 물질적 포기 상태에서 생활하고, 축제가 열릴 때 대향연을 벌였으며, 시간을 자유롭게 향유하고, 큰 노력을 들이지 않고 얻은 양식을 충분히 즐겼기 때문이었다. 그들은 축제 이후의 나날들을 심사숙고하여 음식물을 비축하기보다는 무사 태평한 태도를 견지하면서 성대한 주연에 참가하여 수중에 있는 모든 것을 단한 번에 소비했다. 물질적 화려함은 조금도 없지만 앞날을 내다볼 줄모르는 낭비 정신은, 물건과 양식을 지역 공동체 일원들과 남김없이나누며 소비하도록 권장했다. 인심과 관용을 후하게 베푸는 일은 양식이 궁한 상황일 때에도 마찬가지로 유지되었다. 경제적 '합리성'을무시하는 사치는 앞날을 예상할 수 없이 그럭저럭 존속했다.[1] 호화스러운 물건 없이도 사치 윤리가 만들어졌다. 이것이 구석기 시대의 사치 논리다.

　사치는 값비싼 재화를 생산하는 일로 시작된 것이 아니라 소비

정신으로 시작되었다. 귀한 물건들의 축재蓄財에 앞서 소비 정신이 나타났다. 사치는 물질 문명의 징표가 되기 이전에 문화 현상이었고, 초월적 힘과 비非동물성을 확신하는 인류 사회의 특징으로 꼽을 수 있는 정신 자세였다.

더 풍요로운 원시 사회에서는 실용적이지는 않지만 귀중한 재화들이 존재했고, 그 당시에 이미 대단한 선망의 대상이 되었다. 이 재화들 또한 마찬가지로 끊임없이 재분배되었다. 멜라네시아의 쿨라kula 현상은 고전적으로 미개 사회의 형성에서 의례적 교환-기부의 역량을 잘 보여주고 있다.[2] 트로브리안드Trobriand 군도의 원주민들은 값나가는 물건들(화려하고 고급스러운 목걸이와 반지)을 멀리 떨어진 섬들로 보내기 위해 대규모 원정을 계획했다. 말리노프스키Malinowski는 이 재화를 유럽 가문의 보석, 그리고 군주의 패물과 비교했다. 우선 이러한 형태의 교환은 상업 활동이 아닌 기부 형태로 행해지는 특징을 갖고 있었다. 기부란 상당한 시간이 경과된 이후에 동등한 가치를 지닌 상호적 기부를 요구하는 것을 말한다. 이러한 제물 공여와 이에 상응하는 제물 공여는 의무적이고 의례적인 엄격한 규범에 따랐다. 이러한 공여들은 주술적 의식으로 둘러싸여 있어 어떠한 경우에도 물물 교환이나 흥정을 동반해서는 안 되었다. 유용한 물품의 경제적 교환과 값지고 귀한 재화를 전제로 하고 있는 고결한 교환은 명확하게 구분된다. 쿨라의 범주에서 기부는 물질적 이득에 관심을 갖지 않고 외관상 이해관계를 떠나 후하게 행해지기에 앞서 고귀함이 드러나도록 하는 것이 중요했다. 신의의 규범은 관대함과 너그러움 속에서 일어나는 경쟁심을 유도했다. 의례적 교환의 기부는 큰 가치를 지닌 재화의 축적이 아니라 너그러운 정신으로, 사치의 원시적 형태를 특징짓는다.

인색함을 드러내는 것보다, 그리고 너그럽게 행동하지 않는 것보다 더 치욕적인 것은 아무것도 없다. 사회생활에서 중요한 모든 사건들은 의례적인 기부, 선물 교환, 재화 분배, 과시적 지출을 수반한다. 사회적 평판과 고귀한 신분은 종종 심화된 경쟁 관계에서 제공한 선물의 도움으로 얻어진다. 노블레스 오블리주Noblesse Oblige, 즉 지위가 높으면 덕도 높아야 한다. 지도자들은 본인들의 지위를 보전하거나 영예를 드높이기 위해서 쉬지 않고 선물을 해야 하고, 축제를 후원해야 하며, 대향연을 베풀어야 한다. 포틀래치potlatch〔북미의 인디언이 부와 지위를 과시하기 위해 경쟁적으로 진수성찬을 베풀고 선물을 하는 일〕를 하는 부족의 지도자들은 너그러움을 경쟁하면서, 때로는 상당한 사치의 가치를 파기하여 다른 지도자들을 무시하면서 지위와 명예를 얻는다. 즉 위대함을 보여주고 경쟁자들을 제압하기 위해 미친 듯이 소비하고, 대단한 가치를 지닌 것을 불태우거나 바다에 버린다.[3] 이 점에 관해 조르주 바타유Georges Bataille는 포틀래치에서 '사치의 특별한 표시, 사치의 의미심장한 형태'[4]를 알아보고 잘 읽어냈다. 원시 사회에서는 가치 있는 물건의 소유가 중요한 것이 아니라, 교환-기부가 내포하고 있는 사회적이고 정신적인 요소, 부의 유통이나 소비가 부여하는 명예 획득이 중요하다.

기부와 후한 인심은 모든 원시 사회에서 관찰될 수 있는 현상들이라는 게 사실인 만큼, 꾸준히 과도하게 에너지를 낭비하게 될 우주 '경제', 혹은 생명 '경제'의 특성을 연장하는 본질적인 필연성으로 사치를 설명하는 견해들에 근본적으로 이의를 제기해야 한다.[5] 사실은 부당하게 사치의 본질이라고 일컬어지는 것과 사람들의 사치 사이에는 아무런 연속성도 없다. 설령 이 관계가 은유의 형태로 소개된다 해도 받아들일 수 없다. 왜냐하면 원시 시대의 호사스러운 지출은 어떠한 자연적인 움직임에서 유래하지 않았기 때문이고, 일종의 사실 혹은 사회적 규칙, 늘 신화적이고 마술적인 의미를 갖는 집단적 속박이었기 때문이다. 어떠한 자연 발생적인 움직임도 부를 얻고자 하는 투기적인 투쟁으로 인간들을 이끌지 않았다. 투기적인 투쟁과는 반대로 사치-기부에서 즉각적으로 인간에게 유용한 것을 소유하거나 보존할 수 있는 자연적인 성향들을 끌어낸 것으로 보아야 한다.

인간 본성보다 우위에 둔 사회 문제, 특별한 의도보다 우위에 둔 집단은 상징적이고 사치스러운 교환을 통해 제정되었다. 기부와 역逆기부의 순환은 집단의 질서를 세우기 위해 원시 사회가 차용한 여러 수단들 중 하나이다. 개인들은 집단의 질서에서 따로 떨어져 있는 것이 아니라 개인들 자신에 속했다. 조상들에게서 물려받은 규칙은 신성해서, 다른 사람들에 대해서 그리고 부에 대해서 취해야 할 행동범위를 절대적으로 결정했다. 관대함을 베풀고 되돌려받는 것은, 개인적인 요인을 전체 집단보다 아래에 두는 태도이고, 사람들의 관계를 사람과 사물과의 관계보다 우선할 것을 확신하면서 다른 사람들과의 관계에서 행동하는 방법을 먼저 결정하는 태도이다.[6] 또한 누군가가 손에 부를 소유하고 축적하려는 욕망들을 거부하는 태도이다. 너그러움은 원시 사회에서 사회 공유를 위해 부유한 사람들과 가난한 사람들로 나누기를 피하고, 권력과 분리된 기관이 출현하는 것을 피하는 수단이었다. 기부는 지도자의 명예를 보장하지만, 동시에 그가 사회에 대해서는 은혜 입은 사람으로서 스스로를 적합한 상황에 처하도록 만든다.[7] 인류 역사에 있어서 가장 오랜 부분 동안, 사치는 부의 집중에 성공적으로 대항하고, 또한 정치적 지배에 성공적으로 대항하는 것이었다.

원시 시대의 사치스러운 기부는 사람들 사이의 관계를 미리 결정하고 명예를 얻기 위한 목적뿐 아니라, 종교적이고 우주적이며 마술적인 기능들을 갖고 있었다. 원시 사회의 인류들에게 사치는 어떤 분리된 현실로 드러나기는커녕, 다른 사회·종교적 현상들과 구분되지도 않으며, 전체적이고 상징적인 질서와 뒤얽히거나 이러한 질서에 '포함된다'. 이러한 질서에서 경제적이고 성壁적인 관점들, 형이상학적이고 마술적인 관점들이 서로 얽힌다.[8] 말리노프스키에 따르면, 모든 쿨라는 신화적이고 마술적인 생각들에 기초를 두고 있다. 대단히 귀중한 재화들은 절대로 경제적 교환의 재화들로 여겨지지 않았다. 그래서 재화들은 이름을 갖고 있고, 성스럽다고 알려져 마술적 힘을 부여받았다. 또한 콰키우틀Kwakiutl 족에게, 대단한 가치를 지닌 각각의 물건은 하나의 이름, 살아 있는 개인, 영적 근원의 힘을 지니고 있다. 북서아메리카 인디언들은 구리에 보호의 힘을 부여했고, 부의 표시를 부여했으며, 풍요와 기회와 신분의 종교적 원칙들을 부여해, 그것들을 소유하고 있는 지도자들이 거역할 수 없는 사람들이 되어 살면서 대가를 치르고 소멸되기를 바랐다.[9] 사치의 재물들은 기원적으로 위세를 과시하기 위한 물건들일 뿐 아니라, 임종의 순간을 맞은 사람들과 마찬가지로 살아 있는 사람들에게도 이로운 것이었던 영혼, 신,

부적, 영적인 존재들, 봉헌, 의례의 대상들과 관계를 맺는 수단이었다.

사람들 사이에서 기부의 의무는 영혼과 주검에 주어진 의무와 더불어 헌납하고 술을 바치는 제도를 탄생시켰다. 기부 의무는 영혼과 주검이 상호성의 규칙에 따라 보호와 너그러움을 드러낼 수 있도록 하기 위한 것이다. 상당수의 종교 축제가 열릴 때에는 원초적 시간과 그 세계가 부활될 수 있도록 과도하게 소비하고 너그럽게 지출해야 했다. 축제 때의 소비는 원초적 혼돈의 재창조 그리고 삶의 원천처럼 나타난다. "선물 교환은 풍성한 부를 만든다"고 마르셀 모스Marcel Mauss는 강조했다.[10] 만일 사람들이 축제에서 부를 나눠주고 낭비하도록 강요되었다면, 태초에 만들어졌던 것과 같은 세계의 질서가 재생되도록 하기 위한 것[11]일 뿐 아니라, 초자연적인 것이 널리 퍼져 있는 여러 문화에서 살아 있는 사람들과 죽은 사람들의 동맹 관계, 사람들과 신들의 동맹 관계를 감성 세계에 보장하기 위한 것이다. 감성 세계에서의 신비스러운 힘들은 이승 세계의 현실에 존재한다. 사치는 기계적으로 부의 잉여나 물건을 만드는 기술의 진보에서 탄생하지 않았다. 사치는 종교 형태의 사고 방식, 형이상학적이고 마술적인 코스모스를 필요로 했다. 시원적인 너그러움은 영적인 힘들의 보살핌과 호의를 사람에게 끌어들이는 방식으로, 생산력의 상태에서보다는 오히려 영혼의 종교적 생각에서 더 잘 설명된다. 가시의 현실과 비가시적인 힘을 나누어야 했고, 실천적인 유용성이 퇴색한 값비싼 재화와 마찬가지로 비용이 많이 드는 교환이 제도화되도록 마술적인 사고 체계가 필요했기 때문이다. 원시 시대의 사치는 인간들과 초인적인 힘들의 상호 교환에서 '저주받은 분담'이 아니라, 약속된 분담이었다. 원시 시대의 너그러움은 부의 상태보다는 정신적 믿음의 구조로 더 잘 표출된다. 종교는 초기 사치의 출현 조건들 중의 하나로 여겨져야 한다.

오래전부터 재화의 상호적 기부들이 내포하고 있던 반목과 대립 그리고 도전의 측면이 인류학 서지 안에 강조되었다. 포틀래치에 관해 말할 때 틀린지트Tlingit 족은 '전쟁의 춤'을 언급하고, 북서아메리카 인디언은 '소유의 전쟁'을 언급한다. 그러나 상징적인 전쟁은 기부를 통한 교환을 실천한 사람들이 평화를 얻을 수 있었다는 특징을 갖고 있다. 과도하게 배분하고, 축제를 열어 과도한 선물을 제공하며, 너그럽게 융숭한 대접을 베푸는 행위는, 이방인을 친구로 변화시키고 적의를 동맹 관계로 바꾸며 무기에 도움을 청할 일을 상호 호혜로 변화시킨다. 재화를 경쟁적으로 사치스럽게 제공하는 일은 경제 질서도 아니고 도덕 질서도 아니다. 이러한 제공은 선물 교환의 순환 주기를 통해 사회적 유대 관계를 창출하고 이방인 그룹들 사이의 동맹 관계를 만들어 '호혜적으로 감사의 마음'[12]을 표시하는 데 목적이 있다. 원시 사회는 유대 관계를 강화하고 평화 조약을 체결하는 데 있어서 과시적인 너그러움, 선물과 그에 보답하는 풍부한 선물 분배를 이용했다. 이렇게 원시 시대의 후한 인심은 광적인 낭비를 넘어서 상류 사회의 합리성, 즉 평화의 의지를 드러내는 데 이용되었다. 사람들은 싸우는 대신 진수성찬에 초대되어 아낌없이 선물을 교환했다. 만일 사리에 어긋날 정도의 사치가 동맹과 평화의 수단으로 작용했다면, 모스가 언급했듯이 모든 것은 평화를 사랑하는 '이성의 책략과 동일시될 수 있었다.[13] 평화를 얻기 위해 '소유권을 없애기', 서로 죽이지 않기 위해 축제를 열어 분배하기, 동맹을 맺기 위해 물건을 희생시키기, 사회 관계와 화합을 유지하기, 이 모든 것들은 과도한 사치에 대해 원시 시대에서 얻을 수 있는 현명한 교훈들이다.

화려함과 서열

아주 오랜 기간에 비추어 보면, 국가와 계급 사회의 출현은 의심할 여지없이 사치의 역사에서 중요한 급격한 변화들 중의 하나를 이루고 있다. 지배자와 피지배자, 귀족과 천민, 부자와 서민의 분리가 인정되었을 때, 사치는 더 이상 부의 유통-분배-탈脫축재 현상과 전적으로 일치하지 않고, 축적, 집중화, 계층화라는 새로운 논리와 일치했다. 이 새로운 역사적 순간은 왕권의 최고 권력을 천상으로든 지상으로든 강조하여 표현할 목적으로 고가의 장례 용품[14], 웅장한 건축과 조각, 궁전과 궁정, 화려한 장식과 다른 여러 호화로운 것들이 출현하는 시기이다. 사치는 계급 질서를 가진 세계를 빛내는 상징으로서 불평등의 원칙과 관련되어 있을 뿐 아니라, 불변성과 영속성에 관한 생각, 영원성의 갈구와 관련되어 있다. 사치의 고고학적 목적은, 불멸의 건물에 대한 위엄이 과도한 낭비의 맥락을 일관되게 잇고 있음을 밝히는 데 있다.

질서 사회에서의 모든 생활은 값비싼 재화와 일반적인 재화의 과시적 분리를 중심으로 결정된다. 몇몇은 호사스럽지만 대부분은 초라하다. 도처에서 위계질서를 갖춘 국가 사회들은 부의 불균형을 수반하고, 소유하고 소비하는 방식, 거주하고 옷을 입는 방식, 먹고 즐기는 방식, 살고 죽는 방식 등의 사회 구분을 수반한다. 또한 이 구분은 신성한 사치와 세속적인 사치의 분리, 대중적인 사치와 개인적인 사치의 분리, 교회의 사치와 궁정의 사치의 분리 등과 같은 분리에서 나타나는 바와 같이 질서의 정점에 있는 세계에서 이루어진다. 정치가 지배하는 사건이 도래하면서, 부의 질서와 신성과의 새로운 관계가 정치의 근간을 이루어, 시대를 변모시켰다. 즉 사치는 극도로 쓸데없는 것을 표출하는 장場이 되기 이전에 가장 지고한 불멸의 정신적 행동을 나타내는 대상으로 인정되었다.

국가의 탄생에 원초적 중요성을 부여한다 함은, 기술과 경제적 기초가 수행한 역할의 부인은 아니지만 사치의 역사에 관한 유물론적 설명의 한계를 드러내는 것이다. 필자는 이 입장을 정당화하기 위해 대단한 의미를 지니는 두 가지 현상만을 환기시킬 것이다. 사치의 과시는 최상의 정치 당국자를 수반하지 않는 신석기 시대의 혁명에서 탈脫축재의 기본 논리 주조를 이루고 있다. 마찬가지로 금속 공업은 사치-기부의 우위를 대신할 만큼 충분하게 숙련되지 않았다. 증거로 알래스카 인디언은 구리를 녹여 주조하지만, 투쟁적인 포틀래치의 제도 내에서 값나가는 재화를 계속해서 교환한다. 사치 역사의 관점에서 볼 때, 종교·정치적인 혼란이 결정적이었음을 인정할 수밖에 없다. 이 책은 사치의 역사에 나타난 극도로 복합적이고 다양한 현상들을 세세히 분석하는 데 목적을 두지 않는다. 그것은 이 연구의 범위를 훨씬 넘어서기 때문이다. 이 주제를 위해 몇 가지 중요한 점들을 언급하는 것으로 족하기에 그 이상은 언급하지 않겠다.

신성한 사치, 속세의 사치

구석기 시대에는 동맹과 상호 호혜의 논리들이 초자연적인 것과 사람 간의 관계를 형성했다. 영혼은 모든 사물에 존재했고, 의식은 영혼과 사물들의 협력을 확인하는 데 목적이 있었다. 인간과 보이지 않는 세계의 관계는 지배의 관계보다는 교환과 상호 호혜의 관계로서 설정되었다. 이승과 저승 사이의 완전히 새로운 종속 관계를 표출한 종교적 상상력은, 인간의 모습을 한 초기의 위대한 신성들의 등장, 즉 1만 년 전까지 거슬러 올라가는 지고의 존재들(신들)의 모습과 함께 자리하고 있다. 더욱 계층화되고, 수평적이기보다는 수직적인 세계의 질서가 동맹의 논리를 대신하고, '승격된' 신성들은 초월적이고 전능해 인간보다 더욱 '지위가 높았다'.[15] 그 후에 국가 장치가 인정되자, 종교적 믿음은 정치 조직에서 차용한 모델에 따라 신들을 전지전능, 아주 고귀함, 숭고함, 넘어설 수 없음으로 규정하여 찬양했다. 고대 이집트의 문학 작품들과 성상聖像들은 모든 신성들이 동등한 신분으로 인식되지 않고 있음을 보여주고 있다. '대大 신들과 '소小' 신들이 있어, 대신들은 생과 권력의 상징을 손에 든 채 왕위에 자리하고 있다. 3천 년 전부터는 최고로 받들어진 신을 지칭하기 위해 '신들의 왕'이란 칭호가 나타났다. 지상의 왕위의 형태는 천상으로 투사되었다.[16] 마찬가지로 메소포타미아에서는 많은 신성들이 엄격하게 계급을 두어 분류되고 순서 관계를 갖춘 채 발견되는데, 전체적으로는 계급 구조, 즉 정치 위계의 이미지를 가진 '피라미드형 권력 분포'를 이루고 있다.[17] 국가와 신성의 관계는 인간과 지상 군주의 관계 형태로 만들어지고, 동시에 정치 기관은 신성의 본질적인 질서로 인정되었다. 새로운 시대의 사치는 종교 정치 계급의 세계를 따랐다.

예를 들면, 메소포타미아의 신들은 왕들이 왕국에서 하는 것처럼 세상사에 개입하는 '영주들 및 지도자들'과 동류로 간주되었다. 백성들이 왕정에 봉사하기 위해 살았던 것과 마찬가지로, 그들은 신성한 권력에 마실 것과 먹을 것, 거처와 장신구, 모든 탐나는 물건들, 왕에 어울리는 풍요롭고 호화스러운 삶 등을 제공해야 했다. 신들을 숭배하는 일은 그들에게 호화로운 생활을 보장하고, 그들에게 축제 같은 향연을 준비하여 식사를 금과 은으로 만든 그릇에 담아 섬기며, 그들에게 보석과 호화로운 의복으로 봉헌하는 것이다.[18]

국가 질서의 출현을 근간으로 지상의 영역과 천상의 영역 간의 새로운 관계가 생겼다. 초기의 거대한 전제적 형태들과 더불어 왕-신이 등장했고, 군주들은 신성의 화신처럼, 가시적인 세계와 천상의 권력 사이를 이어주는 중개자들처럼 나타났다. 신성을 지닌 군주, 혹은 지상에서 천상의 최고 권한을 대표하는 군주는, 초인적인 권력을 부여받아 질서의 책임자로서 그리고 지상의 번영을 책임지는 자로서 나타났다. 국가 범위의 출현과 그 상관 요소들, 인간 세계에 도입된 성역 등은 호화로움에 관한 새로운 사회적 기재 사항들의 조건을 만들었다. 호화로움은 왕궁에서 구체화되었을지 모르지만, '신들의 집들', 석재로 지은 기념 건축물 스타일의 성소들을 건축하는 데는 신의 은총을 확신시킬 목적으로 값비싸고 귀한 금속들(금, 청동, 준準보석들)을 사용했다. 왕은 지고의 종교적 기능들을 완수하면서 웅장한 사원들을 세우고 그것들을 치장하며 호화롭게 장식해야 할 의무가 있었다. 기념 건축물의 사치는 무엇보다도 성스러운 힘들에 바쳐졌다. 신전, 신전 입구의 탑 문과 기둥, 오벨리스크와 입상들을 아주 높게 세우는 일은, 초자연적인 위탁자의 존재론적 우월성을 명백히 하고 지상과 하늘을 근접시킬 수 있도록 하는 왕의 의무이면서 특권이 되었다. 이러한 신정 정치 시대에 호화스러움은 왕의 숭배와 신성 숭배의 관계를 나타낸다.

고대 이집트의 파라오들은 저승에서 자신들의 영원성을 확보하기 위해 장례 건축물을 세우는 일을 그들의 가장 지고한 기능들 중 하나로 삼았다. 피라미드 내에 호화롭게 치장하고 보석들로 채운 장례를 위한 방은, 파라오가 신성의 실체로 다시 태어나는 과정을 완료하는 장소가 되었다. 신성의 실체란 살아 있는 사람들에게 아낌없이 은혜를 베풀기 위한 것을 말한다. 전제 정치 시대의 사치는 마술적인 기교로서, 삶과 번영의 분배를 필요로 하는 계급 권력의 부수적 결과이다. 기념 건축물 스타일, 장엄한 규모의 건축물들, '영원성의 거주지들'이 원시적인 낭비의 뒤를 이었다. 사치는 불멸의 중매체로서 '영원성을 위해' 만들어진 석재 기념물들로 구체화되고, 작고한 왕의 행복한 사후의 세계에 모두 다 필요한 마법처럼 입상들, 대벽화, 장례 집기들로 구체화된다. 이러한 호사는 생각할 물건이나 이미지가 아니라, 영원한 삶으로의 접근을 용이하게 하는 마술적 도구이다. 뿐만 아니라 시간과 죽음의 모든 형이상학을 함축하면서 영원한 시간에 대한 희망을 나타내고, 영원성의 정복을 표현한다. 이러한 조건에서 우리는 이 책에서 사용하는 소비의 범주, '저주받은 몫'의 범주, 낭비의 범주가 정당한지 의문을 품어볼 권리가 있다. 사치가 살아 있는 사람들에게 보이지 않게 되었을 때, 그리고 사치의 목적이 영원한 부활을 보장한다 할 때, 이러한 범주들은 정말로 타당한 것일까?

파라오는 지상에서 신의 역할을 수행하면서 그가 세운 기념물들을 이용해 이집트를 '환하게 비추었다'. 파라오는 창조신이 원초적인 시간에 창조했던 것을 재창조했고, 무질서를 질서로 변화시켰으며, 사원의 부조들의 찬란한 색상과 귀한 돌로 만들어진 입상 그리고 성소의 상당 부분을 덮고 있는 금 덕분에 세상을 '축제의 이미지'로 만들었다. 신성한 왕들의 시대, 성스러운 후한 인심을 입안한 위대한 사람들의 시대가 도래했다. 어쨌든 간에 사치는 개인과 관계없이 변함없는 코드로 결정된 상징적인 교환에서 왕-신의 명령과 의지에 복종하는 방향으로 옮겨갔다. 한편으로는 전통과 과거의 권위가 영속화되고, 다른 한편으로는 주도권과 변화의 요인이 소재지 결정과 현존하는 것을 정립하고 확장하는 데 개입되었다. 파라오는 물려받은 유산을 보존하는 데 만족하지 않고 위대하게 만들었다. 각각의 왕은 전임자들의 업적에 뭔가를 첨가하여 전임자들을 능가하기를 갈망했다. 즉 이 갈망은 물질적 봉헌물들의 증가로, 장지葬地의 발달로, 의식을 치르는 장소의 확장으로, 그리고 풍부한 장식 모티프들로 목격된다.[19] 화려함의 의미는, 신들의 과장된 위대함을 생각할 때, 그리고 영원의 욕망에 대한 회답으로 생각할 때 퇴색할 뿐 아니라, 여러 세기에 걸친 장구한 시간 속에서조차도, 역사, 변화, 이전 것의 추월이란 순환 속에서조차도 퇴색한다.[20]

사정이 이렇기 때문에 국가와 계급 사회의 부패는 사치-기부의 첫 번째 형태를 전혀 없앨 수 없었음을 인정할 수밖에 없다. 실제로 사치-기부는 몇천 년 동안 지속되었다. 그리스 로마의 에베르제티즘

évergétisme〔자선주의 혹은 후원주의. 그리스어 동사 *εύεργετέ*(선행을 실천하다)에서 온 말〕은 아득한 옛날의 관용의 의무를 연장하면서 경쟁적으로 기부하고 공공 건물의 자금을 부담하며 도시의 대향연과 다른 축제들의 자금을 대도록 유력자들에게 강제했음을 보여주고 있다. 에베르제트 évergète는 공짜로든 상징적으로든 공동체에 기부를 하면서 모든 종류의 존경과 영예를 받았다.[21] 호화로운 낭비는 때로는 남아메리카 인디언들의 투쟁적인 포틀래치를 떠올리는 형태로 봉건 영주들의 에토스ethos(윤리적 규범)를 지배했다. 마르크 블로크Marc Bloch는 이러한 종류의 몇 가지 예를 언급하고 있다. 어떤 영주는 경작한 밭에 주화를 뿌리도록 명령했고, 다른 영주는 음식을 익히는 데 값비싼 양초를 이용했으며, 또 다른 영주는 허영으로 서른 필의 말을 산 채로 화형에 처하도록 했다.[22] 왕들과 영주들은 재산과 소득을 생각하지 않고 소비하고 가장 장엄한 모습으로 살며 호화로운 복장을 과시하면서 경탄을 불러일으켰다. 그들은 호화롭고 풍요로운 축제를 마땅히 베풀어야 했고, 가장 많은 수의 수혜자들이 참석한 자리에서 은혜를 아낌없이 베풀어야 했다. 사치는 낭비하는 광경 및 타인의 시선과 존경 없이는 이해될 수 없었다. 위대한 사람들은 후한 인심을 통해 영광과 명예를 얻었고, 자신들의 보통 이상의 권력과 우월성을 드러냈다. 기사들은 축재하거나 경제의 급성장을 조장하기 위해서가 아니라, 너그러움을 드러내기 위해 약탈하고 강탈했다. 비생산적인 소비 규범이 최우선이었다. 고결하다 함은 당당하게 버티며 사는 것, 부를 낭비하고 탕진하는 것을 말한다. 인심이 후하지 않다 함은 실추를 선고받았음을 의미한다.

어느 곳에서나, 그리고 모든 시대에 군주들은 마땅히 더 아름다운 것을 소유하고 드러내 보이며, 위풍당당함으로 빛나는 상징을 보란 듯이 내세웠고, 정상을 벗어난 우월성에 관한 표현만큼이나 경이와 화려함 그리고 금으로 둘러싸여 살았다. 그들이 세우게 한 어마어마한 궁전에서, 궁정 생활은 호화찬란함과 부를 뽐내는 무대였다. 메소포타미아와 중국의 궁전들은 다채로운 규방들을 갖고 있었다. 여성들은 계급 서열에 따라 규방에 배치되었다. 축제, 사냥 그리고 공연은 화려한 축제의 기회였다. 화려하고 거대한 낭비의 행렬은 오로지 왕을 위한 것만이 아니었다. 공작公爵들과 고위 관리들, 재산가들은 그들이 거주하는 데, 휴양하는 데, 정비하는 데, 치장하는 데 호화찬란함과 너그러움으로 경쟁했다. 대저택에서는 장례식과 마찬가지로 결혼식도 상상을 초월하는 사치를 보여줄 수 있는 구실을 주었다. 마차, 말을 끄는 노예, 모든 종류의 하인들, 향연, 귀한 목재를 사용한 관이 가장 많은 부를 탕진할 수 있는 대상들이었다. 계급 국가 사회는 사회 불평등을 드러내는 호화스러운 표시들을 확대하지 않고는, 그리고 비생산적인 소비를 매개로 한 돈이 많이 드는 격화된 경쟁과 위세를 과시하기 위한 경쟁 없이는 전혀 있을 수 없다. 막스 베버Max Weber와 노르베르트 엘리아스Norbert Elias는 이러한 점을 대단히 강조했다. 귀족 사회에서 사치는 뭔가 불필요한 것이 아니라, 불평등한 사회 질서에서 유래하는 표현을 위해 절대적으로 필요했다. 사람과 사물의 관계보다 사람들 사이의 관계가 더 높은 가치를 평가받은 사회가 지배했던 만큼, 위세를 과시하기 위한 소비는 의무와 계급의 이상理想으로서의 기능뿐 아니라, 절대적인 구분 방식과 사회적 자기 확신의 방법으로서의 기능을 수행했다.

중세 말엽 그리고 르네상스 시대부터 군주 권력의 향상, 부르주아 계급의 새로운 위상은 과시적인 소비를 축소하도록 이끌기는커녕, 위세를 과시하기 위한 소비를 증대시킴과 아울러 사치 계급을 확장시키도록 이끌었다. 귀족들은 보병들과 보병 궁수들의 효율성 때문에 예전의 군사 특권을 박탈당하고 왕권의 지배 하에 들어가 궁정의 범위에 갇혀 대표자 및 놀이의 계급으로 변했다.[23] 더욱 장식적이고 더욱 유희적이며 잉여의 흔적을 지닌 사치 스타일과 궁정 생활은, 사회적 지위가 향상된 겉모습을 보여주고 있다. 이러한 환경에서 사치스러운 낭비는 의복, 보석, 마차, 사저, 하인 등으로 표현되었는데, 이 낭비는 부를 표시하는 관점에서, 작위를 받은 대부르주아와 경쟁 상태에 놓인 전통적인 귀족 신분이 계급을 유지하기 위한 세력만큼이나 절대로 필요했다. 상인들과 금융가들의 역동적인 치부와 더불어 사치는 더 이상 출생 신분에 바탕을 둔 특권이 되지 못했다. 사치는 신성한 것과 물려받은 계급 질서의 관계에서 해방되어 독자적인 위상을 갖게 되었다. 불평등한 귀족 정치가 만연했던 시대에 사치는, 노동과 재능 그리고 공적으로 얻은 부에 개방된 환경, 사회 변혁에 열린 환경이 되었다. 이렇게 사회적으로 확대된 사치는 근대의 평등 혁명보다 시기적으로 앞서갔다. 민주주의 시대는 약 5백 년 전에 시작된 사치의 변화 과정을 확장시켰다.

예술, 그리스 로마 시대 그리고 장신구들

뽐내려는 의도 그리고 가치 있는 물건들로 타인들에 의해 더 높은 가치를 부여받고자 하는 의도가 늘 존재했다 해도, 르네상스 시대 이후로 사치가 공개되지 않은 방식으로 실현되었다는 데는 변함이 없다. 그 후로 왕자들과 왕들은 예술가들의 보호자가 되길 바랐다. 그들은 예술가들을 명예와 선물로 충족시켰고, 그들에게 주문을 했으며, 그들을 궁정으로 유인했다. 예술과 예술가가 오늘날 우리가 예술과 예술가에게 부여하는 의미를 얻었을 때, 사치는 문화 방식으로 진입했다. 근대적 교육 과정이 시작되면서 아주 고가의 작품들은 예술가의 이름으로 서명되었고, 예술가들은 가장 중요한 인물들로 승격되어 유명해졌다. 이들은 생각이 많은 사람들로 여겨져 불멸의 영광을 얻었다. 사치는 독창적인 작품, 창조의 아름다움과 결합되었다.

또한 고상하고 부유한 부르주아들은 예술 작품들에 둘러싸여 있고자 열망했다. 후원, 수집, 예술 작품 소장은 사회적 엘리트 세계에서 사치스러운 수단이 되었다. 예술과 사치의 관계는 어쩌면 새로운 것이 아닐는지 모른다. 그러나 몇천 년 동안 위대한 작품들은 천상의 영원성을 얻을 수 있으리라 여겨지는, 현실을 초월하는 힘을 찬양하는 것이었다. 시간과의 관계에 대한 중요성이 연장되었다. 이 중요성은 '근대 작가들'이 목표했을 것이라는 차이를 제외하면, 더는 사후의 삶의 영원성이 아니라 세속적인 생존, 역사의 불멸, 자기 자신과 가족 그리고 사람들의 기억 속에 지속적으로 이름이 남는 영광이었다. 사치의 영원성의 차원이 세속화되었다.

예술 창조를 주관성이 더욱 돋보이게 하는 공간으로 만들어야 한다는 요구는, 익명에서 벗어나 예술을 창조하도록 했다. 14세기에 벌써 예술 후원자와 기부자들은 예술가들에게 무덤 벽이나 성당 벽의 초상화를 그들의 개인적인 외모와 비슷한 얼굴로 그리도록 주문했다. 출자자들의 초상화 예술이 강요되었다. 1500년부터 축소판 초상화들이 증가했다. 초상 인물이 누구인지 모르지만, 목에 보석이 걸려 있고 액자에 끼워진 초상화들은 비밀스럽고 내면적인 치장, 특히 존재하지 않는 남자나 여자를 이용해 꾸며졌다는 것을 보여준다.[24] 또한 예술 애호가들과 수집가들의 비약적인 발전을 떠올려야 한다. 이 현상은 예술적 선호를 실천하는 구매의 특별한 선택, 특수한 열정과 취향을 함축한다. 명성을 목표로 한 태도와는 정반대로, 더욱 개인적이고 더욱 미적인 관계가 값비싼 물건에서 나타났고, 더욱 주관적인 열망이 더 아름답고 더 세련된 생활에서 나타났으며, 사람과 값비싼 물건들 사이에 감각적인 관계가 나타났다. 필립 아리에스Philippe Ariès 가 강력하게 지적했듯이, 그 후로 물건들은 단지 사회 위상과 권력의 상징으로서만이 아니라, 그 자체로 귀한 존재처럼 소개되고 사랑을 받았다. 아름다움의 매력, 멋진 물건들에서 느끼는 희열은 초기 정물화들에서 일관되게 드러나는 특성이다.[25] 작품들의 고귀한 기능은 어떤 식으로도 쇠퇴하지 않았다. 그러나 베르너 좀바르트Werner Sombart 가 언급했던 바대로 사치는 또한 '에로티시즘의 표현'처럼 나타난다. 즉 세상을 즐기고자 하는 욕망의 반응처럼 나타난다. 사치품들은 규범에 따른 표시들로서, 사람과 물건의 관계에서 새로운 강도, 아름다움에 대한 열정, 미적 쾌락의 충동, 사치품들의 특성을 살려 물건에 더욱 주관적이고 더욱 민감한 주의를 기울여 표현되었다.

소스타인 베블런Thorstein Veblen과 그 후의 구별 사회학은 사치의 에로틱한 차원을 아쉬워했다. 값비싼 소비 행동은 이러한 문제 제기에서 오로지 허영심과 사회 분류의 전략에 의해서만 작동하게 된다. 물건들은 결코 그 자체로서는 가치가 없고 오로지 그것의 가치-표시나 가치-명예에 따라 가치를 지닌다. 그러나 사치의 이러한 관능적 차원은 존재한다. 이 차원은 14세기와 15세기부터 세속적인 가치들의 사회적 촉진 그리고 생활 형태의 양식화와 미화美化에 빠진 감수성의 여세 몰이와 더불어 확산되었다. 사람들은 아름다운 물건들에 열광하여 미적으로 집착했고, 귀한 물건들에 대해 에로틱하게 집착했다. 작품들의 세속화 과정[26]은 사치의 개인화와 관능화의 근대적 길을 열었다. 이러한 과정에서 사치는 미학적 시기로 들어갔다.

전환 시대는 요한 하위징아Johan Huizinga가 '중세의 가을'이라고 부른 시대이다. 사치의 새로운 모습이 이 시대에 나타났다. 14세기부터 서구 문명의 근대적인 사치에 있어서 결정적인 위치를 차지한 두 가지 일련의 현상들이 갑자기 나타났다. 즉 서구 문명은 한편으로는 고대의 예술품들을, 다른 한편으로는 그 유행을 경험했다. 만일 이 현상들이 반드시 부유한 환경에서 취향들을 미화시키는 동일한 경향으로 나타난다면, 이 현상들은 일치하지 않는 두 가지의 시간 방향을 표현한다. 즉 하나는 과거에 중심을 맞추고 있고, 또 다른 하나는 현재에 중심을 맞추고 있다. 이때부터 사치의 세계는 두 가지의 시간 축에 따라 분류된 취향, 행동, '제품' 등, 이 모든 것들과 함께했다. 고대의 의식儀式, 곧 사라지는 현재의 의식, 달리 말하면 이 새로운 사치의 시간성들은 근대 인문주의 문화의 도래와 맥을 같이 한다.

14세기의 후반부에, 특히 과거와 그리스·로마 시대에 대한 새로운 태도들이 나타났다. 공작公爵들과 다른 지체 높은 후원자들은 라틴어 텍스트들을 복제하고 번역하도록 했고, 책을 애호하는 사람들이 되었으며, 아름다운 수사본手寫本들에 출자하는 사람들이 되었다. 사람들은 고대인들의 수사본들을 찾았지만, 과거의 예술 작품들을 발굴한 셈이 되었다. 그때까지 가치도 의미도 없었던 고대의 유적들은 귀중품으로, 기호·상징을 갖고 있는 것으로 변했다. 고대의 예술품들을 수집하는 유행은 이탈리아에서 먼저 시작되어, 모든 유럽으로 퍼졌다. 16, 17세기에 수집가들의 수는 몇천 명을 헤아릴 수 있는 정도가 되었고, 예술 작품과 고대 예술품을 취급하는 시장이 형성되었으며, 대중을 상대로 한 경매는 사교계의 투기적인 경쟁을 불러오기도 했다. 부유한 엘리트 집단은 입상, 메달, 동전, 비문, 항아리 등과 같은 고대의 귀중품들을 사기 위해 어마어마한 재산을 소비했다. 사치의 세계는 새로운 보물들로, 즉 고대 예술품들이라는 돈이 많이 드는 열정의 물품들로 풍부해졌다.[27] 과거를 향한 사치 취향의 방향 설정은 전통에 대한 옛날의 생각이나 고대인들에 대한 존중을 전혀 버리지 않았다. 이와는 반대로, 그곳에 발견의 취향, 과거에 대한 탐미주의자의 예찬 혹은 지식인의 예찬, 고대의 작품들을 순수한 명상의 대상으로 변화시키면서 현재와 거리를 둔 시선을 표현하는 한에는 근대 정신과 같은 흔적이었다. 현실이 이러했음에도, 이 당시에는 과거와 예술 작품들에 대한 새로운 심미적 태도의 출현, 시대 상황에서 예술 작품들을 돋보이게 한 근대적이고 자유 분방한 정신에 대한 새로운 심미적 태도의 출현이 사회 구분의 목적보다 더 중요한 의미를 지녔다. 모든 집단적이고 종교적인 강제를 제외하면 '좋아하므로' 작품들을 수집했다.

골동품에 심취했을 때, 이와 때를 같이 해서 갑자기 현재에 대한 열기, 엄밀한 의미에서의 패션과 일시적인 숭배가 나타났다. 만일 사치가 암흑의 시대로 근원을 연장했다면, 끊임없는 변화들, 아름답게 꾸미며 옷을 입기, 체형에 관한 연구 등을 동반하는 패션은 서구 사회의 단절과 발명의 역사를 구성한다. 패션은 14세기 중엽부터 시작되었다. 사회적으로 새롭게 나타난 과시적 낭비는 반反전통의 표시, 불안정함의 표시, 경박함의 표시가 된다. 그때까지 예외적인 경우를 제외하고 의복의 변화는 드물었다. 전통적으로 길고 풍성한 의복은 신체를 감추었고, 변하지 않고 근엄하며 장중한 모습의 실루엣을 이루면서 전체처럼 몸을 감쌌다. 이러한 의복 형태는 안정된 계급 질서에 부합하는 것이었다. 이러한 관점에서 볼 때, 유럽의 모든 변화는 짧고 몸에 딱 맞으며 졸라맨 옷의 출현과 더불어 일어났다. 이러한 옷은 연속되지 않은 분할된 육체를 볼 수 있도록 했다.[28] 왜냐하면 패션이 사회 계급을 구경거리로 만들기는 했어도, 그것은 체형을 이용했기 때문이고, 또한 체형을 축소하거나 때로는 괴상할 정도까지 부풀리면서 육체를 과장되게 드러나도록 했기 때문이다. 그 후로 사치스러운 의복은 예기치 못한 미적인 변화, 효과적인 꾸밈, 과장법의 유희적 남용과 관계를 맺었다.

예전부터 전해오는 관습이나 관례집에 따른 옷 입기는, 요컨대 사교계 생활의 에티켓과 진지한 태도가 완전하게 양립할 수 있는 일종의 가면 무도회이나 유희적 변장으로써 반드시 필요했다. 패션의 출현은 놀이와 축제(과도, 낭비)의 논리였다. 이러한 논리는 처음으로 몸치장의 구성을 포함했다. 패션은 더는 신들에 대한 봉헌이나 전통적인 의식이 아니라, 전체적인 신체 외관을 대상으로 한 유희이고 아주 작고 '사소한 것'에 대한 심취, 새로움에 대한 일시적인 열기였다. 뿐만 아니라 패션은 더 이상 영원성의 관점으로 고양시킨 기념물들이 아니라, 변화무쌍함에 대한 열정, 현재에 대한 순수한 격정이었다. 최초의 위대한 사치의 형태가 패션과 더불어 자리를 잡았다. 이때 사치는 과거와 비가시계의 힘에서 해방되어 완전히 근대적이고, 피상적이며 근거도 없고, 유동적이던 것을 말한다.

급변하는 패션은 어쩌면 과시적인 낭비에 대한 태고의 에토스로부터, 그리고 부를 가진 새로운 가정들의 비약적인 발전을 수반한 상징적인 투쟁에 대한 태고의 에토스에서 멀어졌을 수도 있다. 그러나 이러한 현상들은 의복 양식의 변화가 불변성으로 대체되었고, 급격한 사치 양식의 변화가 의복으로 대체되었음을 체계적으로 설명할 수 없다. 계급 실추의 체계적인 논리가 영속성에서 탈피하기 위해서는 모든 문화적 요인들의 총체를 수렴해야 했다. 이 책에서는 이 요인들 중에서 두 가지 예만 들어보겠다.[29]

우선 변화에 더욱 개방된 문화에 대해 말해보자. 새로운 시기가 고대 그리스·로마의 작가들에게로 되돌아가는 표시로 명확히 드러난 것이 사실이라면, 중세의 말기는 변화에 더 높은 가치를 부여한 문화처럼 나타나고 새로운 길을 열려는 자각이 있었던 시대처럼 나타나는 것도 또한 사실이다. 문화의 세속화 운동, 예술 애호가들에게 귀함과 특이함에 대한 열정, 대 여행에 대한 취향, 은행 영역의 혁신, 사업 기교 등은 새로운 예술 형태들을 나타나게 했다. 엄밀하게 말해서 새로운 것에 대한 취향이 패션을 대대적으로 조직한다. 패션은 오로지 참신한 정신적 태도가 기반이 됨을 명확하게 드러냈다. 참신한 정신적 태도란 새로움에 더 높은 가치를 부여하고 조상 전례의 연속성보다는 쇄신에 더 높은 가치를 매기는 것을 말한다. 패션은 계급의 대립에서 직접적으로 흘러나오지 않았다. 그리고 그것은 경제적이고 사회적인 사건들로 단순화할 수 없는 문화 혼란, 역동적이고 혁신적인 가치의 증대를 전제로 한다. 이때 가치란 전통주의자의 외관을 구식으로 만들 수 있고 '아주 새롭고, 아주 아름다운' 원칙의 체계를 받아들일 수 있도록 하는 것을 말한다.

두 번째 예로, 개인성과의 새로운 관계가 있다. 게오르그 지멜 Georg Simmel이 말했듯이 패션은, 아주 사소한 세부라 할지라도 모방과 변화의 취향, 순응적인 태도와 개인주의, 사회 그룹에 융화되려는 열망과 그 그룹과 구별되고 싶은 욕망 등을 늘 변화시킨다. 만일 패션이 꾸준히 존재하지 않았다면, 그 출현 조건으로 상당한 개인성 해방, 익명 경시, 개인성에 대한 관심, 가치를 개발하고 눈에 띄게 하며 기발하게 보이고자 하려는 '권리' 인식 등이 필요했기 때문이다. 정확히 말해 중세의 후반부 말에 총체적인 현상들이 나타났는데, 이러한 현상들은 상류 계층에서 개인성에 대한 확신을 명확하게 보여준다. 단순하게 자서전과 초상화, 자화상의 출현, 영광에 대한 열정, 개인의 기호에 맞춘 유언장과 무덤 등을 돌이켜 생각해보자. 패션에서 전개되고 있는 모방 운동이야 어떻든 간에, 패션은 개인의 특수성에 대한 또 다른 관심 표명이다. 사치의 큰 새로운 조류로서 패션은, 과시적인 소비와 경제적인 변화보다는 문화적 상상력의 변화들에서 유래했다.

근대의 사치, 포스트모더니즘의 사치

사치의 세계는 19세기 중엽까지 귀족적이고 수공업적인 형태로 움직였다. 만일 르네상스 시대 이후에 일부 예술가들이 영광을 얻었다면, 반대로 대부분의 예술가들은 영예도 없었고 알려지지 않았다. 고객이 주인이었고, 장인은 무명으로 물건을 만들었다. 노동의 가치는 사용된 재료의 가치와 비교할 때 축소되었다. 주도권은 주문한 영주나 대자본가들이 쥐고 있었다. 진품 제작, 고객 요구의 우위, 하급이고 익명인 장인의 상황은 민주주의가 발달하기 이전 시대에 우세했던 체계였다.

사치와 근대성〔모더니티〕

모든 것이 근대성과 더불어 바뀌었다. 뜻하지 않은 오트 쿠튀르haute couture〔파리의 고급 양장점의 총칭〕의 출현은 필요 불가결한 새로운 논리를 가장 잘 보여주는 예시이다. 19세기 후반부에 찰스 프레더릭 워스

Charles Frédéric Worth는 각 고객의 치수에 따라 자주 신제품 모델을 제작해 사치 산업을 확립하면서 오트 쿠튀르의 근간을 세웠다.[1] 과거와의 단절은 명확했다. 모형들이 모든 특별 주문과는 별개로 만들어졌을 때, 그랑 쿠튀리에grand couturier[유명 남·여성복 디자이너]가 자유롭고 독립적인 디자이너로 등장했다. 디자이너는 자신의 뜻에 따랐고, 시선에 공정한 현실을 박탈당한 소비자로 변한 여성 고객들에게 자신의 모델과 취향을 받아들이게 했다. 사치의 근대기期에서 디자이너는 여성 고객에게 종속되었던 예전의 관계에서 벗어나 유행을 이끌어가는 새로운 능력을 확신하면서 성공을 거두는 경험을 했다. 창조자로서의 쿠튀리에, 그 황금기가 시작되어 100년 동안 지속되고 있다.

쿠튀리에는 무명의 장인이었다. 쿠튀리에는 고귀한 예술가, 유명세의 혜택을 입는 디자이너, 전 세계에서 빛나는 특별한 명성의 혜택을 입는 창조자처럼 알려졌다. 그랑 쿠튀리에의 일반적인 품격화와 인정은 18세기에 유명한 미용사들과 '패션을 파는 상인들'이 예술가들로 취급되기 시작하면서 영광스러운 지위를 얻었던 활력을 연장하고 있다. 19세기 중엽부터 사치 세계의 중요한 일면은 이름과 특별한 개인 그리고 품위로 가득한 상점과 연관되어 있었다는 점이다. 이러한 이름들 중에서 상당수는 다른 부분에서와 마찬가지로 패션계에서 오늘날까지도 으뜸가는 지위를 보존하고 있다.[2] 사치품이 개성적이 되었다. 그 후로 사치품은 최고 수뇌부의 이름이나 지역 명칭을 더는 달지 않고, 쿠튀리에나 유명한 상점의 이름을 달았다. 이 말은 단지 물질 자원이 사치를 구성할 뿐 아니라, 유명 상점의 이름과 유명세의 영향력, 브랜드의 명성, 상표의 매력을 구성한다는 것을 의미한다. 이러한 측면에서 명성을 위한 경쟁은 최상 계급의 범주에서 이루어질 뿐 아니라 사치 상품 생산자들의 세계에서도 이루어질 것이다.

오트 쿠튀르와 더불어 사치품은 처음으로 창작 산업이 되었다. 유명한 상점들은 수공업적으로 남아 움직일는지도 모른다. 수공업적이란 수작업, 맞춤복, 양보다는 오히려 질, 양장 재단사들의 노하우 등을 말한다. 그러나 이러한 움직임은 또한 컬렉션의 근대적 원칙에 따라 이루어진다.[3] 설령 컬렉션이 짧은 기간 동안에 이루어진다 해도 그 모형들은 몇백 벌 혹은 몇천 벌 단위로 다시 생산될 수 있다. 1880년 이후에 새로운 산업 제조 기술이 널리 퍼지기 얼마 전에 오트 쿠튀르는 한정 생산 컬렉션Série limitée으로 판매를 촉진했다. 새로운 산업 제조 기술은 표준화한 상품들을 아주 대량으로 생산할 수 있도록 했다. 몇 가지 수치화된 자료들은 새로운 차원의 사치 산업의 정도를 보여주고 있다. 1873년에는 1천 200명의 노동자들이 워스를 위해서 일했고, 1935년에는 4천 명이 코코 샤넬Coco Chanel을 위해서, 1956년에는 크리스티앙 디올Christian Dior를 위해서 1천 200명이 일했다. 1930년대 중엽에 샤넬은 1년에 약 2만 8천 점을 생산했다. 파리에 있는 오트 쿠튀르들은 1953년에 9만 점을 생산했다.[4]

이곳에 외국 구매자들, 특히 여러 벌을 다른 치수로 주문한 미국 구매자들에게 판매한 견본들이 첨가된다. 1925년에 오트 쿠튀르 한 종목의 판매가 프랑스 전체 수출의 15퍼센트를 차지했고, 무역 부문에서 두 번째 순위를 차지했다. 1929년 이후에 관세율이 높아지는 것에 대비하기 위해 외국의 기성복 제조업자들에게 각자 그들의 나라에서 생산할 수 있는 권리와 함께 천과 종이로 만든 옷본을 판매했다. 이 판매는 1960년까지 오트 쿠튀르 총 매상고의 약 20퍼센트를 차지했다. 많은 자료들이 사치품의 새로운 산업적 정착을 보여주고 있다. 결국 사치품은 근대 초기에 가내 수공업과 산업의 중간 형태, 예술과 컬렉션의 중간 형태로 만들어졌다.

사치품과 준準사치품

오트 쿠튀르가 예술 수공업과 산업의 결합을 확고하게 만들었을 때, 같은 시기에 기계화의 발전은 중산층을 겨냥한 '준사치품'과 더 저렴한 가격의 '유사 사치품'을 등장할 수 있도록 했다. 근대 시기는 한편으로는 원본, 예외적인 컬렉션, 예외적인 가격과 다른 한편으로는 모형의 품위를 떨어뜨리고 표준화하여 대중화시킨 모조품이 분리된 시기이다. 이 시대에 보석, 의복의 액세서리, 자질구레한 실내 장식품, 입상, 태피스트리, 가구, 유리창, 벽지 등 대량 생산된 '유사품'이 급격히 확산된다. 유사품은 값비싼 원본을 모방하고 좀 더 저렴한 가격의 재료로 만들어져 원본보다 더 폭넓은 고객들의 수준에 맞춰졌다.[5] 최초로 대중화된 사치품의 형태는 돈이 많이 드는 제품의 사회적 확산과 일치하는 것이 아니라, 모조품과 유사품이 확산되고 골동품이 새로이 확산되며 몰개성을 보상하는 상품이 확산된 것과 일치한다. 이때 몰개성은 중복된 장식, 과다한 장식, 원형에 덧붙이기를 한 제품의 급속한 증가, 활력이 넘치는 경매에서의 가격 상승을 통해 보상되었다. 최초로 대중화된 사치품의 형태는 부르주아의 생활 방식과 스타일로서의 키치kitsch 문화의 도움을 얻어 전개되었다.

백화점은 대규모로 대중화된 준사치품의 예를 보여준다. (저렴한 정찰 가격, 자유 입장, 다양한 제품 종류, 광고 등) 새로운 상업 수단을 기초로 해서 중산층의 소비를 진작시킬 목적으로 한 백화점들이 19세기 후반부에 생겼다. 백화점들은 값을 낮추면서 '사치품을 대중화하는 데' 성공했다. 이 대중화는 더 엄밀하게 말하면 이전까지는 재산가 엘리트들을 위한 상당수 형태의 재화들을 평범한 소비 품목으로 변화시켰고 반드시 필요하지 않은 물건들에 대한 구매 행위를 증진시켰다. 따라서 백화점들은 바로 굉장한 구경거리의 장소로, 호화로운 조명과 색의 건물로, 많은 불빛으로 반짝이는 경이로운 곳으로 등장했다. 백화점 내부의 정면은 둥근 지붕, 입상들, 장식 스타일로 올려졌고, 외부의 둥근 금빛 지붕은 백화점을 눈부신 세계로, 상업에 관련된 기념비적인 환상의 세계로, '동화 속의 궁전'[6]으로 변화시켰다. 풍부한 상품들, 진열창, 상품의 호화로운 진열, 콘서트, 동양산 양탄자와 벽걸이 천, 이 모든 것들은 경탄을 불러일으키는 축제의 광경, 과도함의 광경, 대향연의 광경처럼 드러나게 하면서, 대규모 상업에 유용한 목적을 이상화하고 물질주의적인 차원을 초월하기 위한 것이었다. 이 모든 것들에, 일종의 마술 세계를 만들고 기부와 후한 인심의 이미지를 제공하는 매력적인 가격, 할인 판매, 기획 판매, 고객을 유혹하는 상품들이 추가된다. 백화점은 덤으로 여러 가지 구경거리들과 아름다움, 풍요로움과 부유함을 나누어주는 상업적인 힘으로 우뚝 솟았다. 예전의 투쟁적인 광경이 도전 대상도 상호성도 없는 상업 영역으로 변형되었다는 점을 제외한다면 말이다. 억제할 수 없는 구매 욕구와 '구매하기에 적당한 물건'은 격식을 차린 상호 교환을 대체했다. 성스럽고 의례적인 축제祝祭의 시기 이후에, 지속적인 소비를 하는 축재蓄財의 시기가 왔다. 축재의 시기에는 의식儀式과 성스러운 말씀의 매력으로부터, 중산 계층들에게 새로이 행복을 약속하는 가격과 물건들의 매력 이외에는 더 이상 남아 있지 않다. 민주주의 시대에 사치는 '저렴한 가격'과 합치되고, 지나침은 경제적인 계산과 합치되며, 낭비는 필요 불가결함과 합치되고 도취는 쇼핑할 때의 일상적인 흥분 및 기분 전환과 합치된다. 사치는 더 이상 호사스러운 소비에 대한 고귀한 숭배가 아니라, 수준에 대한 숭배, 안락함에 대한 숭배, 여성과 남성들의 개인적인 행복에 대한 숭배이다.

그러나 준사치품의 키치 스타일은 새로운 검소한 미학이 전개되었을 때의 문제, 즉 한편으로는 장식의 동기 없는 나열, 다른 한편으로는 근대적으로 억제된 표현의 발전을 철저히 고찰하는 것과는 거리가 멀었다. 사치는 시대를 배경으로 했다. 그 후에 사치는 신, 왕권, 귀족의 고귀함을 명분으로 했기 때문에 눈에 띄는 풍부한 기호들과 분리될 수 없었고, 드러내 보이려는 연극적 성격과 분리될 수 없었다. 모든 것은 민주주의 시대와 더불어 변했다. 타인이 비슷한 사람으로 받아들여지는 사회에서 사치의 경향은 상표들을 사람의 이타성과 권력에 호소한다. 19세기의 검은색 남성복, 그리고 남성복보다 시기적으로 '늦게' 일어난 1920년대 여성 모드의 혁명은, 타인들을 '짓밟은' 사람들과 상호 인식을 방해하는 사람들의 명예를 실추시키는 민주주의의 과정을 구체적으로 표현했다. 그러나 이러한 표현도 진정으로 은밀하고 완곡한 우아함 그 이상은 아니었다. 즉 오노레 드 발자크 Honoré de Balzac가 '검소함의 사치'라고 부른 것이 시작되었다.

20세기 초부터 사람들은 건축계에서 과장된 장식을 거부하고 여러 아방가르드 예술 조류의 자극을 받은 물품들이 나타나는 것을 보았다. 도처에서 근대주의자들의 정신은 키치 스타일, 전통 장식의 미학에 맞섰고, 추상적인 엄격주의와 조형적인 간결함 그리고 각지고 기하학적인 스타일을 위해 필요 없이 덧붙여진 미학에 맞섰다. 사치는 틀림없이 독특한 것이지만 그때까지도 상류 계층에서 유효했던 상징적인 대결에서 전적으로 탈피할 수 없었다. 의복과 물건에 관한 근대주의자들의 미학은 예술가들의 조형적 탐구, 새로운 시간과 공간 표현의 탐구를 구체적으로 나타냈고, 세상과 타인들과의 새로운 관계, 위생과 빛의 새로운 관계, 안락함과 내밀함의 새로운 관계를 구체적으로 나타냈다. 사치는 민주주의의 이상들을 나타나게 하기도 했고, 근대인의 물질적 행복에 대한 새로운 열망, 자유에 대한 새로운 열망, 과거와 전통의 거부에 대한 새로운 열망을 나타나게 하기도 했다. 이러한 이상들과 열망들은 준엄하게 귀족 세계의 종말을 동반했다.

사치품 마케팅을 향해서

오늘날의 사정은 어떠할까? 10, 20년 전부터 모든 것이 우리에게 새로운 사치의 시대에 들어서 있다고 생각하게 했다. 사치는 세계화되고 자본화되어 포스트모던 혹은 하이퍼모던hyper-modern의 시대를 이루고 있다. 이때까지 사치품 제조업체는 가족 사회와 독립적인 디자이너-설립자에 의지해 지탱되었다. 이러한 시기는 끝나고, 주식 시장에 상장된 평판이 높은 상표를 기초로 해서 막대한 유가 증권을 소유하고 있는 세계적 거대 기업들과 어마어마한 매출액을 올리는 대그룹들에게 자리를 넘겨주어, 사치품을 취급하는 경제계와 기업계의 등급이 변했다. 명예를 위한 경쟁사와의 전통적인 대립은 '사치품 전쟁'으로, 인수 합병으로, 세계적인 산업 제국을 구성하기 위한 집중화와 재편성 작업으로 대체되었다. 사치는 독립적인 소규모의 가계와 최고의 디자이너-예술가의 종말을 고하면서 거대 개체個體, 세계화, 스톡옵션, 그룹 전략의 영향 하에 놓이기 시작했다. 사치가 경제 영역이면서 동시에 비경제 영역[7]에 속하는 것이 사실이라면, 이러한 복합적인 혼합에서 관찰해야 할 점은 점점 더 경제적이고 재정적인 축이 제품 발전에 필요 불가결한 조건임을 받아들이게 하면서, 경제와 재정이라는 두 가지 수치의 마진률을 위해 상표를 사고 파는 일, 주식 시장에 상장하는 일이 주조를 이루고 있다는 것이다. 극도로 현실주의적이고 재정財政적인 시대가 예술적이고 숭고했던 사치 시대의 뒤를 잇고 있는데, 이 현실주의적이고 재정적인 시대에서 신모델 창조와 높은 수익성의 추구는 따로 생각할 수 없게 되었다.

이전의 모델은 산업적 논리와 수공업적인 논리의 결합으로 성공했다. 그러나 이 결합에서는 수공업의 차원이 우세했고, 모델의 재생산은 형편에 맞추어 제한되게 실행되었다. 이 관점에서 우리는 역전된 경향을 목격하고 있다. 그 후로 컬렉션에 관한 산업적 논리의 등장이 최고조에 이르렀다. 예를 들면, 오트 쿠튀르에서 형편에 맞추어 향수와 액세서리, 프레타포르테(고급 기성복) 그리고 라이선스 제품들에 중심을 맞춘 축이 와해되는 것을 목격했다. 사치품은 더는 전형과 컬렉션이라는 모순 속에서 구성되지 않는다. 특별 컬렉션은 부차적인 영역의 의미로밖에 남아 있지 않다. 향수는 몇십만 병 단위로 생산되고, 사치스러운 프레타포르테 컬렉션은 몇천 벌이 생산된다는 사실을 돌이켜 생각해보자. 최고의 사치품이라 해도 더는 산업적 대량 컬렉션의 법칙을 벗어날 수 없다. 2001년에 BMW와 아우디는 각각 90만 대와 72만 대를 판매했다. 2년 후에 아주 호화로운 모노스페이스[미니 밴]와 사륜 구동을 혼합한 '비전 GST'를 시장에 내놓게 될 벤츠 자동차는, 1년에 10만 대 생산을 예상하고 있다. 대량 복제는 더는 준사치품이 아니다.

소비자들이 점점 더 쉽게 접근할 수 있는 상품들(향수, 액세서리들 ……)을 아주 유명한 사치품 제조업체들이 시장에 처음으로 내놓았을 때, 대량 소비재를 만드는 산업 그룹들은 시장에서 최고의 제품을 만들기 위한 투자 의도를 내비쳤다. 이러한 '품질 향상' 노력은 특히 자동차 산업에서 대단한 의미를 지닌다. 르노Renault 자동차는 오늘날 '아반타임Avantime'과 '벨 사티스Vel Satis'를 상업화하면서 고급 자동차 시장에서 명성을 얻고자 하는 야심을 드러내고 있다. 단순히 '자동차를 만드는 르노' 회사가 '삶과 함께 하는 자동차' 회사로 바뀔 때, 이 회사가 추정한 목표치에 따르면 자사의 고급 자동차가 1999년에 유럽 자동차 매출액의 8퍼센트를 차지했던 것에 반해 2003년에는 12퍼센트를 차지하게 될 것이다. 폭스바겐Volkswagen은 아우디Audi, 벤틀리Bentley, 부가티Bugatti, 람보르기니Lamborghini를 인수한 후에 리무진 '파에톤Phaeton'을 이용해 고급 자동차 부문에 뛰어들었다. 사치품은 늘 사회적 차이의 요인이었지만, 그것은 또한 점점 더 다수 대중을 겨냥한 상표들을 관리하는 수단으로서의 기능을 수행한다. 최고급 품질의 명예는 모델들 전체로 파급된다. 자동차들의 성능과 신뢰성은 평준화되었고, 자동차에 대한 매력은 기업의 노하우를 이용한 전형화된 최고급 자동차 모델의 존재 여부를 통해 강화되기 때문이다. 이렇게 해서 호화로운 모델들이 증가된다. 호화로운 모델들은 마진이 높을 뿐 아니라, 동시에 그룹의 명성을 드높인다. 만일 대량으로 자동차를 생산하는 거대 자동차 회사들이 사치품 부분에 투자를 한다면, 명성이 높은 상표들은 당연히 그래야 하는 것처럼 늘 최고를 향해 더욱 정진할 것이다. 이미 호화로운 'S 클래스'를 출시했던 벤츠 사社는 거대 리무진 '메이백Mayback'의 출시를 예고하고 있다. 이 리무진은 길이가 6미터로 가격은 30만 유로이다. 컬렉션의 논리에서 일반적인 산업 주도권은, 파산을 초래하는 과소비의 쇠퇴와 사치의 수준을 제외한 모든 것을 의미한다.

영웅의 시대에 오트 쿠튀르는 선두에 창조적인 예술가를 두고 있었다. 예술가는 부유한 여성 고객에게 당당하게 그의 취향을 받아들이게 했다. 이러한 시대는 끝났다. 유명 상표들의 프레타포르테 컬렉션은 훨씬 덜 변화무쌍해졌고, 훨씬 덜 변덕스러워졌으며, 적든 많든 고객들의 기대와 취향에 보다 귀를 기울이게 되었다. 디자이너의 강요, 모드 스타일의 큰 변혁들은 더는 통용되지 않거나 아주 가시적인 영향을 미치지 않는다. 톰 포드Tom Ford가 입생로랑Yves Saint-Laurent의 뒤를 이었다. 아틀리에들이 주도하여 제안한 예술적 사치가 100년 동안 순조롭게 유통되었다. 그 후에 사치품 마케팅의 시대는 시장의 요구와 논리에 중심을 맞추었다.

사치의 세계는 대단히 많아진 요구에 주의를 기울이고[8] 맹렬한 경쟁으로 표출되어, 대량 소비 시장에서 볼 수 있는 관행들과 유사한 관행들이 시작되는 경향을 보였다. 즉 신제품 출하 비용과 광고 비용의 급증, '충격적'이거나 일탈적인 광고, 넘쳐나는 신제품 출하[9], 제품 수명 기간의 단축, 향수와 화장품 시장에서 고조된 염가 제공, 무리한 단기 재정 수지[10] 등이 시작되는 경향이 있다. 엄밀히 말해서 여기에서 언급한 모든 새로운 전략들이 필연적인 것은 아니지만, 그렇다고 앞으로 무한정 회피할 수 있는 것도 아니다. 이러한 전략들은 가장 장기적인 관점에서 역효과를 낼 수도 있으나, 그래도 역시 마케팅 시대에 센세이션을 일으키며 시장에 등장한 사치 산업들을 표현한다.

감정적 사치

새로운 사치의 시대에 관해 말하는 것이 타당한 이유는, 새로운 사치가 주어진 환경에서 관찰될 수 있는 변화에서 기인할 뿐만 아니라 요구, 열망, 동기 그리고 개인들이 사회 규범 및 타인들과 유지하고 있는 관계, 소비와 드문 재화와 유지하고 있는 관계들 속에 자리잡은 변화에서 기인하기 때문이다. 개별화, 감동적으로 만들기, 대중화는 현대의 사치 문화를 재정비하는 과정이다.

언뜻 보기에 사치품을 소비하는 현상은 불연속성으로 나타나기보다는 오히려 사회·역사적 연속성으로 나타나는 듯하다. 사실 호사스럽게 뻐기는 듯한 전통 사회의 소비 기능이 지극히 부유한 여러 환경(군주들, 왕자들, 실업계의 거물들, 금융계의 거물들)에 아직도 존재하고 있다는 데는 별 의심의 여지가 없다. 부의 수준을 보여주는 것, 아무 쓸데없이 소비하는 것, 대범함과 후원자임을 드러내 보이는 것, 이 모든 것들 중 어느 하나도 사라지지 않고 여러 관점에서 사회적 의무 규범으로서의 기능을 계속해서 수행하고 있다. 마찬가지로 조금 더 낮은 경제 환경에서 재산을 모은 트레이더(금융 시장의 중개인)와 다른 인기인들(골든 보이)과 같은 새로운 소비층은, 여전히 베블런 효과를 부각시킨다. 1980년대부터, 경제계의 신엘리트들은 콤플렉스를 느끼지 않고 사치품과 사회적 지위의 상징에 대한 자신들의 취향을 공공연히 말하면서 다닌다. 유럽의 부유층들보다도 미국의 부유층들은 그들의 가치와 개인적 성공의 표시로서의 재산, 사회 경제 계획의 법적 유효성을 인정받은 재산을 자랑삼아 과시한다.[11] 아무튼 청교도적인 검소함의 이상들만큼이나 논쟁의 이상들이, 유럽 대륙에서와 마찬가지로 미국에서도 철저히 고찰되었다. 그 결과, 사치품과 명예를 회복한 유명 상표들은 점차 논쟁의 대상에서 벗어나 다시 유행되었다.[12] 현대는 유행하는 복장에 대한 규제가 줄어들었지만, 상표와 귀한 재화들에 대한 숭배는 증가했다. 속물 근성, 부유함을 드러내고픈 욕망, 눈에 띄는 취향, 감정 표현을 통해 사회적으로 구분되기를 추구함, 이 모든 행동은 극도로 발전한 대중화된 문화와 상품 때문에 감춰지지 않는다.

그렇다면 타인들과 사람 간의 관계, 고가품 소비와 사람 간의 관계에서 새로운 것이라곤 아무것도 없을까? 현실은 훨씬 더 복잡하다. 베블런은 중요한 상표 하나가 진행 중인 변화의 의미를 갖는다고 주장했다. 사람들은 부를 과시하면서 "단지 자기 만족이라는 이유 때문에 타인들에게 중요성을 느끼게 하고, 타인들이 갖고 있는 감정의 중요성을 자극하고 일깨울 뿐 아니라 거의 별 쓸모가 없는 것을 확고히 하고 보호한다".[13] 사치품에 대한 열정은 타인들에게 찬미를 받고 싶은 욕망, 선망을 불러일으키고픈 욕망, 타인들에게 알려졌으면 하는 욕망으로 절대 조장되지 않는다. 또한 그 열정은 자화자찬하고픈 욕망, '자기 자신을 즐기고픈' 욕망, 엘리트의 이미지를 갖고픈 욕망을 기초로 한다. 이러한 자기도취 형태가 지배적이 되었다. 타인들의 판단에 대한 중압감을 줄이려는 노력은 새로운 현대적인 자기도취를 동반하지만, 그렇다고 해서 자신과 타인들과의 관계의 중요성이 감소했음을 의미하지는 않는다. 개인주의가 급속히 성장하는 시기에는 대중적으로 부각될 필요성, 타인으로서 존재하지 않아야 할 필요성, 스스로 비범한 존재임을 느껴야 할 필요성이 명확해졌다. 이렇게 엘리트주의자들의 동기는 지속되었다. 그러나 그 동기는 명망과 사회적 과시를 목표로 하는 것에 기반을 두기보다는 오히려 거리감, 예외적인 소비에서 생겨난 차이, 대다수의 사람들과 벌어진 차이를 즐기는 것에 기반을 두고 있다.[14] 만일 포스트모던적 역동성을 지닌 개인주의의 경향이 '자기 자신을 위한 삶'으로 이끌고, 타인의 의견에 보다 덜 의존하도록 이끌며, 내면적인 감정을 우선하도록 이끈다면, 또 다른 경향은 스스로가 '플러스 요인'으로 존재하고 있음을 느끼기 위해, 스스로의 특수성을 드러내기 위해, 자기 자신에게 스스로 긍정적인 이미지를 구축하기 위해, 스스로 우월감을 느끼기 위해, 타인들과는 다르다는 것을 느끼기 위해 타인과 비교하도록 이끈다. 엘리트주의의 감정, 즉 우선적으로 타인과 비교하고자 하는 욕망은 전혀 새로운 것이 아니다. 그러나 이러한 감정은 오늘날 타인의 평가를 위한 것보다는 자신을 평가하기 위한 신新개인주의의 논리로 재구성되었다.

사회적 차이에 대한 전통적인 논리가 역동적인 개인주의자의 흔적을 갖고 있을 때도 마찬가지다. 사치의 세계는 더는 전적으로 부자와 가난한 자, 지배자와 피지배자, 상속자와 갑자기 출세한 사람 등과 같은 고전적인 대립에 따라 작동하지 않는다. 유명 사치품을 소비하는 사람들의 범주(스타들, 우상들 등)는 어떤 그룹에 속해 있거나 부의 상태를 보여주지 못하는 만큼 관습적인 형태와 환경을 뛰어넘는 독특한 개성, 독창성, 개인의 취향을 표현하지도 못한다. 오늘날 사치는 계급의 이미지보다는 오히려 개인의 이미지 향상을 위해 이용된다.

사치의 본질의 변화는 거기에서 끝나지 않는다. 암흑기 이후에 사치스러운 소비는, 때로는 성스럽고 때로는 세속적인 사회적 강제 규범들에 따랐지만, 아무튼 집단 질서에 따른 개인의 엄격한 행위 영역과 마찬가지였다. 이러한 관점에서 서구 사회의 사치는 깊은 혼란을 겪었다. 따라서 서구 사회의 사치는 사회적 의무에 따르기보다는 오히려 개인적 판단에 따라서 작동했다. 호화로운 생활 형편은 우선 사회적으로 상류 계급에 부과되었다. 그 후에 순응적이지도 않고 '의무도 제재도 없는' 자유로운 사치가 시작되어, 비용이 많이 드는 소비가 부상했다. 이러한 소비는 사회적 규정을 뛰어넘어 향상된 개인주의적 열망과 동기들을 옮겼다. 한편에서는 파산할 정도의 소비가 있었고, 다른 한편으로는 '경제적인' 구매가 이루어졌다. 사치품 소비는 탈脫제도화하고 있는 중이었다. 탈제도화는 가족, 성별, 종교, 패션, 정치 등과 같은 환경에서 필요로 하는 작업과 동시에 진행되었다. 도처에서 신新개인주의의 문화는, 소속에 대한 구시대적 예속 상태와 논리적으로 상반되어 점진적으로 쇠퇴하는 집단 규범의 구속력에 대항하여 주체들을 해방시켰다. 생활 형식의 다양화, 사회 제도와 그룹 억제력을 조절하는 힘의 약화 등은 규제를 완화하고 선택할 수 있는 개인주의로, 개인주의는 이른바 포스트모던이란 시기를 특징짓는다. 자율성을 가진 개인들의 급증은 일반적인 소비와 유별나게 사치스러운 소비에 피해를 입히지 않았다. 유별나게 사치스러운 소비는 단일화되지도 연계되지도 않은 논리에 따라 특정한 경향을 지니고 드러나지 않아 가변적이었다. 오늘날 사람들이 '부르주아 보헤미안bourgeois bohème[보보스]'이라 부르는 것은 일부가 빠졌으나 편향되지 않은 후기 규약주의 문화culture post-conventionnaliste를 향상시킨 최근 경향들 중 하나일 뿐이다. 자기 스스로를 마음대로 자유롭게 할 수 있다는 원칙은, 후기 규약주의 문화의 기초가 되었다. 이때부터 이상적이고 전형적인 사치품 소비자는 다원적인 면모를 지니게 되었고, 자신의 모델들을 여러 그룹에서 차용했으며, 다양한 가격과 스타일을 지닌 여러 범주의 물건들을 혼합했다. 이 변화무쌍함, 혼합 양식, 부조화는 '품위 있는' 사치를 이어받아 부자연스럽게 꾸며졌다.

탈제도화, 개인화는 동시에 사치품들에 대해 더욱 감정적이고,

더욱 민감한 관계를 분출시킨다는 것을 의미한다. 물론, 이러한 측면이 새로운 것은 아니지만, 적어도 르네상스 시대 이후에는 명확하게 나타난다. 그러나 사치는 총체적으로 볼 때 적든 많든 간에 의례적 구속 상태와 연관되어 있다. 이러한 상태는 주관적인 취향보다 집단의 의무나 조건 따위를 부과하는 데 우선권을 두고 있다. 이러한 맥락에서, 우리가 목격한 변화는 강조될 만한 가치가 있다. 신개인주의가 출현함에 따라 새로운 형태의 사치스러운 소비가 시작되었다. 소비 형태는 사회 계층을 겨냥한 차별적인 전략들보다는 개인의 감정 상태와 감성 상태를 훨씬 더 돋보이게 했다. 남성들과 여성들은 사치스러운 소비를 통해 사회에 부합하기보다는 오히려 미적이고 감각적인 감성을 느끼려 했고, 부를 과시하려 하기보다는 오히려 쾌감의 순간을 맛보려 했다. 여행으로의 초대로서, 그리고 오감으로 느끼는 환희로의 초대로서의 사치는 특정한 의도를 지닌 개인적인 축제와 동일했다. 개인적인 환희의 추구가 과시 욕구와 사회 인식의 욕구보다 앞섰다. 예를 들면, 현대에는 참신한 형태의 사치, 감정적이고 실험적이며 심성화한 사치가 나타나는 것을 목격할 수 있다. 이러한 사치들은 사회적인 연극적 성격보다 내면적 감성을 우위에 두도록 바뀌었다.

사치는 오랫동안 시계, 장식품, 부를 과시하는 광경과 혼동되었다. 타인들의 시선을 끌 목적으로 한 기교, 몸치장, 눈에 보이는 표시들은 사치를 드러내는 주된 수단들이었다. 이러한 현상이 사라지지는 않았지만, 즉각적인 경험, 건강, 신체, 주관적인 복지 향상에 역점을 두고 기다리면서 숭배의 상징들에서 한 걸음 물러나 있는 새로운 경향들이 나타났다. 지금은 기능성 제품들이 화장품 판매 순위에서 첫 번째 자리를 차지하고 있는데, 그다음 순위에 오는 순수 화장품의 판매량과는 현격한 차이를 유지하고 있다. 해수海水 요법 시설, 건강을 관리하고 컨디션을 회복시켜주는 시설, 건강과 관련된 중계업은 비약적으로 성장하고 있다. 성형외과는 전례 없는 호황을 맞고 있다. 모든 호화 호텔은 현재 재충전의 장소로 개조되고 있고, 컨디션 회복, 아름다움, 휴식, 긴장 풀기, 다이어트, 열량 조절에 대한 기대감에 맞추어 치료를 관리하고 있다. 사치스러운 온천들이 증가하고 있다. 한편으로는 아름다움을 관리하는 곳들이 연쇄 상승을 일으켰듯이, 외모에 관한 논리가 여전히 지각과 정신에 강하게 호소하고 있지만, 그래도 진행되고 있는 변화는 역시 대단한 의미를 지닌다. 중요한 것은 사치의 목적이 더는 재산을 잘 과시하는 데 있지 않고 젊어 보이고 아름다움을 돋보이게 하는 데 있다는 점이다. 다른 한편으로는 사치스러운 행동들은 시선을 우선하는 데 역점을 두어 억누르기보다는 오히려 건강, 실험적인 것, 감각적인 것, 감정적 행복을 추구하는 길로 들어섰다. 외모 연기로서의 사치는 사적인 개인과 주관적인 감동을 위해서 활용된다. 사치는 자기 자신을 위한 것이기 때문이다.

사치할 권리

소비 행위들로 제한되지 않는 사치의 주관화 과정은, 소비에 관해서 말하고 정의하는 방식들까지도 포함한다. 일반적인 대화들은 교육적인 관점을 견지하고 있다. 오늘날 개개인은 '진정한' 사치에 대해 자기 나름대로 정의하고 설명할 수 있다. 개인이 사치의 척도가 되었다. 그래서 사치는 자유 시간, 삶의 질, 사랑, 내적 조화, 책임, 자유,

평화, 구호 활동, 지식, 자연 등과 같이 다양한 현상들과 동일시될 수 있다.[15] 개인주의의 출현은 여러 가지 물질 기준들을 통해 정의된 접근 불가능한 영역을 다시 이데올로기적인 방식과 주관주의적인 방식의 바탕 위에 적응시키려는 의도로 이끌었다. 계급 제도의 마지막 보루가 민주적인 상상력의 영향으로 무너졌다―이데올로기적으로 사용되었다. 민주적인 상상력이란 다원적인 사치를 찬양하면서, 개인의 입장을 떠난 가격 기준들에서 선택적으로 벗어나는 것을 말한다. 모든 것은, 현대의 개인들 그리고 이들이 개인적으로 성취하려는 열망이 사치에 관한 제한적인 정의에 둔감해진 것처럼 지나갔다는 점이다. 개인들은 사치에 관한 제한적인 정의 때문에 꿈, 쾌락, 최고의 미와 연관되어 있던 것에 접근하기를 금했을 수 있다. 귀하고 비싼 제품들이 끊임없이 객관적인 장벽과 사회적 격차를 다시 드러나게 했을 때, 포스트모던 문화는 행복할 권리와 사치할 권리에 대한 욕망의 민주적 표현으로서 원근법주의perspectivisme[모든 인식은 인식하는 존재의 삶의 문제와 관련되어 있다는 입장]나 주관주의를 포괄했다.

누구를 위한 사치일까? 아직도 부유층에서 유효한 '사치의 취향'과 서민 계층에서 특징적인 '생필품 취향'의 대립을 통해 소비와 삶의 형태들이 대대적으로 조직된 시대는 그리 오래되지 않았다. 부유층들에게 사치는 세련되고 단순한 오감의 쾌락과는 거리가 있으며 선택의 상징이고, 유쾌함이며 형태에 대한 관심이다. 서민층에게 사치는 동기 없는 '태도들'을 포함하는 행위로, 선택하여 객관적인 속박 상태를 변화시키고, 실용적인 것, 단순한 것, 필요한 것을 체계적으로 선택하도록 이끈다.[16] 이 가능성의 세계에 대한 봉쇄는 일반적으로 소수의 사람들에게 사치는 '우리를 위한 것이 아니다'라는 생각으로 구체화되도록 만들었다. 그렇다고 해도 이러한 에토스가 오늘날에도 남아 있을까?

개인주의적 소비자 문화에서 파생된 중요한 결과들 중 하나는, 이 문화가 개인들과 물건과의 관계, 개인들과 '필수품'의 관계를 심할 정도로 급작스럽게 변화시켰다는 데 있다. 오늘날에는 제품의 품질에 관한 요구, 환경에 관한 요구, 소비자들의 보호와 정보에 대한 요구 등이 명확하게 대량으로 드러났다. '고품질'이 등장하는 현상은 명확하다. 소비를 관찰하는 모든 사람이 품질과 '전문적인' 제품을 다루는 시장 때문에 '생필품의 취향'을 드러내는 '대중적인' 제품의 소비가 감소하고 있다는 것을 특기하고 있다. 건강 식품과 다이어트 식품에 대한 관심은 일반화되었고, '위에 부담을 주지 않는 식품'이 '위에 부담을 주는 식품'과의 관계에서 끊임없이 그 영역을 넓혀가고 있다. 마찬가지로 여행과 여가 활동, 복지 향상과 외관 향상에 대한 이상은, 더는 엘리트주의자들의 규범이 아니다. 이 현상은 틀림없이 행동과 취향을 일반화하여 동질화하는 것이 아니라, 더 유동적인 문화를 분출시켰다. 유동적인 문화란 행동의 사회적 장벽을 없애고, 아주 명확하게 드러나는 계층들 간의 폐쇄적이고 완전한 단절을 감소시키며, 아직도 소수에게만 유효한 것을 드러나게 하는 것을 말한다. 우리 사회에서는 어느 누구도 혹은 거의 모든 사람이 엄밀한 의미에서의 '생필품'을 얻을 목적으로 생활하지는 않는다. 소비와 여가 활동 그리고 행복의 비약적인 향상과 더불어 '필요 이상의 것'이 일반적인 칭호를 얻어 대중의 합법적인 열망이 되었다.

미리 대비하고 교정하는 태도들(건강, 운동, 다이어트, 외과 성형)
이 동시에 강화되었다. 모든 집단에서 개인들은 노화의 징표들과 과
도한 체중에서 벗어나려 갖은 노력을 다하고 있다. 체념하고 '운명'
을 받아들이며 사회적 조건들을 받아들이던 관례적인 태도들, 생활
수준의 향상에 대한 끝없는 욕구, 새로움과 명품들에 대한 취향, 품
질과 아름다움과 여가 활동의 당위성 등은 적소 적기에 도처에서 필
요 불가결했다. 포스트모던의 시대는 계급에 관한 케케묵은 금기 사
항들을 제거하고, 사치스러운 소비와 관련하여 대중의 억제를 감소
시키는 시대이다. 모든 젊은이들은 지금 '유행하는' 상표에 접근하는
것을 정상으로 생각한다. 소비의 마력, 상표의 마력, '늘 좀 더 원하
는 것'에 대한 마력은 계층 간의 경계를 뛰어넘었다. 사치와 관련된
예전의 '금기'에 뒤이어, '나를 위한 사치면 어때?'라는 생각이 나타
났다.

이러한 경향이 이데올로기적인 것만은 아니다. 1970년대 이후
이 경향은 사회 중산 계층을 겨냥한, 때로는 보잘것없는 계층을 겨냥
한 이른바 '중간 단계에 있는' 혹은 '접근할 수 있는' '상황적인' 사치
품의 비약적인 소비 성장으로 구체화되었다. 상징들을 선택할 수 있
는 '권리'의 향상, 선물로 구매한 사치 품목들의 광범위한 보급, 사치
품에 빼앗긴 마음, 미적 열정 등으로 나타나는 포스트모던의 시대는
사치품에 대한 욕망과 구매가 일반화되는 무대이다. 물론, 과시 욕
구, 속물 근성, '허영심 많은 사람' 등이 여전히 나름대로 기여하고는
있지만, 이것들의 동기 유발 순서가 변한 것을 은폐해서는 안 된다.
상황적인 소비는 계층을 과시하려는 의도보다는 오히려 사람들이 자

기 자신에게나 혹은 친지들에게 주려는 선물로서, 빈번한 꿈으로의 여행, '과다 지출'로의 여행에 속한다. 이 여행은 일상의 진부함에서 벗어날 수 있도록 한다. 이때부터 여행은 '관중을 깜짝 놀라게 하기'보다는 오히려 전대미문의 '경험' 속에 살도록 하고, 스스로를 기쁘게 하며, 특권을 누리는 순간이 된다. 몇 차례 언급했지만, 상황적인 소비들은 최고 수준의 이미지를 드러낼 목적으로 이루어지지 않는다. 상황적인 소비들은 부자인 양 처신하며, '역할'을 바꾸어 새로운 옷을 입고 주어진 시간 동안 오로지 즐기도록 할 뿐이다. 도전도 상징적인 현실의 쟁점도 없는 유희적이고 객관적인 소비가 규약에 따른 소비 경쟁에 뒤이어 나타났다. '현재 세상'에 사는 것도 아니고, 그렇다고 완전한 외계 세상도 아닌 세계에 바로 이해할 수 없는 참여만이 남아 있을 뿐이다. 미미크리Mimicry가 아곤agôn의 자리를 빼앗았다.[17][즉 흉내를 잘 내는 일이 대중적인 관행을 보호하는 신들의 자리를 빼앗았다.]

　명확하게 다시 말해보자. 독특한 열정은 전혀 사라지지 않았다. 간단하게 말하면, 파산할 정도의 소비의 중심에 있다는 것은 여러 중심을 가진 전체적인 동기에서 하나의 요인일 뿐이지 그 이상은 아니다. 이러한 세계에서 상징적인 대립은 케케묵은 중요성을 잃었다. 여성들이 패션에 있어서 자신들이 좋아하는 것, 자신들에게 어울리는 것만 입을 뿐 그 이상은 입지 않는 것과 마찬가지로, 모든 사치스러운 재화들은 행복의 약속으로써, 기쁨의 오아시스로써, 아름다움의 오아시스로써, 복지 향상의 오아시스로써 취득되었다. 계층의 요구와 계층 구분의 논리들이 여전히 남아 있을 수는 있지만, 더는 사치스러운 소비의 중심축을 이루지는 못한다. 이때부터 사치의 논리들은 주관적이고 감정적인 활력을 통해 광범위하게 재구성된다. 사회적 인식을 위한 대립의 본질은 다른 곳에서 시작된다.

그 본질은 사치와의 관계를 주관화하고, 일반화하는 데 있다. 즉 상당한 혼란들이 대량 소비와 대량 매체의 시대와 결부되어 있다. 사물과 미디어의 세계는 개인적인 행복의 규범을 대규모로 퍼뜨려 행복과 기쁨과 여가 활동의 좌표들을 확고하게 만들면서, 포기와 희생과 절약의 미덕을 쇠약하게 만들었다. 동시에, 육체에 대한 숭배와 심리주의는 현재의 삶을 절대시했다. 즉 표현과 개인을 성숙시키는 데 기여하는 모든 것을 절대시했다. 행복과 자기 사랑이 다수의 합법적인 목표로 인정됨에 따라, 각 개인은 가장 좋고 가장 아름다운 것을 바랄 수 있고, 선험적으로 제한되지 않은 현재와 세상에서 경탄할 만한 것들을 즐길 수 있기를 바란다. 지구상에서 가장 좋은 것을 이용하지 않을 이유가 있을까? 무엇 때문에 그래야 할까? 사치에 대한 새롭고 일반적인 욕구들은 계층들 간의 상징적인 대립 방식에 뿌리를 내리고 있지 않다. 사치 욕구들은 이른바 말하는 더 많은 욕구 상승에서 기인하지도 않고, 부가 증대하고 사회적 격차가 줄어듦에 따라 개인들을 점유했을 수도 있는 욕구 불만과 불만족에서 기인하지도 않는다. 사치에 대한 새롭고 일반적인 욕구들은 단순하게 소비주의, 개인적인 쾌락의 성스러움, 민주적인 행복할 권리를 완성하는 데서 기인한다. 유물론적이고 심리적인 대중문화는 사치와의 관계를 일반화시킨 커다란 요인이었다.

사치와 도전

암흑기 이래로 호사스러운 행동들은, 표적들에 대한 사람들 사이의 도전, 투쟁적인 제시, 경쟁과 굳게 연결되어 있었다. 틀린지트 족이나 콰키우틀 족의 포틀래치에서 지도자들은 너그러움을 경쟁하면서 대립했다. 그리스·로마 시대의 후원자들은 민중에게 훌륭한 선물을 제공하는 것으로 모든 전임자들을 극복하려 했다. 이러한 관점에서 사치는 파산할 정도의 재산을 대대적으로 소모하려 준비되었다. 9세기에서 18세기 사이에 유럽의 왕권들은 이런 소모 계획을 끊임없이 발표했다. 사치에 관한 모든 칙령은 귀한 재료들의 낭비와 사회적 차별의 잡음을 차단하기 위한 것이었다.

앞에서 살펴본 바와 같이, 사치의 대항적인 역학은 19세기에 들어서 처음으로 나타나, 덜 강압적이고, 덜 눈에 띄는 '민주적인' 사치를 기념하는 데 사용되었다. 포스트모던의 시대 혹은 하이퍼모던의 시대는 신중함의 미학을 통해서 이러한 사치의 역학을 증진시켰을 뿐 아니라, 공격이라기보다는 더 방어적인 사치를 증진시키고 있다. 24시간 내내 안정적으로 경비하는 호화 주거지, 담으로 둘러싸여 있고 경비 초소와 경비 시스템 그리고 보안 카메라가 설치된 빌라 등, 최대한의 신변 보호를 위한 모든 조처들은 불안함을 느끼는 시대에 확산되었다.[18] 화려한 의식儀式과 전례典禮가 급속하게 증가한다. 안전과 건강에 관한 강박증의 뒤를 이어 감시와 경계를 위한 장비들이 급증했다. 마이클 잭슨Michael Jackson 이전에는 미국의 백만장자 하워드 휴스Howard Hughes가 이미 세균과 바이러스의 공포에 떨며 살았다.

그는 세상과 떨어져 살아 매체 수단을 통하지 않고서는 그와 대화를 할 수 없었다. 최고 수준의 보안은 점차 사치의 주요한 논쟁거리가 되었다. 많은 분석가들은 사치스러운 부동산을 구매할 동기를 가진 고객들이 재산과 사람들의 안전에 대한 욕구에 강하게 좌우되고 있다고 주장하고 있다. "물론 보편적으로 존재하는 사치의 기본 지식은, 귀한 대리석과 목재, 수영장과 정원으로 열거된다. 그러나 무엇보다도 가장 먼저 염두에 두어야 하는 것은 안전이다. 금고는 카메라로 감시되는 거처의 붙박이장에 숨겨져 있어야 하고, 카메라는 관리부서와 연결되어 있어야 하며, 관리 부서는 어쩌면 세상에서 가장 효율적인 모나코 경찰서와 직접 연결되어 있어야 할는지 모른다. 이것이 사치의 극치이다." 투쟁적인 사치에 뒤이어, 편집광적인 사치가 나타났다.

사치와 안전의 조합은 자동차 부문에서도 역시 새롭게 대두되었다. 최적의 안전 추구는 '굴러다니는 금고'라는 별명이 붙은 '벤츠 S 클래스'가 1965년도 이후 독일에서 판매된 사치 상표의 판매 자료에서 1위를 차지하는 결과로 드러났다. 안전의 주제는 모든 고급 자동차 개발에서 보편적으로 존재하는 것이 되었다. '소극적인' 안전 장치들은 사고(자동차의 실내 공간, 전면과 측면의 에어백, 문 쪽 에어백)가 일어났을 때 부상을 경감시키거나 없애기 위해 고안되었다. '적극적인' 안전 장치들(브레이크, 가속, 전자 장치를 이용한 조종술)은 운전자가 사고를 피할 수 있도록 구성되었다. 이러한 노력에 첨가하여 또 다른 안전 장치들, 즉 외부에서 문을 열지 못하도록 하는 자동 문 잠금 장치, 3중 안전 측면 유리창, 대對공격 방지 시스템이 장착된다. 자동차

비품 제조업자들은 현재 디지털을 이용해 지문으로 신원을 확인하는 시스템을 내놓고 있다. 이러한 시스템은 문을 열거나 엔진 작동을 한 번 멈췄을 경우, 허용되지 않은 사람들이 시동을 걸 수 없게 하여 자동차에 접근할 수 없도록 한다. 안전에 대한 욕구에 사로잡혀 있는 시대에 사치는, 호화스러운 징표들이나 상징적인 도전보다도 보호를 우선한다. 이러한 사치는 다른 사람들을 물리치고 승리를 거두기보다는 오히려 최고 수준의 안전 장치들을 이용하는 것이 중요하다.

또한 앞에서 지적했듯이, 안전을 우선하는 사치 경향이 도전과 영예의 논리를 지닌 케케묵은 사치 환경으로부터 완전히 자유로워졌다는 것을 의미하지는 않는다. 우선 전체적으로 사치스러운 행동들(장인들, 경매, 후원자들의 작품 구매)이 귀족의 전형적인 투쟁적 경쟁의 전통을 계속해서 이어가고 있고, 그다음으로 천문학적인 비용이 들어가는 소비 형태들이 발전되었다. 근거 없는 활동들에 돈을 지불하지만, 이러한 활동들은 도전과 경쟁, 명망과 이미지를 위한 경쟁으로 표출된다. 우리는 한 가지 예로 자동차 스포츠 경쟁을 들 수 있다. 포뮬러 1(F1) 경주에 사용되는 레이싱 카를 운영하는 예산이 어마어마하게 상승된 사실을 생각해보자. 운영 예산은 일반적으로 1억 유로가 넘는다. 페라리Ferrari 자동차 회사의 경우 이 비용은 4배까지 올라간다. 이러한 소비는 순수한 손실로 현금화되지 않지만, 상표와 스폰서의 명예를 위한 것임을 간과할 수 없다. 그러나 경쟁과 위험이 도전을 바탕으로 한 볼거리와 대기록에서 구체적으로 표현되는 것 또한 사실이다.

오늘날 스폰서들은 예술적인 계획을 후원하기보다는 오히려 위험하지만 볼거리를 제공하는 스포츠 대기록과 성능을 구체적으로 실현할 수 있도록 돕고 있다. 우리는 1980년대부터 위험하고도 근거가 없는 활동들에 이루어진 비약적인 재정적 후원을 관찰할 수 있다. 이러한 활동들로는 독주 경기들, 자동차 랠리, 사막에서 행해지는 자동차 지구력 시험 경주, 북극권 탐험, 에베레스트 산 정상에서 낙하산 타기 등을 예로 들 수 있다. 사치스러운 활동의 주체에 관해 말하는 것은 당연하다. 당연성은 이러한 활동들 중의 많은 수가 비용이 대단히 많이 들고 후원자를 필요로 하기 때문이다. 뿐만 아니라 이러한 활동들 속에서 '대수롭지 않은' 광경이 펼쳐지고, 신기록 수립을 위한 경기가 펼쳐지며, 시간과 공간과 나이 그리고 신체의 한계에 도전하여 '최초로 했음'을 과시하려는 의도가 펼쳐지기 때문이다. 현재는 상징적인 것을 추구하기보다는 오히려 하이퍼리얼리즘과 감정주의를 추구하는 도전 행위들이 일어나고 있다는 차이를 제외하면, 격화하는 경쟁의 원칙과 사치의 관계, 그리고 과도의 원칙과 사치의 관계는 파기되지 않았다. 우선 사치의 표시들을 놓고 벌인 투쟁적인 장면이 있었다. 그 후에, '극단적인' 활동들이 나타났다. 극단적인 활동들은 기진맥진, 배고픔, 목마름, 사고, 위험을 동반한다.[19] 부의 연극적 성격은 더는 중요하지 않다. 그러나 모험에 대한 주관적인 전율, 의기양양한 자신감, 위험과 죽음이 개입되는 제한된 경험에서 얻어진 강렬한 내면적 자극이 중요하다.

아무도 감정적인 사치의 미래가 어떻게 나타날 것인지를 말할 수 없다. 그러나 역사상 최초의 우주 공간 여행자, 드니 티토Denis Tito는 국제 우주 정거장에 일주일 동안 체류하는 데 이미 2천 200만 유로 이상을 사용했다. 인간 세상에서가 아닌 '외계 세상'에서 항성 여행을 추구하고 전대미문의 감동을 추구하면서 소비하는 사치가 나타나고 있다. 도전의 원칙이 타인들에게 분출되는 것이 아니라 중력, 공간, 감각, 지상의 거주지에 분출되고 있다는 점을 제외하면, 도전의 원칙은 지속된다. 도전 원칙은 더 이상 타인들의 마음을 사로잡기 위한 것이 아니라, 지구를 떠나고, 우주의 장엄함과 '무한 공간의 영원한 침묵'에 사로잡히기 위한 것이다.

사치 상표의 광고와 전파는 현재 도전의 영역을 되찾기 위해 위반違反의 영감을 탐구하면서 이루어지고 있다. 디올Dior이나 지방시Givenchy의 오트 쿠튀르 패션쇼에서는 물신 숭배의 과시가 나타나고, 구찌Gucci에서는 성적 이미지, 베르사체Versace에서는 통음 난무에 대한 눈짓이 나타난다. 다른 디자이너들의 패션쇼에서는 레즈비어니즘lesbianism(여성의 동성애), 자위, 남녀 공용의 의상 스타일androgynie(앙드로지니) 등이 나타난다. 최근 디올의 시각 광고는 중독자Addict이다. 요컨대 이미 모드로 옮겨간 '포르노 시크porno chic[외설적인 멋]'과 함께 사치의 세계는 체면의 이미지를 요염, 금기 배척, 선정주의 등과 같은 이미지로 바꿨다.

자유로운 사회에서 성性은 도덕적 기준들을 광범위하게 해방시켰다는 점에 있어서 위험도 쟁점도 아닌 순전히 유희적인 도전을 증대시켰음에 틀림없다. 사치 상표들은 성이 더 이상 많은 사람을 혼란스럽게 만들지 않을 때 요염을 이용한다. 부의 상징들이 더는 제일선으로 나타나지 않는 대신, '대담한' 표시들이 나타난다. 이러한 표시들은 기본적으로 사치품을 취급하는 제조업체의 상표 이미지를 새롭게 하기 위한 것이다. 오늘날 도전은 더 이상 규약상의 목적을 갖지 않은 채, 광고를 촉진하는 혁신적인 기능을 갖는다. 패션이 더는 굉장히 급격한 의복 양식의 변화를 표현하는 무대가 아닐 때, 유행하는 옷을 입는 것이 더 이상 명예로운 표시가 아니어서 명예를 위한 경쟁심을 자극하지 못할 때, 사치는 다른 방식으로 과도함의 광경을 재창조하고, '과도함'의 표시들을 새로이 재창조하는 데 열중할 것이다. 제공하는 쪽에도 요구하는 쪽에도 더는 존재하지 않는 경쟁의 격화는, 마케팅 '커뮤니케이션'의 측면에서 다시 나타나고 있다. 경쟁의 격화는 더는 과시적인 사치를 통해 다른 사람들보다 우위에 서기 위한 것이 아니라, '자유'에서 기인한 차이를 드러나게 하면서 자기 자신을 표현하기 위한 것이다. 패션이 전위주의자들의 급격한 변화와 투쟁적인 경쟁을 뚜렷이 드러나게 할 때, 흉내로서의 도전 그리고 미디어를 통한 쇼로서의 도전은 남는다.

사치의 여성화

사치가 계층의 현상이긴 해도, 오로지 계층을 표현하는 것만은 아니다. 그러나 너무나 많은 분석들이 사치를 과소평가하여, 그것을 사회적 논리로만 표현한다. 사회적 논리란 남녀 양성에게 주어진 역할의 논리, 지위의 논리를 말한다. 우리는 사치를 통해서 남녀를 구별하는 사회적 전략들뿐 아니라, 성적 차이가 만들어지고 인식되는 방식을 읽어낼 수 있다. 사치의 문제를 재해석한다 함은, 오늘날 사회 계층 분화의 중요성과 역할을 재평가한다는 의미를 내포하고 있다.

　서구 사회에서 사치는 남성들보다는 여성들과 은밀한 합의가 이루어진 환경에서 나타났고, 남성 취향의 세계보다는 여성 취향의 세계와 연관되어 있다. 물론, 여러 가지 다른 사치스러운 재화들(자동차, 개인 제트 비행기, 요트, 술, 시가)이 존재한다. 이 재화들은 남성적 차원으로 강하게 표현되지만, 전체적으로는 남성의 세계에 속하기보다는 여성의 세계에 속한다. 이것은 시장에서 구현한 가격 및 매출액과 관련시켜 말하는 것이 아니라, 상상력과 사회적 '능력'과 관련시켜 말하는 것이다. 보석, 패션 업계, 액세서리, 모피로 만든 옷, 란제리,

향수, 미용과 관리를 위한 제품, 피혁 제품, 집 안 장식, 식탁 용구 등, 많은 부분이 사치스러운 소비 영역에서 여성의 중요한 위치를 나타내고 있다. 사정이 이렇기 때문에, 여성의 우위는 역사적 불변 요소를 구성하기는커녕 역사에서 상대적으로 최근에 일어난 예외적인 현상들로 인정되고 있음을 강조하는 것은 타당하다. 사실 사치의 여성화 과정이 시작된 때는 모더니티의 태동기인 18, 19세기에 들어서였다. 그리고 그 과정은 전통적인 남성 주도권의 시대적 흐름에 역행하는 것이었다. 이렇게 역전된 경향과 아울러 근대 사회는, 우리가 여전히 계승자로 남아 있는 사치의 역사에서 중요하고 급격한 변화들을 경험했다.

이로부터, 피할 수 없는 의문이 생긴다. 앞으로도 사치의 여성화가 얼마나 오랫동안 지속될 수 있을까? 서구 사회가 남녀 양성평등의 이상을 기초로 할 때, 이러한 불균형적인 장치의 미래에 대해 어떻게 의문을 품지 않을 수 있을까? 사치의 여성화로 인해, 이전 시대의 사치의 논리는 와해되는 운명에 처하거나, 혹은 개인주의의 동력으로 다시 활기를 되찾았다.

사치, 남성들의 전유물

사치의 역사에서 가장 오랜 기간 동안, 사치는 남성 우위의 특징을 띠고 나타났다. 원시 사회에서 그랬듯이, 지도자들은 절대적으로 남성들이었다. 이들은 명예로움에 감사를 표시하기 위해 경쟁적으로 너그러움을 보였다. 남성들보다 지위가 낮았기 때문에 지도자 계층에 접근할 수 없었던 여성들은, 영예로운 활동을 하거나 그에 반한 활동을 하는 체제에서 주요 인물이 될 수 없었다. 숭고하고 관대한 행동들은 남성들의 특권이었다. 전쟁과 마찬가지로 후한 인심은, 남성의 권력을 제도화하는 중요한 요인들 중의 하나였다. 원시 시대의 사치는 '배척에 대한 부담'보다는 오히려 남성의 명예에 대한 부담과 혼동되었다.

이러한 남성 우위는 또한 그리스·로마의 세계에서도 나타난다. 그리스·로마 시대의 사람들에게 도시 국가가 혜택을 받는 사치는 품위 있는 것이었다. 이와 반대로 개인적인 사치로 드러나는 것은 시민을 유해하는 증거로 비난을 받았다. 키케로Cicero는 다음과 같이 적고 있다.

로마 민중은 개인적인 사치를 싫어하고, 후한 인심이 대중적이 되는 것을 좋아한다.[1]

사원을 건립하는 일은 숭고했다. 개인을 위해 호화로운 궁전을 건립하도록 하는 일은 반감을 불러일으켰다. 이때 반감이란 오만, 멸시, 다른 시민들보다 우월함을 보여주려는 의도로 인해 변화된 태도를 말한다. 또한 심한 비난을 불러일으킨 개인적인 사치로는 여성들의 사치가 있는데, 이 사치는 화장대에 집중되었다. 화장대는 보석으로 장식되어 꾸며졌다. '아름다워지기' 위한 수단으로써 여성의 사치는, 도처에서 비방의 대상이 되어 '속임수'와 은폐술로써 처벌을 받

았다.[2]

아주 다르게 에베르제트[자선을 베푸는 사람]들의 후한 인심은 명예와 영광을 수반했는데, 당연한 일이었다. 그러나 도시를 위해 너그럽게 행동하는 것은, 에베르제티즘[자선주의]이 공공의 기능, 자치시의 기능, 원로원의 기능, 군대의 기능, 황실의 기능 등을 중심으로 발전되었다는 점에서 남성들의 일이었다. 이러한 모든 기능은 남성들 전용이었다. 여성들은 사생활에 전념했기 때문에 정치 생활에서 아무런 역할도 하지 못했다. 어쩌면 여성 행정관들과 여성 자선가들의 기능들이 존재했겠지만[3], 드물었다. 이러한 사회에서 기인하는 격화된 관용 경쟁과 공공의 명예는 남성들의 특권이었다.

중세 말기, 모든 이들이 겉모습을 추종하고, 모든 것이 볼거리의 계기, 화려한 명예의 계기, 치장과 장식의 계기가 되는 문명에서, 사람들은 최우선적으로 막대한 지출을 했고 도발적인 경쟁을 했다. 이러한 사람들은 집권자들로서, 과도하게 호사스러울 때, 치장이 새로워졌을 때, 복장에 괄목할 만한 변화가 있을 때 가장 눈에 잘 띄는 인물들이었다. 14세기에 의복 혁명은 실제로 복식 질서에서 남성들의 주도권을 반영했다. 변함없는 여성복이 극도로 다양한 남성들의 치장과 비교되었을 때, 남성들의 치장은 가장 혁신적이고도 참신하게 표현되었다. 서구 패션 업계의 탄생은 '외모의 척도'[4]로써 남성들의 지위 향상과 맥을 같이 한다. 르네상스 시대의 로마에서 의상 목록은 급격한 패션의 변화에서 남성들의 지배적인 지위를 보여준다.[5] 이러한 현상은 17세기에도 마찬가지였다. 동세기에 여성들의 옷차림은 남성들의 옷차림보다 훨씬 간결했고, 남성들의 복장보다도 변화를 덜 겪었다. 그런데 과도한 의복 사치를 금지하는 호화로움에 대한 칙령은 남녀를 구별하지 않고 양성을 겨냥하고 있었다는 사실을 환기해야 할 필요가 있을까? 계급 사회에서 상류층의 남·여성은 동일한 규칙에 따라 사회적 차이를 과장하여 과시하려 애썼다. 귀족이며 부유한 남성들은 다른 사람들과 같은 복장을 갖추기 위해 지출했기 때문에 '많은 돈을 썼다'. 달리 말하면 여성들이 옷에 지출한 비용을 능가했다. 프랑스 대혁명 전까지만 해도 베르사유 귀족 사회의 남성들과 여성들은 그들의 의상 목록의 가치에 관한 한 협력했다.[6]

남성 우위는 도덕주의의 전도사이며 당사자로서, 주로 화장을 하는 여성들을 향해, 그리고 화장한 외모가 술책과 음란과 유혹의 수단처럼 느껴지는 여성들을 향해 공격의 화살을 퍼붓지 못하도록 했다. 이브와 흡사한 이미지, 유혹의 이미지, 변화무쌍한 이미지로서 여성은 외모 및 패션과 밀접하게 연관되어 있었다. 르네상스 시대에 체사레 베첼리오Cesare Vecellio는 여성의 복장을 조사한다는 것은 불가능하다고 적고 있다.

왜냐하면 여성의 복장은 변화하는 달의 형태보다도 더욱 쉽게 변하는 경향이 있고, 또한 더욱 쉽게 변하기 때문이다.[7]

17세기 초에 프랑수아 그르나유Francois Grenaille는 다음과 같이 선언했다. 패션은 '여신'이지 남신男神이 아니다. "패션이 남성들에게는 단순한 열정이라면, 여성에게는 병이 된다"[8]라는 점에 있어서 그러하다. 여성들은 본질적으로 외모와 허영심 쪽으로 치우친다. 옛 속담은 말하고 있지 않은가. '여성들은 단지 루비만을 좋아할 뿐이다'[9] 라고……. 만일 의복의 사치가 여성적인 광경이었기보다는 오히려 남성적인 광경이었다면, 아주 고전적으로 여성들과 이들의 교활함을 목표로 삼은 의복의 여성적인 광경을 가장 극렬하게 폐기했기 때문이었다.

대역전

사치의 여성화를 이루는 역사적 대변화는 18세기에 이르러서야 비로소 일어난다. 이 시기부터 패션의 급격한 변화와 기상천외 그리고 꾸밈새는, 남성적 특성이기보다는 오히려 여성적 특성이 되었다. 이때 패션 업계들이 승리를 거두고, 화장대 장식 '예술가들'은 부유한 여성 고객들에게 터무니없는 액수가 적힌 청구서를 보낸다.[10] 무엇보다도 여성 대중을 겨냥한 패션에 관한 저널리즘이 발전하면서, 의복에 관한 남녀의 소비 규범이 확연하게 분리된다. 1700년을 전후로 해서 여성용 의상의 가격은, 군인 귀족 사회에서뿐 아니라 법복 귀족 사회에서도 이미 남성용 의복 가격의 두 배에 달했다. 앙시앵 레짐Ancien Regime 말기에 부르주아 계층 출신과 서민 계층 출신의 여성들은, 남편들보다도 자신들의 의복을 위해 적어도 두 배의 돈을 지출했다.[11] 어쩌면 상층 귀족들을 제외하고, 사치 의류, 의류비 지출, 의복에 대한 열정은 남성적인 것이기보다는 여성적인 것이 되었을 것이다.

　외양과 패션과 사치에서 여성의 우위가 체계화되고 제도화되는 때는 19세기로, 오트 쿠튀르가 핵심을 이루고 있다. 아울러 전적으로 여성들을 위한 초호화 산업이 등장한다. 이때부터 여성 패션은 단연 모든 찬사의 대상이 되었다. 뿐만 아니라 그것은 외모의 길잡이로써, 일시적이고 사치스러운 소비의 중요한 대상으로 확연히 드러난다. 비용이 많이 드는 외모는 더 이상 계층 분화나 남녀 구분에 따르지 않은 채 공유되었다. 여성에게 호화스러운 몸치장은 터무니없이 비싼 가격으로 나타났다. 남성에게 검은색의 간결한 복장은 평등과 절약이란 새로운 가치의 상징, 합리성과 규율의 상징, 실력과 엄정성의 상징으로 나타난다. 남성에게서 사치스러운 외양 표시를 박탈한 때는 근대 민주주의가 탄생한 시기이다. 또한 이 시기는 그 어느 때보다도 여성들을 돋보이게 하는 상징들을 용인했다. 남성들의 '진열창'으로서 여성은, 자기 스스로가 의복을 매개 수단으로 해서 남편의 금권과 사회적 위상을 드러내야 하는 부담을 지고 있었다.

여성은 아버지, 남편, 애인의 재산을 드러내는 진열창이지 않을까? 이 사실은 부정할 수 없지만, 여성이 오로지 대리 소비의 기능만을 구체화하는 행동을 하지 않는다는 조건 하에서 그러하다. 대리 소비 기능은 여성의 대표적인 역할을 하인이나 하인이 된 집안의 다른 사람들의 역할과 유사하게 만든다.[12] 다른 외부 요인들은 대리인을 내세운 과시적인 낭비 규칙을 따르기 때문에, 여성의 대리 소비 기능의 역할이 중요하다. 이러한 요인들은 성 차이와 관련된 가치와 대리 체제뿐 아니라, 남녀에게 주어진 역할과 속성에 뿌리를 내리고 있기 때문이다.

근대적인 물건들은 본질, 이성, 행복을 내세우면서, 군인들의 활동을 세세하게 표준화하고 소구역으로 나누어 경비하는 것과 같은 방식으로 성 역할의 공유를 체계화하고 제어하는 데 이용되었다. 사회적 합리화의 필요성과 전통적인 남성 계급을 재확인하려는 의지는, 체계적으로 여성을 사적 공간 및 장식적인 것과 연관시키기 위한 노력, 남성을 공적 공간과 정치·경제적 지배와 결부시키려는 노력으로 변했다. 여성에게는 외모의 유혹을 연관시켰고, 남성에게는 복장에 대한 금욕주의, 평등과 노동에 관한 새로운 윤리 표현을 결합시켰다. 여성은 어머니와 부인으로서 찬미되고, "순수함과 부드러움과 시의 숭배 대상, 어짊과 문명의 숭배 대상"[13]으로서 찬양되어, 매력과 우아함으로 떠받들어졌다. 이러한 모든 경우에 있어서 여성은, 자기 자신의 충만한 지배력에 속하지도 않고 이 지배력을 획득할 수도 없는 유형과 동일시되었다. 여성은 '본질적으로' 아이를 보살피고 기쁨을 주도록 운명지어져, 오로지 타인을 위해 존재하고 타인의 욕망과 행복을 위해 존재하면서 자기 자신을 실현하는 것으로 여겨졌을 뿐이다. 쥘 미슐레Jules Michelet는 '여성은 남자 없이 살 수 없다'고 적고 있다. 그래서 여성들이 오로지 사랑과 가족을 위한 희생에서만 행복을 얻을 수 있는 것과 마찬가지로, 여성들은 남성들의 가장 아름다운 장식처럼, 즉 '꽃', 장식, 남성의 욕망을 위해 치장된 우상처럼 보여야 한다. 여성은 마음을 사로잡기 위해 태어났고 사회생활의 매력으로서 인위적으로 외모를 가꾸어야 할 운명이다. 자기 자신에게 속한 자율성을 가진 존재로 여성을 인식하기를 거부한 행동은, 근대의 외모적인 분화를 통해서 표현되었다. 사치의 여성화에는 부유한 계층들의 특이한 전략 그 이상의 것이 있다.[14] 이는 또한 '부차적인 여성'

을 재생산하기 위한 수단, 남성에게 여성을 종속시키기 위한 수단, 여성을 삶의 장식과 멋으로서 그리고 남성의 눈길을 끌기 위한 존재로서 화사한 표시를 빌어 이상화하기 위한 방식이다.

이로부터 여성의 아름다움에 대한 숭배를 이용한 사치의 원초적인 역할이 나온다. 그러나 그 역할 속에는 여성 사치의 우월성도 전혀 없고, 여성의 미적 우월감을 찬가로 찬양하고 경탄하는 매우 오래된 문화의 연속성도 없다. 르네상스 시대부터 화가들과 문인들은 여성을 악마로 변화시키는 관례에서 조금씩 벗어나 여성의 아름다움을 극찬했다. 여성의 매력은 '사탄의 무기'였다. 그러나 그 매력은 열광적인 찬사의 대상, 신성의 이미지로 여겨진 찬사의 대상이 되었으며, '신의 걸작품'[15]이 되었다. 여성의 아름다움을 이렇게 품위 있게 만드는 것은 여성을 이용한 사치의 근대적 전복이 일어날 수 있도록 하기 위해 반드시 필요했다. 아름다움을 의인화했을 때, 여성은 화사함과 가치를 돋보이게 하는 최상의 물질적 징표로서 '필요가 있었다'. 여성을 의미하고 부각시키기 위해 여성보다 상당히 아름답고 대단히 귀한 것은 아무것도 없었다. 근대적 사치의 여성화는 여성을 단지 과시의 대리인으로서 구별하는 것이 아니라, 여성의 아름다움에 상응하는 가격을 각색한다는 것을 의미한다. 과거와의 연속성 속에서 사치는, 항상 계급의 차이를 극복하기 위한 것이었다. 계급의 차이가 사회적일 뿐 아니라 성적이고 미적이라는 점을 제외하면 말이다. 여성 사치의 우위는 여성의 아름다움에 어울리는 가치를 노출시키면서, 여성에게 부여된 의무로써 마음에 들려고 노력하고 어떠한 희생을 치르고서라도 아름다워야 한다는 것을 표현하고 있다.

사치 현상의 마지막 범주는 사치의 여성화 과정에 결정적으로 기여한다. 즉 주부와 그의 상관 요소를 찬양하고 소비자로서 여성을 찬양하는 것이다. '집주인'의 전형, 부인의 일과 어머니의 일 그리고 '집안을 관리'하는 일을 전적으로 담당하는 여성의 전형이 근대적인 것들과 더불어 등장했다. 여성은 사생활, 아이들 교육, 집안 운영의 직무에 맡겨져 소비의 주요 당사자로서, 상인들의 첫 번째 구애 대상으로서 명확히 드러났다. 근대 시대는 그 어느 때도 경험하지 못한 여성과 소비의 밀접한 관계를 가능하게 했다. 이 관계는 19세기부터 소비를 이끌었고, 구매의 즐거움을 탐닉하게 만들었으며, '아이쇼핑'을 하면서 시간을 보내도록 했고, 신상품 정보를 알아보도록 했으며, 백화점에서 소비하고 싶은 억제할 수 없는 욕구에 사로잡히도록 만들었다.[16] 소비 행위는 여성의 기분 전환, 점유-보상, 사회·감정적인 생활에서 기인하는 욕구 불만의 대체물이 되었다. 부르주아의 모더니티는 여성을 사적 영역에 가두면서 소비적인 여성을 탄생시켰다. 1920년대에 소액 구매의 70~80퍼센트는 여성들에 의해 이루어졌다는 사실을 환기하도록 하자.[17] 물론, 부르주아 가정에서 남성은 경제권을 쥐고 매주 혹은 매달 부인에게 생활비를 주었다. 남편은 '액수'가 큰 구매를 결정했다. 그러나 소비는 여성의 영향력 아래서 이루어졌다. 사치스러운 소비의 전체적인 부분(음식물, 식탁 용기, 가정 용구와 장식)은 여성에게 우선권이 주어진 영역들이 되었다.

사치와 관련된 여성의 미래

만일 모더니티가 사치의 여성화를 촉진시켰다면, 포스트모더니티 혹은 하이퍼모더니티는 이 여성화에 종지부를 찍을 수 있을까? 약 30여 년 전부터 우리는, 성 역할이 사회적으로 분화되는 질서에서 특히 여성의 위상과 권한에 관한 주요한 격변을 목격해왔다. 주부의 이상은 빠른 만큼 심도 있는 쇠퇴를 겪었다. 여성의 학위와 직업은 능력으로 인정되었다. '장식 대상'으로서의 여성은 맹렬하게 공격당했다. 어떻게 이 문제를 회피할 수 있을까? 성 역할의 비유사성이 점점 더 예전의 적법성을 잃고 있는 이때에, 사치는 계속해서 우선적으로 여성들의 소비와 연관될 수 있을까?

변화는 남성의 세계에도 영향을 미치고 있다. 남성들은 자신들이 가정 일에 참여하는 것을 더는 보잘것없는 것으로 생각하지 않고, 아이들을 보살피고 장보는 일을 더 이상 부끄럽게 생각하지 않는다. 우리는 남성들이 패션과 아름다운 외모에 더 큰 관심을 나타내는 것을 목격한다. 남성용 화장품들은 명확하게 특정한 경향을 띠거나 팽창 가능한 시장처럼 나타난다. 이로부터 때로는 진보된 생각이 나온다. 진보된 생각이란 현대 민주주의 사회가 성의 이분법에 종지부를 찍는 데 도움을 줄 수도 있을 것이란 생각, 그리고 남성들과 여성들의 유사한 관계를 중시하면서 성 역할의 호환성을 구성하는 것을 말한다. 이러한 분석들을 추적해볼 때, 장기적인 기간 안에 혹은 이 장기적인 기간 안에 보다는 좀 더 단기적인 기간에 여성 주도의 소비는 틀림없이 끝날 것이다.

그런데 필자는 근본적으로 이러한 포스트모더니티의 해석에 이의를 제기한다. 만일 여성 혁명이 진정으로 일어났다면, 남성/여성의 통합 그리고 차별 규칙의 폐기와 전혀 일치하지 않기 때문이다. 성 역할의 공유는 현실과 너무 동떨어져 있다. 현실에서 볼 때, 성 역할의 공유라곤 찾아볼 수 없다.

우선 직업 및 가정 환경에서 남녀의 관계를 가정해보자. 관계가 크게 변화했는데도, 여성 노동의 위상은 여전히 남성들의 노동 위상과 유사하지 않다는 것을 인정하지 않을 수 없다. 그리고 여성이 외부에서 일할 수 있는 권리를 획득했다손 치더라도, 여성은 여전히 계속해서 가정 일에 귀속되어 있다. 진행된 모든 설문 조사들은 여성들이 계속해서 아이들 교육과 가사에 관한 대부분의 책임을 담당하고 있다는 것을 보여준다. 남성들이 장을 보고 예전보다 여성들을 더 많이 도와준다 해도, 가정의 기능과 관련된 정신적인 부담은 계속해서 여성들이 감당하고 있다. 여성들이 새로이 직업에 참여했는데도, 여성은 가정생활의 중심축에 있다. 이 변함없는 위상은 문화적인 중압감의 이유로 설명될 뿐 아니라 의미의 차원, 정체성의 차원, 여성이 자신을 그렇게 만드는 자기 구성 차원의 이유로 설명된다. 여기에서 여성의 자기 구성 차원은 특히 어머니의 기능을 수반하기 때문에 그러하다. 여성의 노력은 일상적인 '사역'을 의미할 뿐 아니라, 자기 영역의 구축, 감성적이고 미적인 내면 취향, 아이에 대한 영향력을 의미한다. 모든 것이 역사의 '영향력'으로 설명되지 않는다. 포스트모던 사회에서의 문화적 규범은 자기 통제(주부, 순결의 이상)에 중대한 결함이 되는 난관을 맞이함으로써 영향력을 상실했다. 반대로 가족의 책임감을 놓고 볼 때 다른 규범들은 개인의 기호에 맞춘 세계, 친근하고 감정적인 세계를 이루면서 연장되고 있다. 미래에는 남녀 양성이 융합된 성 규범의 윤곽이 드러나는 것이 아니라, 시대에 맞게 개인주의의 이상으로 변화시킨 '전통적인' 역할과 기능이 전체적으로 재생산되는 것을 목격할 것이다. 자유로운 자기 통제의 원칙과 아울러 전통적인 세력권의 결합이, 새로운 지평을 열 것이다.[18] 이 결과에 따라서, 여성이 아직도 상당 기간 동안 소비 영역에서, 식료품과 식탁 용품과 가정 장식품과 관련하여 일반적인 품질이나 고품질을 구매하는 데에 주도적인 지위를 유지해야만 할지 모른다.

패션과 여성의 우월적 관계 또한 변함없는 시대의 관심사가 될 것이다. 젊은이들이 상당수의 상표에 집착을 보인다 해도, 그리고 더 일반적으로 말해서 남성들이 패션의 '원래 상태로 다시 돌아온다' 해도, 패션에 대한 열정과 관심은 남성의 상징으로서보다는 여성의 상징으로 남을 것이다. 이러한 생각을 납득하기 위해서는 여성 잡지들의 목차와 이미지들을 살펴보는 것만으로도 충분하다. 여성용 컬렉션은 남성용 컬렉션보다 더 자주 언급되고 소개되며 더 높은 평가를 받고 있다. 여성 의류 광고는 남성 의류 광고보다 수적으로 더 많고 더 예술적이다. 여성 톱모델들은 남성 모델들을 훨씬 능가하는 유명세를 얻고 있다. 기발함과 다양성은 여전히 여성 패션계에서 특히 좋아하는 부분이다. 남녀 양성 사이의 차는 줄어들었지만, 여성들은 남성들보다 옷을 훨씬 더 많이 소비하는 사람들로 남아 있다.[19] 현재 여성들은 직업적으로 책임을 지고 있고, 학위를 취득했으며, 오히려 남성들보다 패션에 덜 종속되고 의복으로 표현되는 외관에 덜 사로잡혀 있는 것으로 나타난다. 여성의 의복에 대한 관심은 이렇게 남성들의 관심과 유사하지 않다. 패션은 모든 기호들이 무제한적으로 교환되는 환경과 전혀 유사하지 않았다. 패션은 18세기에 자리잡은 원동력을 연장하면서 여성적인 것이 주도하는 영역으로 남아 있다.

패션을 위해 가치가 있는 것은 아름다움과의 관계에서도 가치가 있다. 사람들은 몇 가지 증거들을 원할 것이다. 그 증거들은 무수히 많다. 미인 대회는 전적으로 여성적인 것을 영원토록 전한다. 여성 잡지들은 미에 대한 조언으로 넘친다. 날씬함에 대한 숭배는 남성들보다는 여성들의 생각을 사로잡고 있다. 프랑스에서 성형 수술은 십중팔구는 여성들에게 적용된다. 남성들이 화장품 소비자가 되었다는 것은 사실이다. 그러나 이 증가가 지수指數가 되기에는 멀었다. 전체 화장품 시장에서 남성들이 소비하는 비율은 15년 전부터 둔화된 상태로 머물러 있어, 그 비율이 변하지 않고 있다. 이 비율은 전체 화장품의 10퍼센트 정도를 차지하고 있다. 게다가 화장이 남성들에게 거의 금지되어 있다는 사실을 환기시킬 필요가 있을까? 1960년대부터 시작된 남성의 아름다움을 복권시키려는 운동은, 남녀 양성의 미적 역할과 기대에 대한 불균형이 전혀 사라지지 않았다는 사실을 확인시켜주었을 뿐이다.

다른 시대의 잔재를 간직하고 있는 이 현상을 숨기지 말도록 하자. 더 근본적으로 이 현상은 상업 사회와 개인주의 사회의 작동 체계와 전형적인 열망을 재결합시키고 있다. 물론 '미의 강한 영향력'을 마케팅 전략, 화장품 산업의 입장, 만연한 숭고한 여체의 이미지, 여성 잡지의 영향과 연관시키지 않을 수 없다. 그러나 상당히 강력한 상업 정책들이 이러한 현상의 총체적인 이유, 특히 몸매와 날씬함에 대한 관심의 총체적인 이유가 될 수 없다. 뚱뚱한 몸매를 가진 여성들이 자기 자신을 혐오하는 근저에는 몸매로써 평가되기보다는 오히려 중요한 주체로서 평가받으려는 의지가 발견된다. 날씬한 몸매에 대한 열정은 미적인 차원에서 여성의 몸과 모성의 동일시에 대한 거부, 몸과 자기 통제 필요성의 동일시에 대한 거부로 나타난다. 이 점에 관해서는 성적 본능의 영향을 받았다. 만일 현재 여성들이 이상 비대를 거부한다면, 날씬함과 탱탱함이 자기 통제의 가치, 의지의 가치, 자기 자신에 대한 역량의 가치를 갖고 있기 때문이다.[20] 이것이 사실이라면, 아름다움의 강요가 한편으로는 여성들을 '억압하고' 있고, 다른 한편으로는 개인주의의 문화와 일치하고 있다는 것을 의미한다. 이때 개인주의는 무한정의 통제 계획과 전통적인 '방임과 거침 없음'에 대한 거부를 기초로 한다.

이러한 아름다움의 강요에, 새로운 정체성의 요구들이 덧붙여진다. 여성들이 학위와 책임 있는 자리를 획득하는 시대에, 우리는 무엇을 목격하고 있을까? 모순되게도 우리는, 매력적인 여성 속옷들이 다시 등장하고, 섹시한 톱모델들이 대성공을 거두며, 젊은 여성들이 여성적인 형태로 '되돌아가고', 원더브라Wonderbra, 미니스커트, 화장으로 성공을 거두고 있는 것을 목격하고 있다. 매력적인 여성 속옷들은 여성 의복 비용의 20퍼센트를 차지하고 있다. 외모의 성적 단일화가 아니라 여성의 재여성화가 나타나고 있다. 여성들은 남성들과 평등을 요구하고 있다. 여성들은 그렇게 남성들과 유사해지길 바라지도 않는다. 반체제의 열병이 지나가고, 모든 활동들이 양성兩性에 개방되었을 때, 여성들은 성 차이로서의 미적 상징들에 반대하는 투쟁에 더욱 열을 올렸다. 여성들은 동일한 표시들로서의 미적 상징들을 요구했다. 여성들이 '책임이 막중한' 사회적 지위를 더 적게 얻으면 얻을수록, '가벼운 책임감'이나 미적인 표시들의 불균형은 점점 더 적법성을 회복할 것이다. 어쩌면 상당수의 현상들이 사치의 여성화를 영속화하는 데 기여할 것이다.

어떤 사람들은 20세기 초에 노동과 여성의 아름다움 사이에는 모순이 존재한다고 생각했으나, 전혀 그렇지 않다. 이와는 반대로 외관에 주안점을 둔 치료들은 여성들이 직업 활동을 함에 따라 강화되었다. 현재 직업 연구와 직업 생활은 여성들이 최상의 외모를 가꾸기 위해 시간과 노력과 돈을 투자하는 요인들이 되고 있다. 개인주의 문화와 능력주의 문화의 비약적인 발전, 여성의 학위와 노동은 아름다움에 대한 여성들의 열정을 후퇴시키지 않는다. 이것들은 여성들에게 일반화되었다. 새로움이 예전의 모습으로 전개되고 있다. 우리는 여성의 아름다움에 대한 관례적인 규칙과 노동의 포스트모던적 규범의 화해, 미적 자기도취와 생산적 활동의 화해, 여성미의 이상과 지적이고 직업적인 자율적 이상의 화해를 목격하고 있다. 예측할 수 있듯이, 패션과 아름다움에서 여성의 우위가 연장된다 해도, 여성이 얼마 못 가 사치에 있어서 주도적인 축을 이루지 못할 것이라고 믿는 것은 허망할 일이 될 것이다. 양성평등에 대한 충동은 사치의 여성화를 기계적으로 끝맺지 못할 것이다.

이러한 모든 역사적 연속성들은 주목할 만한 변화를 배제하지 않는다. 사치의 여성화 과정은 제조자로서의 남자의 원칙과 어깨를 나란히 한다. 만일 여성이 소비 현장에서 스타로 머물러 있었다면, 남성은 그 소비의 자금력을 유지하고 있었다. 이 관계는 여성이 일을 하고, 자율적이며, 특히 자기 자신을 위해 사치품들을 사용함에 따라 변하고 있다. 새로운 단계의 사치의 여성화는 이 변화 과정을 뛰어넘었다. 그 후로 사치의 여성화는 남성의 '간판으로서 여성'의 특징을 드러내기를 멈추었고, 구매 결정에서 여성의 재정적 독립의 특징을 드러내었다.

그러나 여성의 자율성 추구가 남성과 여성의 역할의 유사성으로 나아갔는지는 확실하지 않다. 많은 사치품은 남성들을 겨냥했을 때보다도 여성들을 위한 것이었을 때 더 적법하고, 더 '분명하며', 더 빈번하게 연이어 나타났다. 단순한 구식이 사라지는 중일까? 만일 이것이 사실이라면, 이 같은 불균형은 사랑-열정의 규칙에서 그 근원과 심오한 의미를 찾을 수 있다고 단정하기에 아직 멀었다. 중세 시대 이후에 남성은 부인을 숭배하고 과대평가하며, 부인을 존중으로 에워싸고 정치적으로 찬양했다. 폴 엘뤼아르Paul Éluard는 "나는 그녀가 여왕이길 바라"라고 쓰고 있지 않은가. 호화로운 선물은 여인에게 세련됨, 배려, 섬세함을 권장하는 우아한 전통에 속한다. 물건 값은 사랑하는 감정의 강도를 상징할 뿐이다. 여성은 헌신하고, 남성은 시간, 배려, 말, 선물을 아낌없이 주면서 사랑을 과장되게 표시한다. '사랑할 때에는 물불을 가리지 않는다.' 사랑이 이해타산을 배제하지 않는다면, 사랑은 또한 낭비, '한없는 무방비의 소비', '수긍할 수 없는 사치'를 동반한다.[21] 그러나 과도함의 경제는 불평등한 성 역할의 분배를 완전하게 피할 수 없다. 남성과 여성은 다소간의 차이가

있는 규칙에 따라 그들의 감정을 표현한다. 탤컷 파슨스Talcott Parsons
의 견해에 따르면, 특정한 의도로 여성들에게는 '표현'하는 역할이
주어졌고, 남성들에게는 '도구'의 역할이 주어졌다. 사랑의 질서에
서 모든 것이 변했음에도, 이러한 불균형적인 장치는 적어도 부분적
으로는 상당히 연장되었고, 어쩌면 남녀 모두에게 만족감을 주는 것
으로 남아 있을 것이다. 남성은 연인이 행복해하도록 만드는 행복을
누리고, 여성은 자신이 고취시킨 남성이 감정의 강도를 표현한 가치
있는 물건에서 느낄 수 있는 행복을 즐길 수 있다. 이러한 생각을 이
용해볼 때, 남녀의 불평등한 관계는 사치스러운 선물을 제공할 기회
들을 사라지게 하기보다는 더 많은 기회를 오래 지속시킬 수 있을
것이다.

사치와 육감

베블런, 모스, 바타유, 엘리아스는 사치를 고전적으로 분석하는 데 헌신했다. 그 후로 연구자들은 공통적으로 사치를 규약에 따른 경쟁, 대립, 사회적 경쟁을 통해 구조화된 현상으로 해석했다. 모스는 포틀래치가 칭호와 명예의 서열을 세우기 위한 것임을 밝혔다. 베블런과 엘리아스는 계급과 명예를 위한 투쟁이 수행한 탁월한 역할을 강조했다. 사치스러운 태도의 중심에는 사회적 경쟁과 타인들보다 더 많이 얻으려는 욕망이 있었다. 도전과 의식 투쟁이 항상 사치의 기반이 되었다.

사치스러운 행동들은 사람들 사이의 상징적인 대립들과 분리될 수 없다. 이러한 대립들을 단일한 차원으로 이끌려는 노력은 사치를 상당히 단순화하려는 것이다. 실제로 호화로움은 항상 여러 가지 목적, 여러 가지 믿음과 이해관계를 같이 했다. 특히 이러한 목적들과 믿음들 중에는 죽음, 성스러움, 이승과 관련된 것들이 있다. 사치스러운 사람은 우선 종교적 인간homo religiosus으로, 죽음과 사후의 삶에 관해 사회적으로 확립된 대답들을 주었다. 도처에서 타인과의 대결은 초자연적인 비가시계와 죽음의 고뇌와의 대결을 배가시켰다. 긴 시간을 돌이켜볼 때 사치는, 시간과의 관계뿐만 아니라 사람과의 관계에서 구성되었고, 시간적인 제한에 맞서 싸우는 투쟁과 마찬가지로 사회 계급을 위해 싸운 투쟁에서 구성되었다.

　원시적인 축제가 있다고 하자. 축제의 영역에서 부를 없앤다는 것은 세상의 타락에 맞서 싸운다는 의미, 세상의 소생을 준비한다는 의미, 시간을 재생시킨다는 의미를 갖는다. 축제를 통한 소비는 시간과의 관계를 강조하고, 과소비는 원시적인 상징 체계에서 시원적인 시간에 다시 현시성을 부여하여 반복적으로 혼돈의 세계를 질서의 세계로 변화시키는 역할을 담당한다. 소비를 통해 새로운 삶, 새로워지기, 세상의 재창조의 주기가 보장된다. 신들에게 바치는 희생물과 귀중품들은 항상 다산과 장수를 기원하기 위한 것이었다. 그것들은 장수하고 저승의 삶에서 훨씬 더 많은 양으로 받기 위해 저승의 힘들에게 관대하게 바쳐져야만 했다. 풍부한 장례 집기들은 죽은 자들의 최상의 삶을 확신하기 위한 것이었다. 중세 시대와 고전주의 시대의 특권층들은, 영원한 구원을 준비하기 위해 재산을 임종 순간에 유언을 통해 교회에 헌납했다. 후원주의의 경우처럼 의례의 취향이 최우선시되었을 때라 할지라도, 이러한 취향은 시간과 영원과의 관계를 함축하고 있었고, 부자들은 입상과 묘석과 비문을 통해 자신들의 이름이 사람들의 기억 속에서 영원한 현재로 남아 있도록 하기 위해 호의를 베풀었다. 사치는 사람들 간의 상징적인 투쟁과 마찬가지로 환생의 주기, 시간과 덧없음에 대항해 싸우는 마술적인 전투를 보장하는 수단이었다. 사치는 사물과 자연에 대한 순종을 부정하는 과정이라기보다는, 재탄생을 위해 저승의 힘을 소유하는 과정, 지상에서의 삶의 유한성에 맞서 싸우기 위한 힘을 얻기 위한 것이다. 이때 사람들은 사물과 자연에 대한 순종을 부정하는 과정을 통해 주관성을 확신했는데[1], 이러한 주관성이 호화스러운 행동들의 기초가 되었다.

틀림없이 이러한 행동과 정신은 당시로서는 과거에 속한다. 18세기 중엽부터는 교회에 유증遺贈함으로써 영원한 삶을 '돈으로 살 수' 있었는데, 이러한 유증은 계속해서 쇠퇴했다. 어느 누구도 더는 금과 부로 가득 채운 무덤으로 들어갈 생각을 하지 않았다. 축제들은 세계를 재생시키는 의미를 더 이상 갖지 못했고, 사람들은 더는 '영원성의 거처'를 구축하지 않았다. 이때부터 현대 사회에서 볼 수 있는 사치 활동을 체계적으로 지배한 시간성은, 사회적으로나 개인적으로나 현재였다. 도처에서 혁신이 영속성보다는 우선시되었다. 현세에서의 개인적인 쾌락이 전통적인 태도와 가치보다 우위에 서게 되었다. 영원성을 쟁취하기 위한 마술적인 기교들은 오로지 불후의 과거 작품들의 소비, 시간을 '보내기' 위한 대중의 새로운 기분 전환 거리인 문화 관광 때문에 잊혀졌다.

또한 유명한 사치품 제조업체들의 전략도 현재를 향한 시간 논리의 큰 변화로 표현된다. 사치는 몇천 년 동안 과거 규범의 영향력 하에서 전개되었다. 현재-미래의 절대적인 필요성들을 이용한 전복은 19세기부터 오트 쿠튀르의 혁신을 거쳐 일어났다. 사치가 추구하는 현재와 미래를 향한 지향성은 특히 상승한 투자 원금의 수익성에 대한 새로운 책무가 보여주고 있듯이, 현재 사치 산업에서 중시되는 경향이 있다. 게다가 우리는 사치품 상표가 모순되는 절대적인 필요성들을 조정하는 데 이용되어야 한다는 것을 알고 있다. 절대적인 필요성들이란 전통을 영원히 전하고, 아주 근대적인 유산에 충실하려는 노력을 말한다. 이러한 환경에서는 유명 상표 제조업체를 역동적으로 경영하는 것이 필요하기 때문에, 쇄신과 창조성이 점점 더 요구되고 우선적으로 강조되어야 한다. 이는 유명 상표 제조업체가 무기력에 빠질 위험을 피하고 새로운 시장 권역과 새로운 부분을 정복할 수 있는 수단들을 찾아내는 데 전념할 수 있도록 하기 위한 것이었다. 사치품 마케팅을 담당하는 많은 상담역과 직업인들은 '전통에 수반되는 기득권'에 기초한 예전의 전략들이 어쩔 수 없이 쇠퇴될 수밖에 없을 것이라 예고하고 있다. 만일 사치 상표가 시대에 뒤떨어지지 않으려면, 사치 경영은 과거의 방식들을 기득권으로 재도입하기보다는 오히려 과거의 방식들을 재해석하기도 하고 거부하며 현대화해야 한다. 이때부터 직업의 활력과 상표의 발전 조건은 창조와 이미지의 정책, 달리 말하면 형태-유행의 구성 원칙들, 즉 변화, 유혹-광고커뮤니케이션, 공급의 다양화를 일체화하는 데 있을 것이다.[2] 사치가 이러한 전통과 혁신을 복합적으로 구성하고, 복고주의자의 논리와 현재주의자의 논리를 복합적으로 구성할 때, 창조의 중심은 미래에 기초를 두고 있는 것처럼 나타나는 만큼 점점 더 주된 역할을 할 것이다. 전통 중심도 아니고 유행 중심도 아닌 오늘날의 사치는, 전통과 유행의 혼합, 유행을 재구성하여 시간 중심의 전통으로 재구성, 현재의 논리-유행을 중심으로 한 과거의 재발견과 재해석으로 나타난다.

포스트모던의 사치가 현재 시간 축을 중심으로 재구성된다 해도, 사치는 그래도 계속해서 지속 시간과 '시간에 맞서 싸우는 전쟁'과의 긴밀한 관계를 유지할 것이다. 마찬가지로 창조의 장소로서 사치품 제조업체는 '기억의 장소'로서 명확히 드러날 것이다. 왜냐하면 우선은 전통적인 기술의 영속화, 상품 제조에서 가내 수공업의 노하우를 통해 명확하게 드러날 것이기 때문이다. 그다음으로는 나름의 역사를 장려하고 등장시켜 더 높은 가치를 부여하는 일로 명확하게 드러날 것이기 때문이다. 사치품 상표의 제조는 영감을 얻은 설립자와 디자이너에 대한 숭배로서, '상표의 정신'과 스타일이나 인식 코드의 충실성에 대한 예찬으로서, 중요한 의미를 갖는 사건들을 기념하는 것으로서, 상표 근원의 상징적인 경영과 하나의 신화를 구축하는 일과 분리될 수 없다. 유명 상표들은 신화를 만들어낸 과거의 기준을 통해서 만들어졌고, 근원의 전설을 통해서 만들어졌다. 사치품이 전설의 차원으로 올라설 때, '시간을 초월한' 신화에서 잊혀지지 않는 소비 물품들을 만들어내는 데 성공했을 때, 비로소 사치품은 자동차 부문을 포함해서 전적으로 사치품 그 자체가 된다.

이렇게 사치품 경영은 시간적인 요인들을 대대적으로 준비해야 하는 만큼, 귀하고 값비싼 제품들을 장려하는 것으로 국한되지 않는다. 한편으로는 상표의 이미지를 혁신하고 창조하여 연출하며 새롭게 만들어야 한다. 이것은 단기간, 즉 유행하는 기간에 대응하는 방법이다. 그러나 다른 한편으로는 수시로 끊임없이 기억을 반복하고, 시간을 초월하는 영광을 만들며 '영원한' 상표의 이미지를 만들려는 노력이 필요하다.[3] 수행하고 있는 전략들은 그래서 시간을 자본화하고 축적하는 것이다. 즉 어떤 때는 한 시기를 현재화하고, 빠르고 변하기 쉬운 유행의 시기를 자본화하고 축적하는 것이다. 또 어떤 때는 부동성, 유행을 타지 않는 것, 장구한 시간성의 기억을 자본화하고 축적하는 것이다. 사치품 상표는 정반대의 성질을 띠는 시간적 요구 사항들을 결집하는 상반되는 작업을 하지 않고서는 만들어질 수 없다.

오늘날의 사치는 연속성과 '초월적 시간'과의 관계 때문에 태고의 신화적 사고와의 유사성 없이는 있을 수 없다. 만일 이 상호 접근이 적법하다면, 초월적 시간과 마찬가지로 연속성은 과거에 이루어진 설립 사건들을 참조하기 때문이다. 초월적 시간이란 축하 의식들을 통해 다시 구체화하도록 더욱 요구되는 것을 말한다. '주인공들', 창조 행위들은 두 가지 경우에서 명확하게 드러난다. 미르체아 엘리아드Mircea Eliade가 '영예의 기초'라 부른 것, 항상 현재인 영원성, 숭배해야 할 '영원한 현재', 이 모든 것에서 사물의 질서가 유래한다.[4] 이렇게 근대적 사치를 확립한 원칙들 중 하나―영예로운 기원―는 사회가 제공한 원시적 믿음 체계들이다. 이러한 관점에서 검토된 사치는 세속화한 상업 문명에서 신화적 사고 형태를 영속화하는 것처럼 나타난다.

이렇게 '신성한' 부분은 소비 활동에서조차도 발견된다. 사치는 다양한 의식들 그리고 전체적인 의례 행위들과 밀접한 관계를 맺고 있다. 그래서 사람들은 축제와 상징적인 날을 이용해 아주 풍성한 선물을 제공한다. 아주 비싼 제품들은 빈번하게 의례적 규범 규칙에 따라 소비된다. 유명한 포도주를 시음하는 일은 의식적인 행위가 없이는 이루어지지 않는다. 포도주를 잘 아는 사람은 과즙의 색깔을 살펴보기 위해 잔을 기울이고, 잔 속의 포도주를 부드럽게 돌리며, 향기의 감도를 맡는다. 일반적으로 사람들은 서둘러, 혹은 플라스틱 잔에 유명 포도주를 따라 맛볼 경우 '불경한 사람'이라고 여긴다. 19세기부터 유명 식당은 모든 의식이 진행되는 일종의 사원이었다. 책임자는 신부처럼, 의식을 주재하는 사람처럼 여겨졌다.[5] 의식과 다른 관례들을 포기하는 행동들이 확대되는 현상이 목격되는 현재처럼, 형식이 변형된 시기에 사치와 관련된 관행은 끊임없이 의례적인 것으로 가득 차 있었다. 또한 이러한 관행이 결국 사치를 매력적인 것으로 만들었다. 서구 사회에서 사치는 '성스러운' 분위기와 형식적 전통을 되살아나게 할 수 있고, 사물들의 세계에 의식의 총체를 제공할 수 있으며, 소비의 대중 매체화에 환멸을 느낀 세상에서 의식적 특성을 다시 나타나게 할 수 있는 것이다. 이러한 의식 원칙의 부활이 쾌락주의와 감정의 논리를 통해 재순환되는 것을 제외한다면 그렇다. 사치와 함께 하는 삶의 기교는 더는 계층의 관습이 아니라, 감각의 기쁨을 더 잘 맛보기 위한 연극이다. 여기에서 연극이란 사물들과의 관계를 감각적으로 더 잘 만들 책무가 부여된 형식적 놀이를 말한다.

우리는 빈번하게 미의 상징, 훌륭한 취향의 상징, 세련의 상징으로 사치를 오감五感의 즐거움과 결부시켰다. 사치가 다른 하나의 감각, 비물질적인 감각과 분리될 수 없는 만큼, 앞에서 이루어진 분석들은 이 결부 방식이 충분하지 않다는 것을 보여주고 있다. 여기에서 다른 하나의 감각이란 우리가 육감으로 여길 수 있을 만큼 사람의 본성을 이루고 있는 것을 말한다. 육감이란 시간과 관련된 것을 말한다. 우리는 오로지 관능과 사회적 위상의 차이만을 추구하기 위한 소비를 꾺을 수 없다. 사실 늘 그래왔고 오늘날에도 그렇지만 소비에는 시원적인 시간의 관심이 담겨 있다. 제공자 측인 유명 상표 제조업체는 유행을 타지 않는 연속성을 갈망한다. 덜 명확하지만 요구하는 측의 욕망과 즐거움이 나타나기도 한다. 이때 욕망과 즐거움이 시간 및 영원성의 문제와 관계 없는 것은 아니다. 쇄신의 열기와 상품 및 표시들이 촉진시킨 낙후성이 휘몰아치는 것을 목격한 사회는, 보상과 균형 회복의 효과에 의해 시간성 초월과 영속성에 대한 새로운 요구, 비영속성에서 벗어나려는 새로운 요구, 일회용이 아닌 모든 물건에 대한 새로운 요구를 나타나게 한다. 오늘날 근원과 '영속성'에 대한 취향은 일시적인 것의 과도한 연쇄 상승으로 발전한다. 은밀한 정신적 욕구는 이러한 발전을 통해 항상 모호하게도 사람과 사치와의 관계 기반, 알맹이 없는 일시적인 것에서 벗어나야 할 필요성의 기반, 축적되어 단단해진 밑바탕을 건드려야 할 필요성의 기반이 된다. 이러한 기반 위에서 현재는 지속적인 사치의 좌표를 담당한다.

이러한 관점에서 사치는 사랑, '모든 것은 사라져 아무것도 남지 않는다'는 생각의 거부, 영원성의 욕망을 연결한다. '낭비'의 즐거움이 영원히 잊을 수 없을 만큼 강렬한 현재의 기원이 될 때, 즐거움마저도 영원성과 관계를 맺을 수밖에 없다. 사치품에 대한 열정들, 혹은 적어도 상당수의 열정들은 파괴의 본능보다는 오히려 결탁으로 표현된다. 사치는 타나토스Thanatos(죽음의 욕망)의 측면보다는 오히려 에로스Eros(삶의 욕망)의 측면에 가깝고, 생성의 측면보다는 오히려 존재의 측면에 가까우며, 망각의 측면보다는 오히려 기억의 측면에 가깝다. 신들이 가장 귀하고 가장 아름다운 것들을 사로잡고 있듯이, 어쩌면 형이상학적인 뭔가가 항상 우리의 쾌락적 욕구를 사로잡고 있을는지도 모를 일이다.

2부

사치의 시대, 상표의 시대

엘리에트 루
Elyette Roux

명성과 대중 시장 사이에서의 사치

사치품 소비는 이례적으로 1980년대에 들어서 국제적으로 확대되었다. 그리고 사치품은 그 자체로서 완전히 경제적이고 산업적인 영역으로 인식되었다. 최근 10여 년 전부터 사치품 상표들은 조직과 대그룹의 발전과 아울러 소비자 주변에서 다양화되었다. 그래서 새로운 산업에 부합하는 영역 문제에 대한 의문은 자연스럽게 제기되었다. 그리고 상당수의 연구가 이 의문을 풀기 위해 후원되었다. 예를 들면, 우선 1990년에 매킨지McKinsey의 연구[1] 결과가 발표되었다. 이어서 유로스타프Eurostaf의 연구[2], 혹은 프랑스 산업부의 연구[3]가 나왔다. 마지막으로 프랑스 경제·사회 의원회의 생산 활동 분과는 '사치품 관련 산업'을 분석했다.[4]

이러한 여러 분석들이 기여하는 바는 새로운 '산업 분야'의 경계를 정의하고, 사치 산업의 특수성들을 강조하며, 주요한 전략적 요인들과 쟁점들을 판별하는 데 있다. 불가피한 분야별 연구는 사전에, 사치와 그 본질의 정의에 관한 고찰을 토대로 모든 것들을 살펴보기 위한 것이다. 그러나 이러한 이중의 문제 제기를 앞에 두고 우리는,

'사치의 역사'가 모순되게도 19세기에 시작되었고, 혹은 19세기에 시작되었거나 끝났다고 주장할 수밖에 없다.

이렇게 가장 오래된 역사들 중 하나로, 1880년에 시작된 앙리 보드리아르Henri Baudrillart의 연구[5]는 그리스·로마 시대부터 사치의 역사를 서술했다. 당시로서는 가장 최신의 연구[6]도 20세기의 사치 역사에는 접근하지 못했다. 베블런의 과시적인 소비에 대한 이론은 1899년까지 거슬러 올라가고[7], 존 세코라John Sekora[8]의 시론試論은 현저하게 현대보다는 과거에 역점을 두었다. 더 최근에 크리스토퍼 베리Christopher Berry[9]의 기여는 틀림없이 여러 가지 '사치스러운' 소비의 분류를 제안한 데 있다. 그러나 그의 분류는 오늘날 사치가 갖는 의미와 사치가 미래에 갖게 될 의미를 명확하게 하는 데 기여하지도 못하고, 그 발전 과정을 포착하지도 못한다.

한편 상표 경영에 관한 저서들은 사치품 상표들의 특수성을 밝혀내지도 않은 채, 사치품 상표들의 문제에 말초적이고 기회주의적으로밖에 접근하지 못했다.[10] 사치품 상표들의 특수성은 이 책 다음 장의 대상이다.

그런데 19세기에 유명 사치품 제조업체들이 설립된 이후에, 그러나 특히 최근 10년 동안에 사치 산업 분야는 진정한 변화를 겪었다. 이 분야는 10년 동안 가내 수공업적이고 가족적인 논리에서 산업적이고 재정적인 논리로 넘어갔다. 예를 들면, 루이비통 말레티에Louis Vuitton Malletier는 당시에 2억 1천만 프랑(3천 200만 유로)의 매출액을 올리는 가족적인 중소기업이었다가, 1997년에는 88억 프랑(1억 3천만 유로)의 매출액을 올리며 사치품에 관한 한 가장 많은 수익을 올리는 세계적 선도 계열 기업이 되었다. LVMH 그룹은 계열 기업의 길잡이 상표가 되었다. 이 그룹은 설립된 지 15년도 채 지나지 않은 2001년 말에는 122억 유로가 넘는 총 매출액을 올렸고, 15억 6천만 유로 이상의 실질 수지를 달성했다. 프랑스 산업부는 1995년부터 자체적으로, 사치품 제조업체의 국적이야 어떻든 간에, 사치품 상표가 프랑스에서 달성한 총 매출을 1천 50억 프랑(160억 유로) 이상으로 평가했다.[11] 마지막으로 2000년에 유로스타프는 1998년도 세계의 사치품 시장을 5천 900억 프랑, 즉 900억 유로로 추정했다.

따라서 사치는 그 후로 집중화된 진정한 산업 구조를 갖게 되었다. 사치 산업 구조에 한편으로는 상당한 재원을 가진 유력한 금융 그룹들이 이웃하고 있고, 다른 한편으로는 자본이 아직도 영세한 소기업들이 이웃하고 있었다. 이러한 대결은 국제적 진입 장벽을 제거하는 데 드는 비용의 증가와 연관되어 있다.

이때부터 많은 사치품 제조업체들이 확고하게 혹은 강압적으로 독립성을 포기하는 방향에 이끌렸다. 포기는 유력한 금융 그룹들의 휘하에서 싸우도록 하기 위한 것, 혹은 아주 간단하게 말하면 이 그룹들에게 흡수될 수 있도록 하기 위한 것이었다. 게다가 클라란스 Clarins는 2002년 말에 제조업체 티에리 뮈글러 쿠튀르Thierry Mugler Couture를 폐쇄하려 한다고 밝혔다. 우리는 LVMH, PPR, 리치몬트 Richemont 등 유력한 기업들의 일부로 주식 시장에 상장된 대기업들을 발견할 수 있다. 또한 루브르-타팅거Louvre-Taittinger와 에르메스는 오늘날 국제적으로 활동하여 명성을 얻은 60여 개 이상의 사치품 상표를 이용해, 사치품 분야 총 매출액의 65퍼센트를 차지하고 있음을 알 수 있다.[12] 샤넬과 같은 사기업들은 9~10퍼센트의 비율을 점유하고 있다. 클라란스는 유럽 미용 제품 분야의 리더로, 아자로 Azzaro와 몬타나Montana[13] 같은 향수 상표들을 매입하고, 연이어 향수와 쿠튀르 등 티에리 뮈글러Thierry Mugler의 모든 활동 분야를 매입한 후에 사치품으로 다양화한 그룹으로 성장하고 있다. 그리고 1996년에 콜베르위원회에 가입한 75개 업체들 중 35개 기업이 아직도 가족적인 기업으로 남아 있지만, 15개 미만의 기업이 총 자본금을 자신들의 수중에 보유하고 있다.[14]

대그룹들이 격돌하고 있는 시장을 장악하기 위한 상표 인수 비용의 상승이 입증하고 있듯이, 집중화는 틀림없이 한층 더 강화될 것이다. 사람들은 LVMH이 1999년에 1억 5천 200만 유로를 들여 샴페인 분야에 있어서 롤스로이스 자동차처럼 여겨지는 샴페인 회사 크뤼그 Krug를 취득했다고 예상하고 있다. 이 샴페인은 이미 모에-에-샹동 Moët et Chardon, 돔페리뇽Dom Pérignon, 뵈브 클리코Veuve Clicquot, 카나르 뒤셴Canard Duchêne, 루이나Ruinart, 메르시에Mercier 등을 소유하고 있던 샴페인 종류에 다른 종류를 보충하려는 것이었다. LVMH 그룹은 게다가 최근에 상표 포메리Pommery를 매각했다. 또한 태그 호이어Tag Heuer를 인수하면서 시계와 보석상을 중심으로 한 회사 설립이 1999년에 목격되었다. 이 시계 회사의 매입 비용은 7억 4천 700만 달러로 추산된다. 그리고 나서 에벨Ebel과 쇼메Chaumet를 인수했다.[15] 스와치 그룹Swatch은 1998년에 1억 3천만 달러를 주고 그룹 인베스트콥Investcorp으로부터 브레게Bréguet 상표를 사들였다. 구찌와 입생로랑에 약 35억 유로를 투자했던 PPR은, 3억 유로로 추정되는 액수로

보석 업체 부쉐론Boucheron을 취득하려고 나섰던 업체였다. PPR은
꾸준히 1999년에 이탈리아 업체 펜디Fendi를 7억 4천만 달러에 인수
하려 했지만, 최후에는 LVMH 그룹이 인수에 성공했다. 같은 해에
프라다Prada는, 여러 회사들 중에서 질 샌더Jil Sander를 1억 1천만 달
러, 처치Church를 1억 7천 550만 달러에 사들여 그룹을 설립하려 했
다. 제시한 가격은 상표가 아주 빈번하게 남긴 세전稅前 이익의 20배
정도에 해당되었다. 예를 들면 존 롭John Lobb, 수정 제품 제작 회사
생-루이Saint-Louis, 퓌포카Puiforcat, 라이카Leica를 소유하고 있던 에
르메스는, 쿠튀리에 장-폴 고티에Jean-Paul Gaultier가 국제적으로 발
전할 수 있도록 보장하기 위해 그의 지분의 35퍼센트를 소유하고 있
었다.

유명 상표들이 지탱하는 연구 전시실의 활동은 가격 인플레이션,
양도하거나 인수할 경우 상표들의 경제적 가치를 증대시킨다. 연구
전시실은 유명 상표들의 자산을 평가하는 데 특수하게 취급된다. 이
러한 가치들은 폭넓게 배급되는 전문 정보지 같은 간행물들의 창간
원인이 된다. 예를 들면, 인터브랜드Interbrand는 2001년에 루이비통
상표의 자산을 70억 달러로 평가했고, 샤넬 상표의 자산을 42억 7천
만 달러, 롤렉스Rolex 상표의 자산을 42억 7천만 달러로 평가했다.[16]

가치, 고용, 이익에 있어 강력한 수출업자-크리에이터로서의 사
치 산업, 특히 프랑스의 사치 산업은 오랫동안 지배자로 군림했고,
전 세계의 기준이었다. 성공은 알려졌고 따라서 선망의 대상이 되어,
새로이 사치 산업을 시작하려는 외국의 신생 기업들, 특히 이탈리아
와 미국 신생 기업들의 관심을 끌었다. 또한 일반적인 소비품을 만드

는 대기업들도 사치품 제조업체들이 낳은 이익에 매료되어 사치 산업 분야에 투자했다. 그리고 대기업들은 사치품을 포함한 향수와 화장품 분야를 광범위하게 지배했다. 선두에 선 대기업들로는 로레알 L'Oréal, 프록터 앤드 갬블Proctor & Gamble(P&G), 유니레버Unilever뿐 아니라, 시세이도Shiseido와 에스티 로더가 있다. 이러한 관점에서 로레알 그룹 제조 회사들의 선별적인 임무 분담은 '향수와 미용'이라 칭해져 징후를 이루었는데, 2001년에 '사치품의 분할'로 다시 이름을 붙였다. 이러한 분할은 향수와 사치스러운 화장품을 선별적으로 배급하면서, 대량 소비되는 미용 건강 관리 분야, 머리 손질과 약품 분야에서 세계적 선도자의 야망을 명확하게 드러냈다.

세계적인 리더십이 1990년에 아직도 프랑스에 있었다 해도(매킨지에 따르면 세계 시장의 47퍼센트를 점유하고 있었다)[17], 국제 경쟁은 대단히 격렬해졌다. 그래서 공급, 신모델 창조, 디자이너에 초점을 맞춘 논리는 수요, 경쟁, 시장의 욕구, 소비자의 욕구를 통합하는 논리로 옮겨갔다.

코냑Cognac 분야처럼 가장 전통적인 분야들도 새로운 상황을 피하지는 못했다. 그래서 LVMH은 코냑의 수출량이 1990년에서 1998년 사이에 체계적으로 낮아지기 시작하는 것을 확인했을 때, 이러한 경향을 역전시키기 위해 독립적인 마케팅 부서를 만들어 설치하려는 진정한 의도를 드러내 보였다. 그룹에 따르면, 헤네시Hennessy의 사장에게 맡겨진 임무는 '코냑의 이미지를 초월하게 하는 것'[18], 그리고 전통적인 소비의 고정 관념에서 벗어나 최고의 위치를 유지하는 것이었다. 고정 관념이란 50대의 남자가 벽난로 근처의 소파에 앉아 시가를 피우며 소화제로 코냑을 마시는 모습을 말한다.

미국 시장에서의 매출액과 소비자 신상을 관찰한 결과, 독주毒酒의 판매 증가는 흑인 출신의 젊은 미혼 미국인들에게서 기인했음을 알아냈다. 이러한 미국인들은 25~34세의 나이로 도시 지역에서 살고 있었다. 따라서 목표는 이런 젊은이들에게 전통적인 식후 술로써의 코냑의 이미지에서 새로운 소비 형태, 특히 특별하게 미국 문화에 정착된 칵테일 형태로 옮겨가도록 하는 것이었다.

헤네시는 유행하는 바에서 판촉 활동을 시작했다. 바는 '멋쟁이 흑인들'이 자주 드나드는 곳이었다. 그곳에서 흑인들은 '적당하게 혼합한' 칵테일을 앞에 두고 모였다. 심사숙고한 후에 흑인을 목표로 정한 것은 코냑의 규범 및 관습과 완전하게 단절을 이루는 것이었다. 그러나 이러한 목표는 혁신적인 마케팅 때문에, 시장과 일류 제품이 다른 혁신적인 제품들과 연계하여 다시 나타날 수 있도록 했다.

사치품, 특히 프랑스 사치품은 세계적 수준의 성공을 유지하기 위한 '업체의 윤리적' 확신과 '일류 제작자의 엄격한 경영'의 타협에 따른 결과물이다. 사치 분야는 더는 전통적인 부자 고객만을 대상으로 하지 않으면서 중산층들에게서 성장 수단을 발견했다. 즉, 관용적으로 인정된 용어를 사용하자면 '일반화'되었다. 업계가 프랑스와 외국 소비자들[19]을 대상으로 1992년에 시작한 최초의 연구에 따르면, 사치는 더는 '엘리트' 고객만을 겨냥한 것이 아니라, 엘리트가 되고자 하는 소비자들의 '각각의 엘리트적인' 부분을 겨냥한 것이다. 따라서 이때부터 모든 유명 사치품들은 더 우연적인 새로운 소비자들[20]을 만났을 때 유명 제품의 가치에 대한 경제적 효용과 확대의 요인인 선별성을 유지하면서, 보급과 일반화의 적당한 균형을 찾아 관리해야 할 뿐 아니라, 명성의 확장과 정체성 및 스타일에 대한 존중을 발견하고 관리해야 한다.

왜냐하면 사치 분야는 전례 없는 성장을 이룬 후에 주지의 정체를 겪고 있기 때문이다. 상당수의 사람들은 이 정체를 '위기'라고 말한다. 그러나 이 정체는 1980년과 2000년의 이른바 '현재주의' 사회가 과잉 소비한 결과, 즉 규범을 벗어난 현재를 향한 현재주의가 과잉 소비한 결과이다. 이러한 소비는 상당한 재력을 가진 새로운 재정적 엘리트층, 여피족yuppies〔1940년대 말~50년대 전반에 출생한 베이비붐 후반 세대로 산업계에서의 활약과 우아한 생활의 양립을 지향하는 대도시의 화이트칼라, 엘리트층을 일컬음〕, 골든 보이, 혹은 딩크족dinkies〔정상적인 부부 생활을 영위하면서 의도적으로 자녀를 두지 않는 맞벌이 부부를 일컫는 용어〕이 생겼기 때문이다. 이 새로운 재정적 엘리트층은 새로운 부를 과시하기 위한 구입과 소비에 영향을 미쳤다. 소유의 기쁨을 얻으려는 태도, 차이를 표현하려는 의지, 필요 이상의 것을 소비하려는 의지, 사회적 기표記票를 얻으려는 의지, 혹은 쾌락적이고 감정적인 만족을 추구하려는 의지 등 이렇게 부를 과시하려는 행동들은 의도가 어떻든 간에 질릴 수밖에 없고, 게다가 바뀔 수밖에 없다는 것을 인정해야 한다.

'재정적 거품'의 폭발은 이러한 고객들의 사치품에 대한 구매 행위를 변화시켰다. 이로 인해, 이 고객들이 사치품의 고전적인 유통에 변화를 일으켜 유통을 둔화시켰다. 이때부터 금융 중개인들의 역경, '신경제'에 실패한 기업인들, 직업적 불확실성은 간부 계층의 사람들에게도 영향을 미쳐, 퇴직 후의 재정적 관심에 영향을 주었다. 그러나 마찬가지로 안전에 대한 걱정, 세계에 드리워진 지정학적인 환경은 정상인들을 행복을 느끼는 데 열중하도록 이끌었다. 행복 추구는 유명 사치품에 대한 요구를 키웠다. 몇 년 후에 사람들은 가시적인 코드를 이용한 어떤 그룹과의 동일시를 표현하는 외모의 세대에서, 존재와 의미 탐구와 진솔성, 감정을 표현하는 세대로 옮겨갔다.

마찬가지로, 일류 제품들을 만드는 외국 신생 업체들이 프랑스의 일류 제품 제조 회사들이 전통적으로 점유하고 있던 시장에 들어왔다. 신생 업체들은 공격적인 마케팅 전략을 사용하면서 차별화된 '경영 원칙들'을 새로 만들었다. 이러한 요인들 때문에 프랑스의 사치 산업 분야는 한편으로는 지도력을 유지하기 위해 실행해야 할 전략들에 관해 의문을 제기하도록 했고, 소비자들의 기대와 가치의 변화를 분석하도록 이끌었다.[21] 그리고 다른 한편으로는 관리자들에게 다양한 상표들에 대해 나름대로 고유한 생각을 검토하도록 만들었다.

우리는 위기에 관해 말할 수 없다. 그리고 사치 산업 분야의 매출액은 우려했던 만큼 끔찍스러운 예측을 나타내지도 않는다. 그러나 오늘날은 소비자들의 새로운 행동, 공급자들의 새로운 행동, 일류 상품을 경영하는 경쟁자들의 새로운 행동들을 통합해야 한다. 따라서 일류 상품들은 가격에 예민하게 반응하는 소비자들, 범람하는 신상품 발표, 제품들의 수명 기간, 바겐세일의 역효과, 유통 분야의 새로운 상황에 주의를 기울이고 있어야 한다. 그리고 마지막으로 서비스의 질과 아울러 판매 직원 교육에 주의를 기울이고 있어야 한다.

새로이 가격에 예민하게 반응하는 소비자들

1980년대의 고객들은 '값에 상관하지 않고' 유명 사치품을 소비했다. 1990년대의 고객들은 '일정한 값' 이상을 주고는 유명 사치품들을 더는 구매하려 하지 않았다. 2000년대의 고객들은 창의적이고 일관되게 당대 혹은 어떤 다른 세계를 새롭게 해석하면서 자신들의 정체성을 투사할 줄 아는 유명 상표에서 느끼는 감정적인 친화력과 동일시에 대한 대가를 지불하려 한다. 품질-가격이라는 습관적인 판정보다는 오히려, 가치-가격('가격과 비교되는 가치')이라는 이성적 사유에 전념한다. 유명 상표들은 매긴 가격의 차이를 정당화하기 위해 어떤 상징적이고 감각적이며 감정적인 가치를 첨가했는지? 가격의 의미와 내용은 어떤 의미가 있는지? 유명 상표의 의미는 어떤 정당성을 갖고 있는지? 소비자들은 자신들의 선택을 정당화하기 위해 수많은 의문을 품을 수 있다.

사치의 영역에 속하는 유명 상표는 물론 가격으로 결정된다. 예를 들면 매킨지는 연구에서 1991년에 6천 프랑(약 5천 140만 유로) 이상의 옷을 만드는 디자이너는 사치 세계의 일부분을 이룬다고 여겼다. 만일 우리가 대중 시장을 겨냥한 제품들의 가격 정책과 유명 사치품들의 가격 정책을 비교한다면, 우리는 대형 유통 매장에서 말하는 이른바 '가장 경쟁력 있는 가격'의 샴페인과 제조 연도가 붙여진 뵈브 클리코나 모에-에-샹동 같은 유명 상표 사이에는 적어도 네 배 정도의 가격 차이가 있음을 관찰할 수 있다. 이런 차이는 미용 제품에서도 마찬가지다. 미용 제품은 전문화된 체인점에서 함께 진열된다. 예를 들어

세포라는 대중적인 제품들과 일류 제품들을 함께 취급하는데, 가장 경쟁력 있는 제품들로는 디올, 랑콤Lancôme, 에스티 로더 같은 일류 제품들에 비해 적어도 네 배 정도 싼 가격의 제품들을 추천하고 있다.

구색을 맞추는 대형 유통 매장의 구조는 대중적인 제품들과 사치품들의 진열대를 공존시킨다. 건강 관리-미용 분야에 있어서 선도 그룹의 다양한 일류 제품들의 구조가 '사치스러운 제품'과 '대중적인 제품'이란 두 제품군 사이의 심리적인 거리감을 줄이는 것과 같은 방식이다. 다양한 제품 진열은 소비자들이 더 얻을 수 있는 것을 스스로 생각할 수 있도록 하고, 추가 요금의 '가치'에 대해 스스로 생각할 수 있도록 한다. 이때 추가 요금의 가치는 소비자들이 사려고 하지 않았던 상표와 관계가 있는 사치품들을 사도록 만든다.

동등하다고 느껴지는 품질을 가진 외국 상표들, 특히 이탈리아와 독일의 유명 상표들은, 프레타포르테 영역에서 상당수 프랑스 유명 상품 가격의 정당성을 더욱 어렵게 만든다. 이런 외국 상품들은 프랑스 제품들보다 약간 저렴한 가격대에 위치해 있다. 이탈리아의 유명 상표들은 창의적이면서도 시장의 기대를 통합하면서 전문 분야의 생산 노하우와 유리한 환율을 이용하고 있다. 이러한 이탈리아 제품 업체들은 그들 상표의 매출을 수직 상승시키면서 늘리고 있다. 아르마니Armani는 확실한 가치를 지닌 이탈리아 상표로서, 여러 가지 의복을 만드는 생산 라인이 7개밖에 되지 않는다.[22] 그러나 다양한 라인으로 잘못 분화한 확장 정책은, 여성 소비자들을 더 저렴한 유통 체계로 옮겨가게 만들었다. 그러고는 경쟁을 하게 되었다. 이러한 정책에서 상당히 구별되는 유통 체계를 정의할 필요성이 나왔다. 이런 필요성은 일반적이고 식별이 가능하며 유일한 스타일 목록[23]의 범위 내에서, 신모델 창조, 생산, 통제된 가격 정책을 이용하여 보완적인 고객들이 목록의 범위에 접근할 수 있도록 하기 위한 것이었다. 왜냐하면 만일 이러한 경우가 아니면, 고객들은 상표로부터 멀어지거나 '계약'을 이행하지 않을 것이기 때문이다. 일례로 랄프 로렌Ralph Lauren의 여성용 프레타포르테를 위한 여러 생산 라인은, 분화가 별로 뚜렷하지 않아 유럽 여성들의 마음을 그다지 사로잡지 못하고 있다.

반대로 이 업체의 생산 라인은 미국 여성들을 매혹시키고 있다. 귀한 신화적인 일류 상품들은 예외적이다. 이러한 상품들을 구매하는 사람들은 가격에 민감하지 않을 것이고, 따라서 아직도 존재하고 있다고 생각된다. 다른 유명 상표들의 경영인들은 이와 같은 현상에 상당히 민감하게 반응한다. 그리고 이들 중 몇몇은 최적의 가격대[24]를 정의했다. 최적의 가격대란 요구되는 가격 변화가 5달러 정도였음을 알아낸 것을 말한다.

외국 경쟁사들이 둔화된 제품 판매에 직면해서, 그리고 그들이 노리는 가격에 대한 새로운 민감성에 직면해서, 상당수 일류 제품의 프레타포르테 디자이너들은 쇠퇴기에 일률적으로 값을 20퍼센트 내렸다. 경쟁사에 대한 이러한 공격적인 태도는 먹혀들지 않은 듯하다. 왜냐하면 이러한 태도는 모순되게도 가격에 대한 소비자들의 의심을 강화시키는 데 기여했기 때문이다. 만일 모든 가격이 20퍼센트 떨어졌다면, 최초의 가격들은 상표의 '가치'와 제품들의 '가치'보다는 기업체의 높은 마진이었음을 드러냈기 때문이다. 따라서 최적의 가격대는 제조 회사가 상업화한 다양한 가격대 내에서 여러 가지 제품들을 고려해 결정되어야 한다. 이 결정은 일반화된 가격 하락과 마찬가지로 가격에 대해 체계적이고 차별화되지 않는 활동을 피하기 위한 것이다. 사치품 영역에서 가격 결정은 소비자들을 위한 전통적인 심리적 가격 결정 방법에 의지해야 할 것이다. 가격 결정은 전문가들의 토론에 바탕을 두거나, 혹은 상표와 결부된 '가치'를 고려하여 총액을 감정할 수 있으며 '공동 분석' 형태의 방법에 바탕을 두고 있다. 이때 총액은 소비자들이 다른 상표들과의 관계에서 어떠어떠한 이점(혹은 선택을 결정하는 속성)을 누리기 위해 지불할 준비가 되어 있는 액수를 말한다.

사치품 고객은 본질적으로 두 부류로 구성되어 있다. 한 부류는 재산이 있고 변함없는 생각을 가진 고객들로 구성되어 있고, 다른 부류는 생각을 좀 자주 바꾸는 부유한 고객들로 구성되어 있다. 어느 나라를 막론하고 부유한 고객들은 항상 있었고 앞으로도 있을 것이다. 이러한 고객들이 유명한 일류 제품 제조 회사의 전통적인 고객을 이루고 있다. 유동적이지만 변함없는 고객들은 시기에 따라 영국, 미국, 중동, 일본 등지의 지역적인 변화에 맞춰 상당한 재산을 옮겨 다닌다. 사치품을 소비하는 새로운 고객들은 유복한 고객들과 점점 더 가격에 민감한 반응을 보이는 중산층 고객들로 확대되었다. 새로운 고객들은 상표에 별로 충성하지 못한 부류와 일치한다. 따라서 이들의 행동에는 일관성이 없지만 일류 상품들에 대한 정보를 갖고 있어 까다로운 대상이다. 이런 고객들이 제품과 서비스에 기대하는 수준은 아주 높은 만큼 예외적일 수 있고, 따라서 심리적으로 과도하게 열중할 수 있다.

정의에 의하면, 사치의 영역은 탁월함과 감동이다. 사치 산업 분야를 이끄는 사람들 중의 한 명이 밝혔듯이, "사치 산업 영역에서는 제품이나 창조와 혁신에 대해서나, 품질이나 가격 그리고 접대에 대해서 절대 속일 수 없다." 1980년대에 어떤 유명 상표들은 이런 기본적인 원칙들을 잊은 채, 지수적인 요구의 유행에 휩쓸려가도록 방치했다. 1990년대에 이러한 상표들은 고객들에게 자신들의 진솔한 가치를 알리기 위해 대응해야만 했다. 왜냐하면 만일 고객들이 유일한 가치 때문에 가격이 정당했다고 인식했다면, 당시에 고객들은 오로지 그 가치를 공유하고 획득하기를 바랐을 뿐이기 때문이다. 그 후, 만족감 다음에 오는 만족감의 하락은 상품에 대해 한층 더 복합적이고 조건적인 상황 주기를 만들었다.

신상품 발표의 범람

사치 시장에 소개된 새로운 향수의 가짓수는 최근 몇 년 동안에 배 이상으로 늘었다. 그리고 1987년에 34종의 신상품 발표회가 이루어졌고, 1990년에는 84종의 신상품 발표회가 열렸다. 우리는 1991년과 1992년 사이의 숫자를 120여 종으로 헤아릴 수 있고, 1999년에는 150종 이상을 열거할 수 있다.[25] 2001년에는 300종 이상의 신상품이 출시될 정도로 이 숫자들은 계속해서 엄청나게 증가하고 있다.

신상품의 광란 속에서 사치 시장은 당연히 대단한 포화 상태에 빠져 있다. 달리 말하면 발표회가 남발되었다. 그래서 1991년과 1992년 사이에는 여성용 향수로 51종의 신상품이 발표되거나 혹은 기존 상품을 재개했고, 남성용 향수로는 30여 종[26]이 출시되었다. 그로부터 10년 후에 선별된 유통망에 전체적으로 120종 이상의 남성용 향수가 출시되었다.

1980년대까지만 해도 상당히 고전적인 위상을 지녔던 유명 상표는, 전통적으로 주로 여성용 향수 시장에 매 7년마다 단 한 가지의 신상품만을 발표했다. 현재는 신상품 발표 주기가 3년도 채 되지 않는다. 이 주기는, 만일 여성용과 남성용이 번갈아 발표된다고 가정한다면, 그리고 점차적으로 신상품들이 같은 해에 누적된다고 가정한다면, 다시 매년 신상품 향수를 발표하기에 이르렀다는 것을 의미한다. 예를 들면 지방시는 2000년에 여성용 향수 시장에 '오블리크 Oblique'와 '핫 쿠튀르Hot Couture'를 동시에 내놓았다. 그리고 겐조 Kenzo는 남성용으로 '로 파 겐조L'Eau par Kenzo(겐조가 만든 향수라는 뜻)'와 여성용으로 아주 예쁜 '플라워Flower'를 배급했다. 출시 준비 기간은 평균 2년이었다. 6개월은 상품 콘셉트를 정하고, 12개월은 향수 액을 공들여 만들고 선별하여 실험하며, 향수 병을 정하여 만들도록 하여 테스트하며, 추가적인 6개월은 광고 커뮤니케이션 계획을 세우고 시각 광고를 테스트하기 위한 기간이다. 준비 기간은 현재 더 짧아졌다. 따라서 신상품 발표는 끊임없이 계속된다. 아르마니는 2000년에 로레알 그룹을 거친 향수 '마니아Mania', '화이트 포 허 White for her'와 '화이트 포 힘White for him', 3종의 신상품 향수를 시장에 내놓았다.

광고에 투자하려는 노력은 약화되었다. 유통업자와 마찬가지로 소비자들 사이에 혼란이 생겼다. 유명 상표들은 이런 연유로 하나의 신상품 발표가 이전에 출시된 상품의 뜻하지 않은 실패를 상쇄할 수 있기를 바랄 수 있다. 유통업은 괴롭힘을 당한다는 느낌을 받았다. 신상품들이 화장품 영역과 미용 영역에 속하는 제품들이 많았기 때문이었다. 재고품들은 쌓여 관리하기가 매우 어려워졌다. 신상품들이 옛 상품들을 필연적으로 포기할 수 있을 정도로 팔리지 못한 만큼, 매장의 전시 공간은 좁아졌다. 유명 상표들은 비용을 절감하고 관리하기에 상당히 힘든 과다한 상품 목록들을 구비했다.

일반적으로 신상품은 예전의 상품을 폐지하거나 더는 쓰이지 않도록 만들어 사라지게 한다. 사치 분야 전체적으로는 확고하게 구식으로 만드는 전략을 열망한다. 이러한 전략은 다행스럽게 예외들을 만날 수는 있지만, 더는 먹혀들지도 않고, 사치품의 위상을 공고히 하는 방법도 되지 못하고 있다. 일례로, 1992년에 발표했던 신제품 향수 '에인절Angel'[27]을 들 수 있다. 그 당시에 이 향수는 1921년에 시작된 유명한 샤넬의 'N°5'를 앞선 프랑스 향수 시장의 리더였다. 또한 겔랑은 1989년에 향수 '삼사라Samsara'를 발표하면서 1925년에 탄생시킨 고전적인 향수 '샬리마Shalimar'의 판매를 활성화할 수 있었다는 점을 더는 잊어서는 안 된다. '샬리마'는 2002년 현재에도 여전히 프랑스의 향수 판매 순위 4위를 지키고 있다.[28] 마지막으로 미국 시장에서 신상품으로 출시된 향수는 1999년도 판매의 8퍼센트밖에 점유하지 못했다.[29]

끔찍하게 짧아진 신제품 출시 주기가 소비자들을 혼란스럽게 만들어 마음을 변하게 하고 불안정하게 만들지라도, 이런 주기는 계속 되고 있다. 이때부터 유명한 제품들은 소비자들에게 상징적인 만족의 필요성에 부합하기보다는, 오히려 다양성 탐구와 경험 탐구 혹은 인지 탐구에 부합한다. 때때로 소비자들은 자신들에게 다가오는 많은 정보를 더는 취급할 수 없다. 신상품 발표의 범람은 점점 더 빈번하게 가격 인플레이션을 동반한다. 사실 유명 상표들의 신상품 발표 전략은 전 세계적으로 대대적인 대량 판촉 활동을 이용한 차별화 전략이나, 혹은 반대로 전문화나 니치niche 전략[틈새 전략] 등 두 가지의 형태가 있다.

대대적인 신상품 발표 전략은 비용이 대단히 많이 든다. 예를 들면 디올은 '프와종Poison(독이란 뜻)'을 개시하기 위해 1985년에 4천만 달러를 지출하면서 시작했다. 신상품 발표는 세계적인 성공을 거두었다. 수많은 일류 제조업체들이 디올의 방식을 뒤따랐다. 디올과 비교할 수 있는 규모의 신상품 개시 비용은 1995~1996년에 약 8천만 달러였다. 따라서 비용은 10년 후에 두 배가 들었고, 현재의 비용은 약 1억 달러에 가깝다. 새로운 시장 규칙은 한편으로는 이러한 투자에 직면해 있고, 다른 한편으로는 판매 압박에 직면해 있는데, 규칙은 고급 제품 제조업체들에게 1년 안에 미디어에 투자했던 액수에 비견되는 매출액을 회수하도록 강요하고 있다. 이 책의 뒤에서 살펴보겠지만 이러한 형태의 전략은 염가 세일에 따른 역효과를 불러일으킬 수 있으므로 위험이 따르지 않는 것은 아니다. 그리고 이 전략은 고급 제품 제조 회사가 재정적으로 아주 강력한 그룹에 속해 있어야 할 필요성이 있다.

두 번째 전략은 전문화 및 니치 전략이다. 이때 기업은 자기 상표와 콘셉트 이미지의 영향력에 의지해서 의도적으로 아주 선별적이고 제한된 판매를 한다. 따라서 이러한 전략은 잡지를 이용하고, 미디어를 제외한 PR과 이벤트를 이용하기 위해 텔레비전 매체(정의에 따라 대중 매체)를 거부한다. 고급 보석 제품 제조 회사에 속해 있는 부쉐론이나 불가리Bulgari가 이 경우에 해당한다. 이 제조 회사들은 새로운 향수를 시장에 내놓으면서 대뜸 원래의 직종 분야와 시너지 효과를 거둘 수 있는 방안을 찾았다. 이 회사들은 '상표의 적법한 영역'에서 벗어나지 않았다. 부쉐론의 첫 번째 향수 병(이 향수는 1998년에 파리에 있는 오직 3개의 판매소에서만 판매되기 시작했다)은 금색과 사파이어색의 반지 모양을 하고 있었다. 그리고 광고는 시너지 효과를 분명히 밝혔다. "향수는 향수 그 이상의 것, 보석이다", "그의 새로운 보석은 향수이다". 불가리는 새로운 향수를 출시할 때, 심사숙고하여 향수를 현대적인 감각의 귀걸이, 목걸이, 팔지 등과 같은 보석 시각 광고에 함께 등장시켜, 향수를 보석 세공 업자의 세계에 뿌리내리게 했다. 우리가 이 책의 뒤에서 심화시킬 뮈글러의 경우도 마찬가지이다. 또한 롤리타 렘피카Lolita Lempicka의 경우, 혹은 겐조의 '플라워'의 경우도 마찬가지이다. 물론 장-폴 고티에도 같은 경우라는 것을 잊어서는 안 된다. 강하고 창의적인 콘셉트를 가진 여러 디자이너들의 향수는 마케팅 믹스marketing-mix[30]를 이용해 여러 가지 모양으로 만들어낸 각 상표의 정체성에 가장 근접하게 뿌리를 내렸다. 이때 일관되고 엄격한 마케팅 믹스는 그들의 성공을 보장했다. 이런 전략은 '대중 시장' 형태의 행동으로 이끄는 첫 번째 전략이 도달할 수 있는 역효과와 유사한 역효과들을 초래하지 않는다.

할인 판매의 악순환

'프와종'의 판매를 개시한 이후, 전 세계적으로 신상품 향수를 발표하기 위해서는 5천만 달러 내지 6천만 달러의 예산은 일반적이 되었다. 일례로 로레알은 아르마니의 '지오Gio'를 위해 5천만 달러를 투자했다. 그렇다고 해서 성공을 거두리란 보장도 없었다. 1990년대에 미국 시장을 겨냥해 에스티 로더 향수가 매체에 투자한 금액만도 2천 500만 달러에 달했고, 캘빈 클라인Calvin Klein이 매체에 투자한 금액만도 3천만 달러에 달했다. 랑콤은 현재 프랑스 시장 하나만을 위해 1년에 2천 200만 유로(1억 4천 530만 프랑)를 사용하고 있고, 디올과 샤넬은 2천만 유로 이상을 사용하고 있다.[31] 에스티 로더의 사장[32]은 경기에 상관없이 총 매출액의 25~28퍼센트를 체계적으로 유명 상표를 홍보하기 위해 투자한다고 밝혔다. 랄프 로렌과 제휴 회사들은 1년에 전 세계적으로 프레타포르테 부문의 상품 판매 촉진에 1억 8천만 달러를 충당했고, 캘빈 클라인은 6천만 달러 이상을 사용하고 있다.[33] 이 정도의 금액은 프록터Procter나 레버Lever 같은 대그룹들이 전 세계에서 대량으로 소비되는 상표를 유지하기 위해 지출한 액수에 해당한다. 즉 가장 강력한 제조업체들이 사용한 약 1억 5천만 달러에 상응한다. 상당한 판매 개시 비용은 국제 시장에 관한 가시적인 연구들로 증명된다. 이러한 제조업체들은 어마어마한 예산을 심사숙고하면서 신속한 투자 자금 회수 방안, 따라서 상당한 매출액을 올리는 방안을 찾고 있다. 이러한 요구는 생산자가 주도하여 판매점에서 대대적인 판촉 활동을 펼치도록 하고 있다. 유통업자들은 높은 물량 회전율을 원하고, 목표 달성을 위해 제조 회사들에게 할인 판매를 하도록 압력을 가한다. 이것은 마진율을 줄이는 결과를 초래하여, 제조 회사들의 전체적인 수익성을 위태롭게 할 염려가 있다.

향수와 화장품 시장에서 할인 판매 행위는 미국 시장이 부추긴 규칙이 되었다. 세코딥Sécodip-Intercor-Parfumerie(프랑스 광고소비조사기관)은 공개 토론회에서 1992년도 4/4분기부터 향수 시장에서만 선별된 유통점에서 600개 이상의 품목에 대해서 할인 판매를 실시했다고 지적했다. 이 기간 동안에 특히 할인 판매에 적극적이었던 제조 회사들로는 니나 리치Nina Ricci, 카사렐Cacharel, 기 라로쉬Guy Laroche, 아자로, 랑콤, 라코스테Lacoste 등이 있다. 여러 제품들을 한 세트에 넣어 팔기 혹은 같은 상품을 여러 개 묶은 세트 판매, 어떤 제품을 살 경우에 선물로 주기, 최소한 구매 액수에 따른 선물, 직접적인 가격 인하 등 실시된 할인 판매 방법은 다양했다. 따라서 우리는 넘쳐나는 할인 판매 제공을 목격하고 있다. 이 현상은 우리가 상당수의 대중 시장에서 관찰할 수 있는 것과 유사했다. 예를 들면, 샴푸 시장은 할인 판매로 형성된 거대한 시장일 뿐 그 이상은 아니다. 샴푸 시장에서 광고와 할인 판매의 전통적인 비율은 약 60대40이었는데, 그 비율은 40대60, 아니 그 이상의 비율로 역전되었다. 우리는 샴페인 영역과 비교할 수 있는 결과를 관찰할 수 있다. 할인 판매는 단기적인 활동 방식이다. 할인 판매는 판매와 총 매출액을 즉각적이고 직접적으로 증대시킬 수 있는 효과를 볼 수 있다.[34] 일반화된 할인 판매의 방향은 강한 경영 압력에서 유래한다. 경영 압력이란 단기간의 재정적 성과, 즉 매출액, 유동 자산의 목표[35] 등을 설계하도록 요구하는 것을 말한다.

유명 상표나 혹은 유명 제품의 책임자들은 할인 판매에서 이 목표를 만족시키고 내부 압력에 대응하는 방식을 찾는다. 경쟁이 빚은 외부 압력들이 내부 압력에 더해진다. 여기에서 경쟁이란 유명 상표들이 약화된 시장에 전념하는 것과 진입 장벽이 낮아진 것을 말한다. 이때부터 어느 한 분야의 전체적인 활동들이 나쁜 영향을 받는다. 그런데 범람하는 할인 판매는 장기적으로 볼 때 대중 상품을, 그러나 한층 더 그리고 특히 유명 사치품을 황폐하게 만드는 결과를 초래할 수 있다. 할인 판매는 다음과 같은 역효과들을 일으키기 때문이다.

- 할인 판매는 경쟁사가 모방하기 쉬워서 판매와 시장 점유율의 유리한 효과를 수포로 돌아가게 할 수 있다. 이러한 이유 때문에 할인 판매는 장기적으로 볼 때 이익을 감소시킬 수도 있다.
- 할인 판매는 소비자들과 마찬가지로 공급자들에게도 습관을 만들 수 있다. 소비자들은 물건을 사기 위해 할인 판매를 기다리는 경향을 갖게 될 것이다. 따라서 이들은 할인 판매의 주기를 곰곰이 생각하여 구매하거나 그것을 예측하고 대비하는 태도를 취할 것이다. 이것이 할인 판매의 악순환이다.
- 할인 판매는 또한 구매 행위에서 인위적으로 가격의 역할을 증대시키는 효과를 낼 수 있다. 할인 판매는 유명 상표의 역할을

감소시키고, 유명 상표에 대한 선택의 '기준'과 '가치'의 기준을 없애는 데 기여한다. 사실 소비자들은 어떤 제품이나 상표의 본질적인 품질 때문이 아니라 할인 판매를 했기 때문에, 그들이 구매한 제품이나 상표를 기억하고 있을 수 있다.[36] 따라서 할인 판매는 장기적으로 볼 때 상표의 경제적 효용 가치를 감소시킬 수 있다.

• 콜게이트Colgate나 타이레놀Tylenol 같은 대량 소비 제품이 단기적으로는 할인 판매 활동으로 상표 이미지에 영향을 받지 않는 듯해도,[37] 이러한 결과를 사치품 분야에 일반화시키는 것은 적절하지 않다. 유행 상품을 사서 소비하는 것은 미약한 결과를 초래하는 결정 과정에 상응한다. 반면에 유명 고급 제품을 구매하는 것은 제품, 상표, 구매 상황에 상당한 결과를 초래한다. 게다가 타이레놀이나 콜게이트처럼 할인 판매 행사에서 구매한 유명 상표의 이미지들에 대한 비교는, 장기적으로 이루어지지 않고 단기적으로 이루어진다.

• 마지막으로 할인 판매는 그 목적이 소비자들에게 유명 상표를 처음으로 시험하도록 하는 데 있을 때에는 소비자들의 불성실성을 강화시킨다. 이 시험은 유명 상표를 다시 구매할 가능성을 높이기 이전의 시험, 충실한 고객이 되기 이전의 시험이기 때문이다.

유명 사치 상표의 책임자는 여러 가지 요소들을 고려한 뒤에 어떤 전략을 채택해야 할까?

- 첫 번째는 할인 판매의 악순환을 기대하지 못하도록 하는 데 있다. 이것은 상표의 위상, 명예와 선별성의 표명을 단호히 지키려는 전략이다. 향수-화장품 분야에서 부쉐론, 샤넬, 겔랑, 에르메스, 뮈글러는 이러한 전략을 고수하는 업체들의 예이다. 이러한 전략은 일관되게 밀고 나갈 경우, 장기적으로는 상표의 이미지를 우선하고, 단기적으로는 총량과 매출액의 불이익을 감안하지 않는 마진을 우선하기 때문에 성공 조건이 된다. 이 전략은 때때로 내적 속박 상태 때문에 필연적이 되기도 한다. 내적 속박 상태란 자본 구조, 소규모 회사, 제한된 재정적 수단, 미용 건강 분야에서 대량 마케팅을 전개하며 사용한 방법을 적용할 때의 통제력 부족 등을 말한다.

- 두 번째 전략은 정면으로 경쟁하는 투쟁 논리로 들어가, 경쟁사보다 훨씬 강력하게 대량 마케팅 기법을 전개하고 적용하는 데 있다. 이 방식은 상표에 적용되는 경우이다. 시장 점유율 증가는 경쟁사들을 희생시켜야만 얻어진다. 경쟁적인 위치뿐 아니라 유명세에도 영향력이 대단하고 중요한 재정적 수단을 이용하는 디올 같은 유명 상표들에 해당된다. 그러나 이 경우에도 마찬가지로 일반화(여기에서 일반화란 말 그대로 유명 상품의 선별적 유통에서 대량 유통으로 옮겨가도록 이끄는 것을 말한다)의 위험을 피하기 위해서는 다음과 같은 상당수의 기본적인 주의를 기울이는 것이 바람직하다.

- 경쟁사의 할인 판매 사례를 연구하고, 판매량과 시장 점유율과의 관계에서 비교한 할인 판매의 결과를 연구하며, 공개된 자

료를 충분히 정교하게 분석하고, 분석 자료를 이용하여 얻을
수 있는 이익을 연구한다.

• 양적인 연구, 경험의 차원, 혹은 상표의 재구매 및 상표에 대한
충실도를 강화시킬 수 있는 할인 판매의 형태들이 결합된 분석
을 통해서 판별한다. 그리고 소비자들이 더 높은 가치를 부여
한 할인 판매를 판별하며, 감지된 품질, 상표의 가치, 상표의
위상, 달리 말하면 상표의 자산 등 어느 한 가지도 변질시키지
않은 할인 판매를 판별한다.

• 할인 판매를 불러온 원인을 구명한다. 이것은 유명 상표를 정
기적으로 구매하는 소비자인지 혹은 우연한 기회에 구매하는
소비자인지, 같은 종류의 상품을 대신하는 구매이거나 혹은 바
꾸려는 구매인지, 경쟁사들보다 공격적인 판매인지 등을 밝히
는 것이다. 구매자들의 구매량과 '평균적인 구매량'을 지켜보
아야 한다.

이 모든 경우에 있어서, 재구매 비율과 충실도 비율은 절대적으
로 분석되어야 한다.

가격 통제와 유통 규제

대량 유통이 일으킨 변화는 이제부터 사치품 분야에 피해를 입히고
있다. 1970년대에 사람들이 '대단위 통합 상업〔도매와 소매의 기능이 통합

된 상업)'이라 불렀던 유통점들이 강력한 체인점을 구성하면서 가격에 관해 제조업자들에게 상당한 압력을 행사했다. 실제로 유럽에서 영국의 부츠Boots나 독일의 두글라스Douglas처럼, 향수-화장품 부문에서 상당수의 판매점 소유권을 집중화하거나, 향수 화장품 상인들의 체인점을 만들거나, 또는 이러한 상인들의 단체가 제조업자들에게 대단위 통합 상업 체인점들이 했던 것과 같은 압력을 행사하고 있다. 프랑스의 경우 1998년에 유명 사치품 판매의 45퍼센트는 이러한 단체들과 체인점에서 이루어진 것으로 평가하고 있다. 독일의 경우 두글라스라는 단 하나의 상호가 유명 사치품 판매의 37퍼센트를 담당했다.[38] 이러한 단체들은 소비자들의 구매 단계에서 자신들의 경쟁력을 알리고 있다. 이때부터 가격 통제는 예외적인 경우를 제외하고는 점차 제조업체의 책임에서 벗어난다. 이러한 유럽 규모의 집중화는 또한 지방을 포함한 일개 국가의 규모에도 적용된다.

미국의 할인점에서는 선별된 유명 향수의 가격을 백화점 가격과 비교할 때 25~75퍼센트 정도 낮추는 것을 목격할 수 있다. 가격에 민감하게 반응하는 미국 여성 소비자들은 무엇 때문에 같은 향수를 사기 위해 비싼 비용을 지불해야 하는지 이해하지 못한다. 그리고 할인 전문점들은 백화점의 여성 고객들을 조금씩 잠식해가면서, 백화점들의 위기를 가속화시켰다. 따라서 미국의 여성 소비자들은 '현명한' 구매를 하고, 유럽의 여성 소비자들도 마찬가지다. 지금도 또한 소비자들은 상표에 대한 민감성을 가격에 대한 민감성으로 바꾸는 데 기여하고 있다. 이러한 현상은 소비자들이 수상쩍은 눈으로 바라보는 유명 상표 제조업들에게 현실적인 가격을 매기도록 하는 데 기여한다. 소비자들은 상품의 가치, 연구의 가치, 구성 양식의 절대적 가치로 별로 입증되지 않는 가격이나, 혹은 재료비나 구성 요소들로 잘 입증되지 않는 가격을 현실적인 가격으로 매기게 하는 데 기여한다. 가격은 이제 유명 상표의 '가치'로 표현되는 것이 아니라, 관련 산업을 상업화하면서 관례적으로 얻었던 이윤 폭을 명확하게 누적하여 돌려 받는 것이 되었다. 또한 유명 상표의 가격은 더 이상 익히 알려진 품질이나 배타성을 보장하지 못한다. 왜냐하면 여성 소비자들은 똑같은 순간에 똑같은 물건을 더 낮은 가격으로 살 수 있기 때문이다.

'공장의 생산 제품을 직접 파는 매장Factory outlet'이란 개념의 전파는, 또한 프레타포르테와 같은 다른 분야에서도 체인점과 할인점의 효과를 톡톡히 보고 있다. 이 용어는 미국에서 건너온 것으로 프랑스에서는 '공장 매장'이나, 혹은 여전히 '매장stock'이란 말로 사용되고 있다. 만일 유명 상표가 자체적으로, 그리고 나름의 이름으로 팔리지 않은 제품들을 재고 처리하기 위한 매장을 준비한다면, 유명 상품 제조업체는 우선 소비자들에게 고전적인 유통 과정의 가격 정책에 대해 의구심을 갖도록 만들 것이다.

마찬가지로, 이러한 제조업체는 우선 소비들에게 의심을 품도록 만들고, 다음으로는 현명한 구매를 하도록 이끌 것이며, 마지막으로는 여러 유통점들에 재고로 넘어올 기간을 생각하면서 구매를 몇 달간 미루도록 만들 것이다. 프레타포르테 할인 판매도 마찬가지 현상이 일어날 것이다. 즉 신중한 여성 소비자들은 할인 판매 기간을 곰곰이 생각하면서 구매 계획을 짤 것이다. 그리고 이러한 구매 현상은 여성들이 패션에 대해 상대적으로 독립성을 유지하고 있고, 또한 다양한 패션과 다양한 스타일을 받아들일 수 있는 만큼, 다양한 기회와 기질에 따라 할인 판매 형태에 더욱더 잘 적응하게 만들 것이다.[39]

이런 현상은 사치품을 우연히 접하는 고객들이 유사한 유통점들을 자주 드나들고 있다는 것을 보여줄 뿐 아니라 고소득층의 여성 고객들도 정기적으로 드나들고 있음을 보여주고 있다.[40] 여성 고객들의 83퍼센트는 '비전통적인' 유통점들을 자주 드나든다고 밝혔다. 그리고 이들의 39퍼센트는 공장의 생산 제품을 직접 파는 매장을, 26퍼센트는 특별 회원을 위한 할인 판매를, 25퍼센트는 직접적으로 도매상들이나 제조업자들의 매장을, 24퍼센트는 할인 유통 매장을 자주 드나든다고 밝혔다. 프랑스 여성들이든, 독일 여성들이든, 이탈리아 여성들이든 간에, 여성 고객들은 이러한 유통점을 자주 드나들 뿐 아니라, 그곳에서 디올, 입생로랑, 겐조, 니나 리치, 에스카다Escada, 샌더Sander, 윱Joop, 아르마니, 프라다, 페레Ferre 그리고 다른 유명 상표들의 옷이나 액세서리들을 구매하여 소비한다…….가격에 대해 의심하는 현상들은 정규적인 제품들의 수출과 재수출의 존속으로 한층더 강조된다.

미국이나 일본 같은 상당수의 시장에서는 정상적인 유통과는 다르게 저가의 상품들이 입하되는 것을 목격할 수 있다. 비정상적인 유통 상품이란 제조와 배급의 단계에서 흘러나간 것을 말한다. 즉 외국으로 이전했든 그렇지 않든 간에 가공하는 사람들이나 하청 업자들, 라이선스를 받은 업자들, 소매상들을 통해 유출된 것을 말한다. 이들은 불충분한 통제나 자신들의 재정 압박이나 유동 자금의 압박의 영향을 받아 유명 상표를 부착하여 유사 유통점에 공급했을 것이다.

이런 현상들을 볼 때, 생산 이전과 이후의 단계를 엄격히 통제해야 할 필요성이 유명 상표 제조업체들에게 강하게 제기된다. 우선은 생산을, 그다음으로 유통을 통제해야 한다. 생산과 유통은 경영상 요구되는 두 가지 받침대이다. 이러한 경영상의 요구는 고객의 요구에 대응하면서, 제품 공급에 혼란을 일으키지 않고 서비스 제공에서 정상적으로 유통된 제품과 비정상적으로 유통된 제품의 균등화가 이루어지지 않도록 하기 위한 것이다.

그러나 이러한 경영상의 요구들은 틀림없이 한편으로는 공장, 생산 장비, 직원들, 장인들을 유지하기 위해서, 다른 한편으로는 유명 상표의 고유한 물자 및 매장에 대한 기본적인 방침을 유지하기 위해 대단히 많은 비용을 필요로 한다. 그리고 유명 상표만이 갖는 매장 개척 비용은 끊임없이 증가하고 있다. 예를 들면, 뉴욕의 매디슨 가에 하나의 매장을 열기 위해서는 적어도 300만 달러의 판매고를 올려야 하고, 파리의 몽테뉴 가에 100제곱미터의 매장을 열기 위해서는 200만 유로의 매상을 올려야 할 것으로 예상하고 있다. 그런데 1천 제곱미터⁴¹를 넘기는 매장 콘셉트 때문에 매장 규모가 커지고 있다는 것을 알고 있는 우리로서는, 얼마만 한 수준으로 손익 분기점이 급등하는지 알 수 있지 않을까! 이와 같은 진입 장벽을 곰곰이 생각해볼 때, 우리는 중간 규모의 유명 상표가 많은 도시의 목 좋은 거리에 1년에 5개 내지 10개의 매장을 열기란 불가능하다는 것을 알 수 있다. 대그룹에 속해 있는 유명 상표들만이 정기적인 변화와 이에 부합하는 투자를 유지할 수 있다.

합법적인 체인점에서 유명 상표를 산다는 것은 결국 시간적인 속박(원할 때 원하는 물건을 사는 것)이 없는 상태, 대규모의 재고 상품으로 공급하기 이전의 상태를 이용하기 위해 값을 지불하는 것이 된다. 이때 고객은 매장에서 제품을 선택하고 연출할 수 있을 뿐 아니라, 수준 높은 서비스를 받을 수 있는 자유를 얻을 수 있을 것이다. 그렇다면 '합법적인' 체인점에서 서비스의 질이란 무엇일까?

서비스의 질

우리가 서비스 마케팅에서 얻을 수 있는 첫 번째 교훈은 고객들의 부류에 따라, 그리고 그들의 기대 수준에 따라 생각하고 있는 서비스의 질이 다르다는 것이다. 서비스의 질은 기대 수준이 상당히 높은 고객들에 의해 올라가기보다는 오히려 기대 수준이 더 낮았던 고객들에 의해 올라가는 것처럼 느껴질 것이다. 그런데 사치품 마케팅에서 그 기대는 절대로 약하지 않다.

따라서 최종 고객들 곁에서 그들이 기대하는 서비스의 본질과 질의 평가 기준들을 연구하는 것이 중요하다. 경쟁 상표에서 느낀 서비스 성과와 질, 고객들의 만족도를 측정해보는 것이 유익하다. 만일 서비스 질의 측정 방법들이 다른 분야[42]에 존재한다면, 사치 상표에 특별하게 맞춘 만족 지표를 만들고, 여러 부류의 고객들, 즉 통상적인 고객 : 우연한 고객, 프랑스인 고객 : 외국인, 그리고 특히 미국인 고객과 아시아인 고객을 염두에 두고 측정 지표를 섬세하게 만드는 것이 유용하다. 미국인과 아시아인에게는, 그들이 필요로 하는 탁월함을 적당히 지향하도록 주의하면서 늘 기대 이상의 것을 지향하도록 주의한다.

서비스 마케팅의 두 번째 교훈은 직업적으로 제공되는 서비스의 질은 고객을 직접적으로 접촉하는 직원, 달리 말하면 판매 직원의 대인 관계 능력에 달려 있다[43]는 것이다.

수요가 공급보다 상위에 있는 시장 논리에서는 판매 직원의 직업 교육이 중요하지 않을 수 있다. 반면에 수요가 경쟁사의 공급 관계에서 약해질 때, 고객을 접하는 직원의 서비스와 자질, 판매 직원에 대한 교육은 대단히 중요하다. 제품과 접대에 관한 교육, 고객의 소리에 귀를 기울이고 공감하는 교육, 즉 타인을 이해하는 능력은 판매된 물건과 고객들의 증대하는 요구를 곰곰이 생각해볼 때 표준화된 판매 자료를 교육하는 것보다 더 중요할 수 있다.

사치품 제조업체 분야의 기업 문화는 거의 언제나 신모델 창조에 집중되어 있었기 때문에 고객을 통합하기 쉽지 않았다. 달리 말하면 판매 기능과 고객을 접하는 직원을 평가하기가 쉽지 않았다. 만일 사람들이 종종 프랑스 사치품 제조업체가 거만하다고 비난한다면, 그리고 그것을 판매하는 직원들의 쌀쌀맞고 멸시하는 듯한 냉담함을 비난한다면, 이러한 비난은 어쩌면 기업 문화에 역효과를 불러일으킬 것이다. 판매 직원들을 평가하고 그들에게 동기를 부여해야 할 필요성은 직원들이 꿈의 세계에 직면해 있으면 있을수록 더욱더 요구된다. 꿈의 세계란 직원들이 자신들의 보수로는 자신들이 일하는 회사 상품의 소비자가 될 수 없을 것이란 생각을 갖도록 만드는 것을 말한다. 즉 이런 생각은 고객들에 대해 양면적인 태도를 취하도록 한다.

예를 들어 샤넬이나 루이비통의 경우처럼 직영 매장, 매장 안의 특별 매장shop in shop, 백화점 매장 임대leased department와 같은 유통 망을 통제하는 방식은, 틀림없이 비용이 많이 들어갈 것이다. 그러나 이러한 방식은 일괄적으로 직원을 모집하고 교육하며, 판매 직원들의 보수와 승진, 전 세계 매장의 책임자들을 통제할 수 있도록 한다. 이 러한 선택은 동기를 우선하고 자질을 갖춘 판매 직원들이 수행하는 역할의 중요성을 인식하도록 한다. 루이비통은 전 세계적으로 284개 가 넘는 매장과 5천 명이 넘는 판매 직원들을 직접 관리한다. 판매 팀원들(판매원들과 매장 책임자들)은 아니에르Asnières 공장을 보수하여 만든 매장에 모여 교육을 받는다. 신상품 소개와 각각의 신상품들의 모양과 관련하여 그것들을 접고 포장하는 방법들에 특별히 주의를 기울인다. 비디오는 직원들이 상품 소개와 포장 방법 등 각 단계에서 수반되어야 하는 서비스 질에 예민하게 반응할 수 있도록 하는 내용 을 담고 있다. 또한 마찬가지로, 가방의 접히는 부분이 고객이 아니 라 판매원을 향하고 있도록 하는 방식, 달리 말하면 고객들에게 포장 용기를 열어 소개하는 방식에 예민하게 반응할 수 있도록 하는 내용 을 담고 있다. 상자를 포장하고 장식용 리본을 자를 때, 루이비통의 이니셜 'L'과 'V'가 절대로 분리되어서는 안 된다. 아주 사소한 부분 도 극단의 주의를 요구하는 대상이 된다. 판매 직원들의 '성서'는 중 요한 관점을 되풀이하는 직원 교육과 비디오로 완전하게 만들어진 다. 이런 교육과 비디오는 판매 직원들의 유니폼과 어울리게 스카프 를 다양하게 매는 방법, 계절에 따라 어울리는 여러 가지 뉘앙스의 스타킹에 이르기까지 그리고 스카프와 스타킹을 포함하는 중요한 관점들을 포함하고 있다. 이러한 노력들은 매매 계약 취소의 원인들이 될 수 있어 그냥 지나칠 수 없는 모든 잘못된 취향들을 배제하면서, 완벽한 조화를 이룰 수 있도록 하기 위한 것이다.

*

이후 프랑스의 사치품 제조업체들은 변화를 기도했다. 업체들은 새로운 경쟁자와 분화된 기대를 갖고 있는 이원화된 고객들에 직면해서 엄격하고 일관되게 자기 상표를 관리해야만 했다. 새로운 고객들은 "나 또한 사치품을 가질 권리가 있어!"라고 주장하면서 사치품에 접근하길 강력하게 바라고 있다. 새로운 고객들이 동일한 제품, 동일한 가격, 동일한 빈도로 사치품에 접근하고 있지는 않다. 그러나 고객들과 '잘 대접받기를 바라고', '기쁨을 얻으려는' 그들의 열망은, 예외적인 경우도 마찬가지이지만 최근 10여 년 동안 세계적인 사치품 제조업체들이 유지되고 성장할 수 있도록 했다. 뿐만 아니라 고객들은 기업 문화나 신모델 창조만이 더 높은 평가를 받는 제조업체 문화에 마케팅을 통합하도록 했다. 제조업체들은 상업화된 제품 종류에 따라 전통적인 가내 공업에서 벗어났을 수 있고, 고객들의 근접은 산업화로 넘어가도록 할 수 있었다. 그러나 시장의 기대가 더는 무시되어서는 안 된다. 지금부터 선별적인 방법으로 대중 시장을 관리할 방법들을 찾아야만 한다.

사치란 의미의 점진적인 변화

우리가 유명한 사치 상표를 경영하는 데에 대두되는 현실적인 쟁점을 이해하기 위해서는 역사를 되돌아볼 필요가 있다. 이는 사치의 개념이 연속적으로 시간 속에서 표시되었던 것을 명확하게 하기 위한 것, 그 개념이 현재 의미하고 미래에 의미할 수 있는 것을 설정하기 위한 것이다. 역사를 되돌아본다는 것은 이제부터라도 사치 상표 마케팅의 규제 원칙들을 도출해내기 위한 선결 조건이다.

'사치를 정의하는 것이 진정 합리적일까?' 콜베르위원회는 이렇게 활동 보고서에서 밝히고 있다[1]……. 물론 그렇지 않다. 왜냐하면 우리가 사치를 강조하려다 보니 단어의 의미들을 바탕으로 해서 사치의 의미를 반드시 뒤돌아볼 필요성이 생긴 것처럼, 사치는 이성이 아니라, 과도함과 예외적이고 강력한 감정에 활기를 불어넣기 때문이다.

어원에서부터 현대적 정의까지

그렇다면 명사 luxe(사치)의 어원은 우리에게 무엇을 알려줄까? 우리는 여기저기에서 luxe는 lux, 즉 lumière(빛)[2]의 파생어임을 알 수 있고, 그렇게 이해할 수 있다. 물론 멋진 말이다. 그리고 사치 관련 산업을 정당화하기 위해 이루어졌을 가능성이 있는 명확한 설명임을 즉각적으로 알 수 있다. 그런데 luxe의 진짜 어원은 lux가 아니다. 아쉬운 일이다. 이러한 부정이 꽤나 확실한 것도 아니다. 왜냐하면 훌륭한 모든 어원 사전을 찾아보아도 luxe가 라틴어 luxus(명사이면서 동시에 형용사)에서 파생되었음을 보여주고 있기 때문이다. 사치의 어원은 농업 용어에서 나온 것으로 우선은 '결점을 부추기는 것', 그다음으로는 '과도하게 부추기는 것'이었다. '일반적인 과도함'이 된 것은, 그리고 마침내 '사치'의 의미를 갖게 된 것은 17세기부터였다.[3]

우리에게는 이 정의가 훨씬 더 흥미롭다. 왜냐하면 사치가 본래 "나를 좋아하는 사람은 나를 따라라!"는 격언으로 지나치게 자기 나름의 규칙을 받아들이게 하면서, 독창적인 길을 가기 위해, '경향'이라는 기존의 방식에서 벗어나 있음을 함축하는 단어로 나타나기 때문이다.

우리는 또한 luxus의 파생어들 중에서 luxuria, 즉 '무성함, 풍부, 사치'와 '나태하게 관능적 쾌락을 쫓는 삶'의 의미를 발견할 수 있다. 그리고 또 어원이 같은 이 파생어는 12세기에 luxure(색욕, 음욕, 음란 등의 의미를 갖고 있음)라는 단어를 등장시켰다. 따라서 많은 사람은 이러한 공통의 어근과 파생어들 때문에 그리스·로마 시대 이후에 luxus의

136

의미를 갖는 사치luxe는, 그것이 나타내는 과도함 때문에 화려함과 호사와 같은 긍정적인 의미, 혹은 대중을 상대로 한 사치인 후한 인심과 같은 긍정적인 의미를 가졌을 것이라고 말했다. 이때부터 과도함은 사회적 개인에게 재량권을 맡기거나 혹은 현실적으로나 상징적으로 재분배되도록 했을 것이다.[4] 반대로 같은 단어 luxe가 개인적인 과도함에서는 luxuria라는 부정적인 의미, 따라서 퇴폐를 조장하는 방탕이라는 부정적인 의미를 가졌을 것이다. 이러한 반대 의미는 일찍이 발견되는데, 1714년부터 맨더빌이 쓴 유명한 풍자시 〈꿀벌의 우화〉에서 도발적인 언사를 통해 변화되었다. 우화의 부제목은 개인적인 악은 대중의 선을 만든다고 암시하고 있다. 맨더빌은 이때 사치에 관해 다음과 같이 엄격한 정의를 내렸다.

사치의 대상이 아니라 본질을 반드시 정의해야 한다. 달리 말하면 엄격해져야 한다.[5]

유명 상표의 경영이란 용어로 바꿀 수 있는 그의 정의는, 유명 상표의 본질에 대해 자문하고 있음을 암시하고 있다. 유명 상표는 어찌 보면 과도하다 할 수 있는 가격을 '상징적으로' 고객들에게 정당화하는 방식으로 '재분배하고 있다'. 이러한 기본적인 의문들은 모순되게도 약간은 오만하게 상표 관리를 하도록 하거나, 혹은 일상적인 경영과는 약간 다르게 상표 관리를 하도록 하고 있다.

그러나 우리는 유사 백과사전적 지식주의에 빠지지 않고도, 요컨대 따분한 지식주의에 빠지지 않고도 최초의 사전적 정의, 즉 "우아함과 세련됨을 과시하기 위해 구체적인 과소비로 표현되는 삶의 방식[6]"(1607)을 선택할 수 있다. 이 정의를 오늘날의 사전적 정의와 비교할 수 있다.

- 값이 비싸고, 세련되었으며, 호사스러운 것이 갖는 특징
- 값비싼 물건들이 구성하고 있는 환경, 값비싸고 세련된 삶의 방식
- 반드시 필요하지도 않은데 자신을 위해 마련한, 상당히 돈을 많이 지불하는 기쁨
- 예외적으로 자기 스스로에게 허용하는 것, 혹은 자기 스스로 기쁨을 얻기 위해 더 많이 말하고, 하도록 하는 것
- 무엇인가 대단히 풍부한 상태
- 희귀하고 값비싼 취향들에 상응하는 물건, 제품, 혹은 서비스에 관해 사치스러운 것, 이러한 제품들이나 서비스를 상업화하는 활동을 일컬음[7]

이러한 사치의 정의들은 가격, 기쁨, 욕망을 표현하고, 예외적으로 희귀함, 세련됨을 나타낸다. 우리는 시간의 흐름에 매달려 감동을 만들어내고, 예외적이고 단일한 경험을 만들어낼 줄 아는 유명 상표 제조업자들의 방식을 탐구할 수 있다. 그들의 방식은 강력한 기쁨을 느끼도록 하고, 축제에 익숙해지도록 할 수 있으며, 감동과 정신적 효과와 상응 속에서 의미를 만들 수 있으며, 성인의 나이에 어린 시절의 감탄을 회상할 수 있도록 한다.

과시로부터 감동으로

19세기에 산업 발전과 증가하는 기계화는 제품들을 연속적으로 재생산할 수 있도록 만들었다. 따라서 훨씬 더 많은 품목 수에 접근할 수 있도록 만들었다. "더욱 물질적이고 더 개인적인 잉여"가 이 시기에 나타났고, "일상 속에서 잉여가 생기고 유산 계급의 소비 방식이 승리를 거두는 등 새로운 질서가 자리잡았다"[8]. 부르주아들의 소비 방식은 타인의 관심을 끌기 위해 부를 밖으로 드러냈다.

개인주의와 쾌락주의를 나타낸 근대 사회와 그 가치는 이때부터 더 실제적이고 더 기능적인 평범한 물질 생활의 행복에서, 사치를 필요 불가결한 것으로 만들었다.[9] 사치품은 구별되는 상표, 즉 새로운 사회 범주에 접근했고 이 범주에 속하는 상징이 되었다.

베블런의 이론은 이때 나왔다.[10] 사람들은 '과시적인 소비'를 통해 부를 드러낸다. 그리고 사람들은 물건보다는 오히려 물건의 소유자라는 사회적 지위를 드러내기 위해 소비한다. 물건을 획일적으로 재생산하기 시작하면서 '수제품'은 모순되게도 더욱 값비싼 생산 방식이 되어, 새로운 예술적 가치를 갖는 물건이 되었다. 왜냐하면 "평범한 것은 다수가 금전적으로 접근할 수 있는 것이 되었기 때문이다. 따라서 그것을 소비할 가치가 없었다. 사람들은 이러한 생각을 토대로 규칙을 세웠다. 즉 한편으로는 예술적 적합성의 기준표, 다른 한편으로는 예술적 혐오의 기준표를 세웠다".

이러한 맥락에서 가내 수공업은 사회적으로 더 높은 가치를 인정받았고, 획일적인 재생산은 등급이 떨어졌다.

이 시기에 최초의 디자이너 찰스 프레더릭 워스 그리고 푸아레 (1874~1944)와 더불어 오트 쿠튀르가 탄생했다. 이 디자이너들은 겔랑과 같은 고급 제품 제조 회사를 창립했다. 대보석 업자 카르티에 Cartier(1847)와 부쉐론(1858), 마구상 에르메스(1837), 트렁크 제조업자 루이비통(1854)처럼, 겔랑은 향수 장인으로 1828년에 파리의 리볼리 가에 자신의 매장을 열었다. 식탁 용기 분야에서는 수정 제품 제조업체 생-루이(1767)나 바카라Baccarat(1764)와 같이 역사가 오래된 상당수의 제조업체들이 있는가 하면, 지앙 Gien(1821), 베르나르도 Bernardaud(1863), 돔(1875)과 같은 도자기 제조업체들은 19세기에 등장했다. 마찬가지로, 루이나(1729)나 뵈브 클리코(1772) 같은 상당수의 샴페인 제조업체들은 18세기부터 존재했다. 가장 사치스러운 샴페인 상표들은 19세기에, 그리고 1882년부터 '유명 샴페인 제조업체 조합'[11]으로 재편되었다. 그러나 사치품 '제조업체들'이 스스로를 '유명 상표들'[12]로 규정하기를 받아들인 때는 1995년이 되어서였고, '유명 상표들'로 규정되는 데는 1세기 이상을 기다려야만 했다.

따라서 한편으로는 사치의 일반화를 위한 경제·사회·문화적 조건들이 자리잡았고, 다른 한편으로 가내 수공업과 제조 노하우는 새로운 경제력을 얻은 사회적 범주들에게 유명 사치품들에 접근할 수 있도록 했다. 또한 우리가 지금까지 '직업', '가내 수공업', '제조업체'에 관해 말했다면, 우리는 샴페인 분야의 상당수 당사자들이 이미 '유명 상표'로 정의되었다는 것을 이해할 수 있다.

1980년대의 사치: 정체성의 절대적 표현

20세기 후반 프랑스 사람들의 소비는 크게 세 시기로 나눌 수 있다. 전후 특히 1950년대부터 1968~1970년까지, 그리고 1980년대, 마지막으로 1990년대와 그 이후. 첫 번째 시기는 프랑스가 결핍의 시대로부터 풍요의 시대로 넘어가는 것을 목격한다. 두 번째 시기는 개인주의적인 과소비가 없어지고, 사치품을 강력하게 요구한다. 세 번째 시기는 '안심할 수 있는 상품'[13]을 선별하여 찾는 분리 소비의 시대일 뿐 아니라, 타인들과 강렬하고 즉각적이며 되풀이하여 공유하는 기쁨을 누리는 시기이다.

1980년대까지 그리고 1950년과 1968년 사이에 배로 증가한 강력한 소득 증대에 자극을 받은 사회 상승의 논리는, 그리고 이 논리의 당연한 결과는 소비를 중시했다. 이러한 환경에서 지멜의 분석에 따르면, 사치품 소비는 차별화[14] 혹은 구별짓기[15]를 의미하는 체계가 되었다. 지멜은 1923년에 이미 유행은 "다른 사회 그룹들이 특정 그룹과 닮으려 하거나 연결하려는 기능과 다른 사회 그룹들과 특정 그룹을 나누거나 구별하려는 기능 등 이중의 기능"[16]을 갖고 있다고 확신했다. 구별짓기는 물건들과 취향들을 분류하는 것이다. 여기에서 취향이란 "평범한 것과 사치스러운 것이라는 이원론적 대비에 따라 가치의 영역을 양분하는, 사회적으로 반드시 받아들여지는 범주의 일부가 되는"[17] 것을 말한다. 따라서 우리는 여기에서 사치의 반대는, 코코 샤넬에게 부여된 정의를 사용하자면, 평범한 것, 혹은 범속凡俗함이라는 것을 이해할 수 있다.

따라서 취향은 피에르 부르디외Pierre Bourdieu의 논리에 의하면,

일반화된 엥겔의 법칙Engel's law을 따른다. 일반화된 엥겔의 법칙이란, 각각의 구별짓기 수준에서 "귀한 것과 근접할 수 없는 사치나 혹은 터무니없는 환상이 낮은 사회적 위상을 가진 사람들에게 평범하고 공통적으로 드러나도록 조직되는 것, 그리고 더 드물고 더 구별되는 새로운 소비의 등장으로 인해 당연하게 받아들여지는 질서로 떠밀리는 것"[18]을 말한다. 따라서 우리는 현재 계층 전유물의 상징을 취득하기 위해 경쟁하고, 이런 경쟁을 따라하기 위해 경쟁하는 시스템에 빠져 있다. 이러한 시스템은 희귀함과 동시에 전형적으로 '탁월함'[19]을 상징하는 사치품과 사치품을 취득하는 행위에 정당성을 부여한다.

우리는 여러 그룹들 간의 관계에서 동일화-구별하기의 논리에 빠져 있었거나, 혹은 계층 구별짓기의 논리에 빠져 있었다 해도, 상징으로서 취급되고 또한 그렇게 나타나는 유명 상표들은 사회적 규칙으로서 실제적이든 상징적이든[20] 사회적 소속감을 강력하게 요구하는 구매자들의 요구에 부응하기 위해 가시적이어야 한다. 따라서 확인할 수 있어야 한다. 유명 상표는 새로운 정체성의 절대적 표현이 되었고, 상표가 제품보다 우선시된다. 제품은 유명 상표와 사회적 과시에 접근하는 수단일 뿐이었다. 따라서 진정한 사회적 신분을 나타내는 표시로써, 유명 상표의 제품은 '로고로 상징화'하는 것으로 충분했다. 명확하게 말하면, 이 시기에는 유명 상표에 대한 마케팅이 전혀 필요 없었다. 이때부터 수요가 공급을 상당히 웃돌았고, 소비자들은 오로지 과시할 목적으로 세트를 찾거나 사회적 라벨을 찾아다녔다.

1990년대와 그 이후의 사치

우리의 시대를 포스트모던의 시대라고 말하는 사람들에게 갈등 혹은 계층들의 관계라는 말로 설명하는 것만으로는 일반적인 사회 현상들의 복합성, 서구 사회에서의 소비의 복합성, 특히 사치품 소비의 복합성을 더는 이해시킬 수 없다. 미셸 마페졸리Michel Maffesoli는 구별 짓기의 논리, 계층 분화에 의한 정체성의 논리, 따라서 단절로 인한 권력의 자기 확신의 논리에서 하나의 가설을 제안하고 있다.[21] 즉 정서와 감정을 바탕으로 해서 선택을 유도하는 잠수와 융합 관계의 논리에 따라 다양한 '종족'[22]과 연속적이고도 일시적으로 동일시하기를 제안하고 있다. 예를 들면 주도적인 대담론들[23]의 쇠퇴나 포화 상태는 모더니티에 대한 개인들의 가치 체계의 골격을 이루어왔는데, 이것들은 미래의 믿음과 현재를 바탕으로 중심을 잡으려는 계획으로 옮겨가게 했다. 마찬가지로 이러한 쇠퇴와 포화 상태는 노동과 같은 가치, 이성을 기쁨과 감동으로 서서히 변화시켰다.

포스트모던의 현실은 또한 정서와 감동을 바탕으로 시대에 뒤떨어진 현상들을 재출현시키고, 사회 관계를 상징적이고 매혹적으로 재현하여 재출현시킨다. 사회는 정서와 감동을 바탕으로 전체적인 재출현을 느낄 것이다. 이때부터 사람들은 이러한 종족의 은유를 유효한 것, 혹은 아주 간단하게 말하면 흥미로운 것으로 여겨, 유명 상표를 관리하는 사람들에게 유명 상표와 고객들 사이에 강렬한 감정 관계를 만들고, 불러일으키며, 공유하고 유지하기 위해 사용하게 될 독특한 방법에 대해 묻는다.

우리는 이러한 변화에 비추어 유명 사치품에 대한 태도와 기대가 절정에 달한 1980년대와 1990년대의 큰 변화를 분석할 수 있다. 사실 일반적인 상표에 대한 기대, 그리고 특히 유명 사치품에 대한 기대는 자기 표현, 강렬한 감동 공유, 실제성 추구와 의미 추구, 윤리 신봉—세계관 신봉, 미적인 것의 신봉—감각적인 세계 찬미, 각 상표가 감동을 전하고 공유하도록 하는 독특한 방식으로 옮겨갔다.[24] 왜냐하면 이러한 독특성이 핵심 요소이기 때문이다.

따라서 이탈하여 선별적으로 소비하는 것이, 1980년대의 상징으로서 절정에 달했던 유명 상표들에 대한 과시적 소비를 대체했다. 선별적 이탈 소비는 2000년대에 들어 사치스러운 소비에 만족을 느끼는 새로운 열정으로 이어졌다. 이러한 소비 형태의 변화 과정은 현대 시기가 자기 확신과 절정에 달한 감수성을 바탕으로 하고 있고, 감수성을 드러나게 표현하지만, 감수성이 동일하게 표현되지는 않는다는 것을 보여주고 있다. 패션 분야에서 "중요한 것은 더는 호화롭게 보이도록 하는 것이 아니라 젊어 보이도록 하는 것이다"라고 질 리포베츠키Gilles Lipovetsky는 정확하게 밝히고 있다.[25]

옷은 더 이상 예전처럼 사회적 자기 확신의 욕망을 명확하게 하지 못한다. 자신의 몸매를 유지하고 관리하기 시작할 때부터, 젊음이 의복 외관보다 더 중요하다. 따라서 사회가 유혹과 일시적인 것의 논리, 혹은 사회와 동떨어진 차이의 논리로 구조화되었던 시대와는 모순되게도, 의복의 중요성은 육체를 신성하게 만드는 데 유리하게 작용하지 않는다.[26] 의복비[27]의 구조적인 감소는 일방적으로 강요하는 패션을 거부하는 일로 드러난다. 여기에서 패션이란 계절에 따라 유행하는 것과 유행에 뒤떨어진 것으로 구별했던 것을 말한다. 자기 표

현의 필요성, 정체성을 심화시킬 필요성, 혹은 연속적인 포스트모던
의 판별 방식, 이 모든 것들은 '토털 룩'에서 다양한 스타일, 레비-스
트로스Lévi-Strauss의 용어를 빌어 말하자면 '브리콜라주bricolage'로
옮겨갔다. 포스트모던의 논리에 따르면, 사람들은 1990년대에 "비싼
것과 싸구려, 멋스러운 차림과 아무렇게나 한 차림, 상표와 할인 판
매, 구식과 신식, 기교적인 것과 실질적인 것, 남성적인 것과 여성적
인 것 등, 대비"의 병치를 즐겼고, "특히 개인적인 메시지를 이용해
저속한 것을 고급으로, 속옷을 겉옷으로, 겉옷을 속옷으로, 밤에 입
는 옷을 낮에 입는 옷으로 보충하고 바꾸어놓았다."[28] 요약하면, 사람
들은 등장과 외관 연기를 연극적 성격으로 만들어 자신의 이미지를
즐겼고, 자신의 이미지를 이용해 즐겼다.

　　의상 구조 또한 변했다. 어린이에게 넉넉한 옷을 입히는 것에 대
한 무관심, 편한 옷에 대한 요구는 활동, 달리 말하면 편안함을 속박
하지 못했다. 따라서 의복에 대한 요구가 변했다. 이때부터 신작 컬
렉션에서 '니트'의 매출액이 상당히 증가한 것처럼, 의상 업계와 쿠튀
리에에 속한 디자이너들이 디자인한 청바지 모양의 바지 매출액이
증가했다.

　　육체를 신성화하고 화장하는 일은 당연한 귀결로 체중과 노화를
예방하는 일과 함께 중심이 되었다.[29]

　　만일 의복 패션이 점점 더 방향을 잃고, 예산 비율에서 점차 중요성
　　을 잃는다면, 육체에 대한 미의 기준은 현저하게 영향력을 증가시켜
　　절대적인 힘을 발휘한다. 패션이 통일되지 않으면 않을수록, 날씬하

고 탄력 있는 육체는 점점 더 합의로 이루어진 규범이 된다. 의류의 연극성이 없어지면 없어질수록, 미를 겨냥한 육체적 활동은 점점 더 많아진다. 개성과 실제성에 대한 이상이 명확해지면 명확해질수록, 문화는 점점 더 육체에 대해 전문적이고도 의도적인 표현으로 표출된다.[30]

화장품에 대한 지출이 증가했고, 그 지출은 얼굴 화장에서 얼굴 관리, 그리고 신체 관리로 옮겨갔다. 이러한 변화의 예로, 디올이 '디올 스벨트Dior Svelt〔날씬한 디올〕'란 정말로 의미심장한 이름을 붙여 판매를 시작한 피부 노화 방지 및 국부 비만 감소를 위한 젤의 판매는, 모든 예상을 뛰어넘는 결과를 얻었다. 그리고 1993년도에 이 제품의 구매 비율은 프랑스에서 그 유례를 찾아볼 수 없을 정도로 높았다. 우리는 또한 가장 최근에 나온 '바디 라이트Body Light', 즉 '아주 날씬한 몸매를 만드는 삼중 혈청 효과'를 언급한 제품을 들 수 있다. 다른 유명 상표들이 했던 것처럼, 클라란스는 2001년에 지방 및 비만 방지를 위해 피부에 탄력을 주고 날씬하게 하며 지방을 방지하는Lift-minceur Anti-Capiton 몸매 관리 화장품을 출시했다. 이 화장품은 지방을 방지하고 몸이 자체적으로 몸매를 만들도록 도와주는 화장품 Auto-modelage Anti-Capiton[31]의 적용 방법과 연관되어 있다.

예전에는 금기시되었던 성형 수술이 일반화되었다. 미국에서 수술을 받은 사람의 수가 1981~1989년 사이에 80퍼센트나 증가했다. 성형 수술을 받은 프랑스 사람들의 수 또한 매년 증가해, 1998년에는 10만 명을 넘었다.[32] 젊고 날씬하게 살려는 시대에 "타고난 몸을, 만든 몸으로 바꾸는" 수많은 방법들은, 새로운 개인주의의 절대적인 필요성이 되었다. 이러한 필요성은 젊고 날씬한 몸을 가진 아름다움을 신성화함으로써 "운명을 받아들이지 않고, 세계와 자기 자신을 얻은 정복자의 가치가 강력하게 부상했음"[33]을 나타낸다. 몸을 관리하고 화장하는 것, 성형 수술이라는 "자기 자신에 대한 관심"과 더불어 육체의 연극성은, "커뮤니케이션의 원인과 결과"[34]로 나타나는 세계에서 더는 여성만을 전문적으로 취급하지 않는다. 프랑스를 예로 들면, 남성들이 성형 수술 고객의 15퍼센트를 차지한다. 기본적으로 남자들은 모발 이식과 눈꺼풀 재생 수술 혹은 과다한 피하 지방의 흡인 채취의 도움을 얻고 있다. 마찬가지로 남성 미용술이 미용 관리 제품 소비의 10퍼센트밖에 차지하지 못한다 해도, 이 시장은 2000년에 프랑스 시장에서 총매출 5억 9천 500만 유로를 기록했고, 최근 2년 동안에는 처음으로 여성 제품보다 더 강력한 성장세를 경험했다. 따라서 식이 요법, 헬스 클럽, 미용 치료원, 관리 센터, 해수 요법 등으로 자신의 몸을 가꾸는 남성들의 수가 점점 더 많아지고 있다.[35] 남성용 화장품은 바라던 참에 등장했고, 시장의 지표들은 전망을 밝게 하고 있다. 왜냐하면 더욱 쾌락적인 젊은 소비자들은 이전 세대들보다 거부 반응이 덜 하기 때문이다. 유럽에서 여성용 얼굴 관리 화장품의 리더로 선별적 유통을 하고 있는 클라란스는, 남성용 화장품 '클라란스 멘Clarins Men'을 출품하기 시작했다. '비오템 옴므Biotherm Homme'라는 차별화한 상품으로 프랑스 1위를 달리고 있는 로레알 그룹은, 자사 상표가 유통되는 다른 모든 나라에서 강력한 매출 증가를 예상하고 있다. 미국 회사 에스티 로더 또한 마찬가지로 남성 피부 관리 전문 상표 '클리니크 포 멘Clinique for Men'을 갖고 있다. 남성 전용 미용 클리닉인 '니켈Nickel'은 고의적으로 '게이gay'의 입장을 두둔하면서 1996년에 마레 지구le Marais에 문을 열었다. 이 클리닉은 1998년부터 화장품 체인점 세포라로 유통점과 고객층을 넓혔다. 그리고 두 번째 미용 클리닉을 1999년에 '프랭탕 드 롬Printemps de l'Homme'에 열었다. 회사는 클리닉을 창설한 이후에, 상표의 제품에 연상 작용을 일으키고 모방적이며 유희적인 이름을 달았다. 이러한 상품명으로는 '토털 프라임Total Frime[전부 속임수]', '랑드맹 드 페트Lendemain de fête[축제의 다음날]', '벨 괼Belle Gueule[예쁜 얼굴]', '푸아니에 다무르Poignée d'amour [엉덩이의 살찐 부분]' 등이 있다. 이러한 상표들의 매출액은 10배 이상 증가했다. 피어싱이나 이와 유사한 다른 표시를 하는 사람들은, 방돔 광장의 여러 보석상에서 다양한 모양으로 사치스럽게 만들어진 액세서리들을 발견할 수 있다. 보석상들은 이 새로운 형태의 몸치장을 필요로 하는 상당수 사람들의 요구에 따랐다.

오늘날 소비자들은 더 많은 정보를 갖고 있고, 더 많이 까다로워진 동시에 가격에는 더욱 민감하고 상표 자체에는 덜 민감하다. 예를 들면 1980년대에 사치품은 어떠한 가격이라도 받아들여졌고, 가격의 정당성은 신모델 창조의 가치, 상상 세계의 가치 혹은 상표를 공유하는 가치로 받아들여졌다. 이때부터 사치품처럼 강력한 결과를 전제하는 구매에서 유명 상표의 윤리적이고 미적인 제품 공급의 실제성과 일관성은, 유명 상표들이 제안하고 이유가 있는 가격 차이—희생 혹은 재보험 가격—를 받아들이도록 하는 계약에 소비자들을 가담시켰을 것이다.

사실 최근 10년 동안 유명 상표들에 대한 기대는, 사람들이 그룹의 정체성이나 계층의 정체성을 분명하게 내보이는 사회 규칙을 추구함에 따라 상대적으로 약했다. 고객이 값진 기쁨과 강렬한 감동을 찾으면서부터 유명 상표에 대한 기대는, 모든 행사에서 유명 상표가 제시하는 가격과 담화의 일관성을 총괄하기 위한 서비스의 질을 추구하는 독특한 제품으로 옮겨갔다. 가격과 담화의 일관성은 유명 상표의 열의와 모든 유명 상표의 확장과 관련된 것이다. 이때부터 모든 비일관성, 모든 과오나 접대와 조언 그리고 제품 진열과 관련된 고객의 모든 불만, 이 모든 것들은 고객들이 강력하게 요구하는 존경심이 없는 것으로 여겨져 수긍할 수 없기 때문에 배척받을 것이다. 고객들이 유명 상표에서 박탈당하거나 혹은 맛볼 수 없는 모든 즐거움은 즉각적인 대가를 치를 것이다. 대가란 불매, 부정적인 입소문, 고객들과 가치를 존중하는 더욱 '정치적으로 옳은' 다른 상표에 대한 지지를 말한다. 따라서 우리는 이러한 맥락에서 유명 상표의 경영이 훨씬 더 복합적으로 되었고, 얼마나 더 흥미로워졌는지를 알 수 있다.

우리는 사치의 의미 발전 과정을 요약했다. 이런 과정들은 유명 상표를 경영하기 위해 상표에서 추출하는 것이 바람직하다. 우리는 이제 상당수의 연구를 검토하기 위해, 우선 1990년대부터 유명 상표에 종사하는 사람들이 내린 사치의 정의들을 살펴본 다음에 고객들이 내린 사치의 정의들을 살펴볼 것이다.

직업인들이 내린 사치의 정의

초기의 연구들은 사치라는 새로운 분야의 범위를 정의하는 데 목적이 있었는데, 직업 종사자들이 패러다임의 변화라 부르는 것이 바람직하다는 의견을 앞에 두고, 직업 자체에 의문을 가지면서 1990년대에 시작되었다. 이 연구들은 프랑스의 사치품을 소개하고 촉진시키는 일을 결정하는 기관인 콜베르위원회[36]의 주도로 이루어졌다. 우리는 매킨지의 연구 결과를 필두로 해서 더 최근에 이루어진 프랑스 산업부의 연구 결과[37]와 프랑스 경제사회위원회가 이끈 연구 결과[38]를 차례대로 소개할 것이다.

콜베르위원회가 매킨지에 의뢰한 연구 목적은 사치 산업을 정의하고,[39] 경제적 비중을 가늠하며, 프랑스 사치 산업이 직면하고 있던 도전을 판별하는 데 있었다. 이 연구는 기업과 행정 관청에게 생각과 행동의 실마리를 제공하기 위한 것이었다. 따라서 매킨지는 실제적인 정의를 내려 사치 산업의 범위를 재구성할 수 있도록 했다. 콜베르위원회 부속 연구실은 2단계의 방법 중에 첫 번째 단계로 다음과 같은 두 가지 기준에 부응하는 활동 분야들(총 35개 분야)을 판별했다.

1) 최종 소비자들(따라서 중간 소비를 제외시킨다)을 위한 생산과 제품 및 서비스의 상업화, 생산 혹은 제품과 서비스의 상업화.

2) 공급 측면에서는 사람들을 끌어들인 신제품을 통해, 수요의 측면에서는 기능과 필요성 그 이상의 요구에 부응하는 제품이나 서비스를 통해, 제품에 적용되고 명확하게 규명된 기술 향상의 노하우

를 통합. 그리고 감각에 호소.

채택된 35개 각 분야에서도 다음과 같은 분야가 선별되었다.

- 제품의 범주로 볼 때 가격 피라미드의 정상에 있는 상표들, 즉 가격으로 확실히 비교되는 실용성을 가진 제품들보다 뚜렷하게 우위에 있는 제품들.
- 세계적으로 유명하고 5년 이상 시장에 나와 있던 상표.

가능한 분야의 예시로, 대표적인 제품은 여성용 모직 프레타포르테 디자이너가 본보기로 선별되었다. 그리고 나서 가격 명세서부터 시작했다. 가격은 사치품에 어울리는 수준으로 고정하여 고가로 결정되었다. 디자이너의 예를 계속해서 설명해보면, 가격은 1991년에 6천 프랑(약 5천 140만 유로)이 대중가로 정해졌다.

따라서 프랑스 사치품 시장을 추정해볼 때, 선택한 결정은 인식에 대한 결정, 즉 프랑스 상표처럼 인식되는 상표들이었다. 왜냐하면 설령 자본 구조가 쭉 변화했다 해도, 그리고 연구를 시작했던 시기에 상표가 1명 또는 여러 명의 외국 주주들에 의해 통제됐다 해도, 원산지가 프랑스이기 때문이었다.

카르티에Cartier가 전형적인 예이다. 카르티에는 1847년에 창립자 루이 카르티에Louis Cartier가 설립한 프랑스 상표지만, 회사의 자본은 외국 것으로, 리치몬트 그룹의 자회사가 되었다. 이러한 방식으로 추정했을 때 프랑스 사치품 시장의 외국 자본 비율은 1991년에 47퍼센트이다. 이 비율은 프랑스가 세계의 리더라는 것을 명확하게 한다.

그러나 사치품 생산 업체들의 자본을 규제하는 기준이 있는 현실에 비추어 생각한다면, 이 비율은 과대평가되어 있다.

매킨지의 연구는 사치품 제조업체 분야의 범위라는 용어에 한정해 고찰되었다. 1995년 콜베르위원회가 후원한 산업부의 연구는 전체적으로 업계의 변화를 보여주고 있다. 변화란 유명 상표의 콘셉트를 용인하는 쪽으로 진전되고 있는 것을 말한다. 사실 사치 산업은 '유명 상표 전체'로 명확하게 정의된다. 이때부터 사치품의 범위를 한정하는 기본 가설, 그리고 어떤 상표가 사치품의 영역에 속하는지 혹은 그렇지 않은지 하는 기본 가설은 다음의 기준에 따른다.

1) "하나의 사치품이 전체를 표현한다. 대상(제품이든 서비스든)은 전체를 표현하는 것 그 이상을 표현한다. 여기에서 표현(혹은 표상(表象))이란 소비자들과 사치품을 연결하는 이미지, 개념, 느낌을 말한다. 따라서 표현은 소비자들이 목적을 갖고 구매하고, 그러기 위해 소비자들이 기능상 동등한 특성을 띠고 있지만, 표현과는 관계 없는 물건이나 서비스에 대해 기꺼이 지불했던 액수보다 더 많은 돈을 지불할 각오가 되어 있는 것을 말한다."[40]

사실 이전의 기능적인 정의와 별 차이가 없다. 그리고 상표가 사치 산업을 정의하기에 적절한 분석 단위라는 매킨지의 정의를 채택했다고 말하는 것이 합당하다. 이때부터 문제는 바뀌어, 사치 상표가 될 수 없는 상표와 비교해서 사치 상표의 특수성을 만드는 것을 정의하는 일로 귀착되었다. 연구 당사자들이 표현에 대해 내린 정의가 부분적인 것으로 드러난다 할지라도.[41] 우리는 이러한 정의로부터 흥미로운 두 번째 가설을 도출해낼 수 있다. 그리고 우리는 경험에 의거

하여 사전에 자체적으로 사회 부유층 소비자들을 표본으로 검사하여 사치를 정의했다.[42]

2) "소비자들은 이유를 정확하게, 그리고 객관적인 기준들에 의거해 설명하지 못한다 할지라도, 어떤 것이 사치 상표인지 혹은 그렇지 않은지를 알고 있다."

이러한 방법은 사치 상표 전체에 적용되는 것으로, 당대의 사치 산업의 범위를 알 수 있도록 한다. 148개의 외국 사치 상표를 포함해 412개 사치 상표는, 1995년에 프랑스 한 나라에서 1만 1천 50억 프랑 (약 987억 유로)으로 추산되는 매출액을 올렸고, 전 세계적으로는 7천 200억 프랑(약 6천 175억 유로)의 총 매출을 올렸다. 프랑스의 상표처럼 어떤 상표의 분류는 매킨지의 분류와 똑같은 논리에 따랐다. 상표 분류는 달리 말하면 자본 구조와는 무관하게 프랑스에서 창립된 상표들, 혹은 프랑스에서 빛을 발하기 시작한 상표들을 말한다.

사치 상표의 활동 영역은 다음과 같은 큰 기능들로 나뉜다. 몸매 및 건강 관리와 개인 용구(56퍼센트), 집(5퍼센트), 자동차(12퍼센트), 축제 용품(27퍼센트) 등.

우리는 자료로부터 매출액의 강한 집중 현상을 관찰할 수 있다. 유명 상표의 25퍼센트가 사치품 분야 총 매출액의 80퍼센트를 담당하고 있다. 사치품의 범위는 2002년에 381개 상표로 재평가되었다. 상당수의 상표는 실체가 없어져 제품을 생산을 하지 않고 있다. 이러한 상표들은 시대에 뒤처진 과거에 빠져 있거나, 아주 간단하게 말하면 소멸되었다. 최근에 이루어진 많은 연구들이 내린 정의들은 자연스럽게 어떤 상표가 사치품의 영역에 속하는지 혹은 그렇지 못한지를 판단하는 소비자들의 능력을 참조하여 이루어졌다.

사치품과 고객: 질質에서 양量으로

소비자들이 내린 사치의 정의는 기본적으로 개인들의 관계에 바탕을
두고 질적으로 탐구하는 연구 방법을 통해 도달할 수 있거나, 혹은
질문서에서 확인된 것에 의존해 서술이나 양적인 방법들을 통해 도
달할 수 있다.[43]

우리는 소비자들이 내린 사치의 정의를 예시하기 위해 여기에서
세계적인 차원에서 이루어진 두 편의 논문을 채택할 것이다. 하나는
〔소비 행태에 관한 연구를 관장하는〕 코프랑카Cofremca가 1992년에 콜베르위
원회를 위해 양적으로 연구한 논문[44]이고, 다른 하나는 RISC의 연구
실이 1993년부터 정기적으로 질적인 것을 연구한 논문[45]이다. 그 후
에, 다른 연구소나 혹은 연구자들과 대학 교수들이 수행할 수 있었던
수많은 연구들은, 이 두 기관들의 연구 결과에 의거해 논평되었을 것
이다.

우리가 코프랑카의 연구부터 살펴보는 이유는 어디에 있을까?
직업인들이 소비자들을 대상으로 한 최초의 연구이기 때문이다. 그
리고 '사치와 정신 변화에 관한 보고서Rapport sur le luxe et l'évolution des
mentalités'라는 논문의 제목이 이중의 주제를 잘 보여주고 있기 때문이
다. 여기에서 정신 변화란, 앞에서 이미 밝혔듯이 소비자들의 정신
변화를 말한다. 또한 직업인들의 정신 변화는 우리가 앞에서 언급했

던 바와 마찬가지로 제품, 신제품, 신제품 창조자 중심의 논리에서 고객과 소비자를 통합하는 논리로 옮겨간 것을 말한다.

이러한 관심 이외에, 두 편의 논문은 미국, 스페인, 이탈리아, 독일, 영국, 일본과 같은 외국까지도 연구 대상으로 삼았다는 이점을 갖고 있다. 따라서 두 기관들의 연구는 근시안적인 시야 혹은 이례적인 프랑스의 경우를 뛰어넘고, 시간을 초월하여 미래의 사치의 정의들을 공간에 각인하면서 넓은 시야를 가질 수 있도록 했다.

심도 있는 토론을 동반한 질적인 연구는 동등한 계층에 속한 모집단을 대상으로 했다. 다음과 같은 경우를 예로 이용했다. 각 나라마다 10명의 소비자들, 전체 60명을 모집단으로 했다. 별로 발생할 것 같지 않은 것, 그러나 품질의 범위에서는 그 목표를 묘사하고 수량화할 수 없어도 다양한 가능성을 심도 있게 이해할 수 있는 것은 완전히 정상 상태로 취급했다. RISC의 연구는 통계 표본의 대표성을 목표로 한 것이 아니라 사치 영역의 심도 있는 탐구와 이해를 목표로 했다. 이러한 목표는 사치가 소비자들의 정신에서 의미하는 바를 규명하고, 이로부터 사고의 실마리, 그리고 나서 유명 상표 제조업체들의 행동 방향을 도출해내기 위한 것이었다.

나라를 막론하고, 사치의 기본은 탐낼 수 있어야 하고, 상당한 거리감을 유지할 수 있어야 하며, 당연한 가치를 갖고 있어야 한다는 점이다. 비물질적인 영향력은 평범한 것 그 이상으로, 그리고 단순한 삶의 질 그 이상으로 관심을 끌 수 있다. 이러한 관심은 사람들이 자기 자신에게 행하는 충족의 형태 그리고 타인들에게 행하는 충족의 형태, 봉헌의 형태가 되도록 하기 위한 것이다.

이때부터 양면성을 지닌 사치품을 획득하는 일은 사치품에서 자기 존엄성의 충족 형태를 찾는 타인들에 대한 존경을 의미한다.

- 이렇게 사치는 생명력과의 만남처럼 존속했다. 감각의 기쁨은 감동으로, 편안하고 조화로운 느낌으로 귀착한다.
- 사치는 또한 사람들이 짐을 더는 순수한 상태의 생명력, 인간의 동물성, 자기 주변의 삶에 대한 느낌, 풍부한 감동의 동요, 공간의 동요, 잠재성처럼 느껴진다.
- 이때 사치는 생활 전략, 풍족함, 존재의 용출, 재활성화가 된다.
- 사치는 자기 자신 및 타인들과의 새로운 관계를 포함한다.

코프랑카는 이러한 보고서에 의거해 사치품 제조 회사들이 반드시 해야 할 세 가지 사항을 권고했다. ① 사건을 만들고 느낌을 갖도록 할 것 ② 생활로 만들고 감동을 만들 것 ③ 감각적으로 만들고 의미를 부여할 것.
더 최근에 내놓은 코프랑카의 견해는 무엇보다도 다음의 관점들을 내세우고 있다.[46]

- 사치는 자기 자신과의 만남에서 시작된다. 그래서 '사람들은 더는 사치품을 물건으로 축소할 수 없다. 사치는 물건과 그 물건을 알아보는 사람의 내적 친밀감이 합류할 때 시작된다.'
- 사치는 심하게 탈계층화되어야 한다. 왜냐하면 코프랑카에 따르면 뛰어난 지위의 논리로부터 자율적 표현의 논리로 옮겨가

야 하기 때문이다.

- 사치는 상상력을 불러일으켜야 하고 삶의 기교를 되살아나도록 해야 한다.
- 사치는 단순히 자기중심적이고 더 이상 사회적 만족에 기초를 두고 있지 않은 기쁨을 공유하는 것이다. 그리고 사치는 인간 관계의 가치를 발전시킬 줄 알아야 한다.[47]

다른 연구 방향들은 포스트모던 분석에서 파생된 연구 조류들에서 영감을 받았다. 감정과 감각성, 일상생활을 미적으로 만들기에 역점을 두고 있다. 이것들은 포스트모더니티의 마케팅 연구에서 많이 볼 수 있는 결정적인 특징들이다.[48] 따라서 이러한 관점에 동참한 연구소와 대학 교수들은 자신들의 분석이 사치 상표의 관리에 영향을 미칠 수 있기를 원했다. 이때부터 사람들은 감동이란 단어에서 더는 벗어날 수 없었다. 감동은 모든 '광고의 곁다리'가 되었다. 그러나 우리는 다음의 사실을 강조하지 않을 수 없다. 감동은 일고 느껴지지만 결정되지 않는다……. 따라서 '감동'이 시각에 내린 명령이 깊은 느낌을 의미하지 않는다. 우리는 과도함에서 '체험'[49]과 '세상에 대한 새로운 매력'[50]을 목격할 수 있다. 시대적 맥락을 벗어나 유행하는 단어들은 과도함에 빠진 사람들을 염두에 두고 난관 돌파를 위한 비결, 유식한 말로써 관심을 끌기 위한 것이다.

사치에서 질적인 것에 관한 연구는 진짜 가치, 오묘한 가치, 필요한 가치에 대한 정책을 수정하도록 강조한다. 이러한 연구는 소유, 재능을 이끄는 창의성의 통합, 지속의 개념과 함께 실제적인 것, 고급스럽고 귀한 재료들을 강조했다. 따라서 우리는 일시적인 경향과 드러내 보이려는 모조품의 질서로부터 멀어져 있다. 현재 미국에서 조차도 과잉보다는 품질을 갖춘 소량의 물건을 더 높이 평가하고 있다. 사람들은, 특히 젊은이들은 사치품에서 창의적인 혁신이 더해진 가치를 발견했을 때 더 높이 평가하고 있다.

RISC의 이미지 연구는 처음으로 이루어진 연구들 중의 하나로, 광범위하게 사치의 차원을 설명했다. 이 연구는 사치품이나, 혹은 사치품 제조 회사에 관련된 것으로, 다음과 같은 3중 비교를 가능케 한다. 사치품 : 사치 상표, 어느 나라를 막론하고 존재하는 변치 않는 사치의 차원, 특별한 문화적·지리적 정착으로 인해 변할 수 있는 사치의 차원.

사치품에서 가장 두드러진 세 가지 차원은 아주 좋은 품질, 아주 비싼 가격, 사치 상표의 위신 효과이다. 마찬가지로 사치 상표는 아주 좋은 품질의 제품, 모방할 수 없는 스타일(프랑스와 일본이 최소한의 정도도 모방할 수 없는 스타일이어야 한다)로 세계적으로 알려진 것 ―아주 비싼 제품과 더불어―으로 정의된다.

우리는 '제품'에서 '상표'로의 이동이 기본적으로 국제적인 차원과 지명도라는 것을 볼 수 있다. 그래서 1990년대에 많은 '사치품 제조업체들'의 문제는 자국에서 사치스러운 이미지와 자국에 한정된 지명도를 가진 '상호'로부터 세계적 명성을 가진 유명 상표로 옮겨가는 것이었다. 나라에 따라 백분율의 변화는 이 책의 앞에서 토론한 사치의 상대적인 개념을 강화하면서 중요한 문화적 효과를 강조할 수 있도록 했다.

예를 들면 독일인들은 사치를 예외적인 것(다른 나라들에서는 사치를 예외적인 것이라고 생각하는 비율이 17~37퍼센트인 것에 비해 독일은 44퍼센트에 달한다)과 아주 밀접하게 연관시켜 정의한다. 영국인들은 다른 나라 사람들보다 사치를 유명 상표들로부터 분리시키고 있고, 사치품의 내재적 품질과 마찬가지로 사치품에 많은 믿음(48퍼센트)을 갖고 있다. 일본의 오랜 제조업체의 역사(44퍼센트)에서 노하우가 지배적이 될 수 있었던 만큼, 가내 수공업적 생산은 이 나라의 중심적인 행위의 문화(카타Kata)와 어울리게 아주 뚜렷한 자리(36퍼센트)를 차지하고 있다. 이러한 관점에서 일본의 살아 있는 국가 보물들(인간문화재들)의 중요성을 다시 생각해보자. 일본의 인간문화재들은 옻, 비단 등에 적용하는 기술의 숙련도 면에서 달인들이다. 미국에서는 이성적 사유가 기초가 된다. 실용적이고 기능적인 사유는 사회 가치들과 아주 일관성을 갖는다. 미국 사회에서는 상업적 논리, '돈의 가치' 관계가 가장 중요하다.

우리가 전통적인 사치품 시장으로 남아 있는 유럽을 중심으로 한다면, 그리고 RISC가 '정기적인 사치품 고객들', '여행객들' 달리 말하면 비정기적인 고객들, 일부러 거부하든 아니면 재정적 수단이 없어서 그렇든 간에 '제외된 사람들'로 이름 붙여진 '비非고객들' 사이에서 세워진 분류를 따른다면, 우리는 사치의 차원이 고객들의 부류에 따라 다양하다는 것을 알 수 있다. 그래서 우리는 다음과 같이 평가할 수 있다. 고객들이 정기적이면 정기적일수록, 따라서 이들이 사치 상표의 소비(마케팅 용어에 따르면 대소비자)에서 강한 지수를 갖고 있으면 갖고 있을수록, 사치 표현은 더욱더 개인적이고 독특한 것이

된다. '무엇보다도 우선 자기 자신을 위한 기쁨은 유행을 타지 않는다.' 비정기적인 고객들은 더 약한 소비 지수를 갖는데, 이들의 사회 계층 분화와 동류 시각은 계속해서 중요성을 갖고 있다. 이들은 더 엘리트주의적인 차원을 강조한다. 즉 '이례적인 것은 소수의 사람을 위한 것이어야 한다.'

RISC가 만든 분류는 구매한 상품의 수로부터 만들어졌다. 이 분류는 유럽, 미국, 일본 등 3개의 주요 시장에서 각 부류의 규모를 예측할 수 있도록 한다. 예측 수치들은 시장의 진정한 팽창과 비고객들과 고객들 간의 역전된 인원 수를 강조하고 있다. RISC의 2000년도 연구에 따르면,[51] 유럽의 비정기적인 고객들—1년에 1~3개의 사치 상표를 구매한 고객들—이 사치품 소비자의 42퍼센트를 차지하고 있다. 반면에 정기적인 고객들—1년에 4개 이상의 사치 상표를 구매한 고객들—은 18퍼센트를 차지하고 있다. 그래서 1998년에는 52퍼센트, 1994년에는 40퍼센트였던 사치품 고객의 전체 비율은, 현재는 60퍼센트로 증가했다.[52] 이때부터 사치품은 유럽인들의 과반수가 접근할 수 있는 것이 되었고, 수적으로는 비정기적인 고객들이 가장 많이 증가했다.

현재 유럽에서 새로운 사치품 고객들은 점점 더 젊어지고, 높은 소득을 갖고 있다. 사실 유럽의 비정기적인 고객들의 38퍼센트, 정기적인 고객의 46퍼센트는 35세 미만이다. 그들이 우선하는 가치는 다양한 쾌락 추구로 나타난다. 여성 소비자들에 대한 연구는 증대하는 대담성, 개성 발전, 기쁨, 이동성, 인간과 기계와의 대화, 다양성 등에 대한 중요성을 강조하고 있다. 우리가 선별적 유통을 하는 2002년의 미용 시장을 증거로 삼는다면, 51퍼센트의 유럽 여성들이 사치 상표의 화장품을 구매했고, 58퍼센트의 고객들이 관리 제품을, 66퍼센트의 고객들이 향수를 구매했다.[53] 대다수의 여성들은 향수 시장을 통해 사치의 세계로 들어간다.

2000년 유럽에서 사치품을 정기적으로 구매하는 고객들은 프랑스에서 19퍼센트, 독일에서 12퍼센트, 이탈리아에서 20퍼센트, 스페인에서 13퍼센트, 영국에서 27퍼센트를 차지했다. 마지막으로 2000년부터 프랑스에서는 진정한 일반화의 표시, 다수인의 신경향 표시, 시대의 새로운 환경으로써 사치가 소비, 여가, 생활 방식에 관해 벌이는 고정적인 국가 통계 조사 대상이 되어, 완전한 통계 자료의 일부분을 차지하고 있다.[54] 통계 결과에 따르면, 조사 대상 모집단의 60퍼센트가 사치 상표의 향수나 화장품을, 53.3퍼센트가 유명 상표의 옷을, 45.8퍼센트가 유명 상표의 포도주나 샴페인을 1년에 적어도 하나의 품목을 구매한 것으로 드러났다. 또한 RISC는 이른바 '꿈'[55]이라는 방정식을 만들었다. 이 방정식은 모집단의 응답에 의거해 어떤 상표의 경제적 효용 정도를 나타내는데, 상표의 지명도와 실제 구매 정도를 이해할 수 있도록 한다. 예를 들면, 카르티에, 디올, 샤넬, 롤렉스는 1994년에 어느 나라를 막론하고 가장 보편적인 사치품의 기준이었다. 또한 에르메스와 루이비통도 마찬가지로 전 세계적으로 상당히 높은 꿈의 선물이었다.

그러나 우리는 현재 아르마니 같은 상표에 유리하게, 고전적이고 역사적이며 규정에 따른 사치품의 기준들이 상당히 쇠퇴했음을 확인할 수 있다. 이때부터 아르마니는 유럽 사람들이 가장 갖고 싶은 상표가 되었고, 2001년에는 상위 5위인 샤넬을 앞섰다.[56] 대다수의 다른 상표들에 대한 구매 욕구 순위는 시장에 따라 변한다. 미국 사람들이 가장 많이 갖고 싶어 하는 상표는 롤렉스, 캘빈 클라인, 랄프 로렌, 구찌, 아르마니의 순서이다. 일본에서는 롤렉스가 마찬가지로 선두에 있고, 구찌와 동등하게 루이비통이 그 뒤를 잇고 있다. 그러고 나서 샤넬, 카르티에, 아르마니 순이다. 마지막으로 유럽에서는 아르마니가 샤넬을 앞질러 수위에 있고, 그다음에 디올과 동등하게 캘빈 클라인이 있다. 롤렉스와 카르티에가 그 뒤를 잇고 있다. 유럽 각 나라 시장에서의 선호도는, 자국에서 만들어진 상표가 더 높다. 프랑스에서는 프랑스 상표에 대한 선호도가 가장 높다. 이탈리아에서는 이탈리아 상표에 대한 선호도가 가장 높아 여전히 아르마니가 최고점을 얻고 있다. 스페인에서는 스페인 상표에 대한 선호도가 가장 높아, 현지 상표인 로에베Loewe에 아주 두드러진 애착을 보이고 있다.

고객들이 사치 영역에 대해 갖고 있는 표상들, 사치 영역의 일부를 이루고 가장 갖고 싶어 하는 상표들은 여러 가지 문화적 논리로부터 준비되었다. 여러 가지 문화적 논리란 아시아와 새로운 부를 축적한 고객들이 있는 나라들에서의 과시적 논리, '돈의 가치'와 '사람들이 돈에 대해서 갖고 있는' 의미가 특별하게 민감한 미국의 경제적이고 쾌락적인 논리, 마지막으로 유럽 시장에서나 혹은 여러 세대에 걸쳐 축적된 부에서의 실제성의 논리 등을 말한다. 여러 세대에 걸쳐 축적된 부를 갖고 있는 고객들의 경우는, 상표의 발전 과정과 상표가 제안하는 것에 특별히 주의를 기울이고 비판적이다. 왜냐하면 이러한 고객들은 유명 상표 업체가 시장에 내놓은 아주 새로운 제품이 자신들의 개성, 달리 말하면 자신들의 정체성에 더욱 근접해 뿌리를 내리고 있기를 바라기 때문이다.

사치 상표: 적법성과 정체성

앞의 장은 자연스럽게 이 장에서 사치 상표의 마케팅 매니지먼트의 특수성을 살펴보도록 이끌었다.[1] 모든 특수성은 차이로 정의된다. 그리고 필자의 마음을 사로잡고 있는 것 또한 대량 소비 제품 및 대량 소비 상표와 구별되는 차이에 대해 정의를 내리는 것이다. 이러한 정의는 중심 개념인 적법성 및 정체성과 유기적으로 구성되어 있는 중요한 차이를 발전시킬 수 있도록 한다. 그래서 차이는 사치 상표에 걸맞는 윤리와 미학이라는 중요하고도 분리될 수 없는 두 가지 차원으로 사치 상표를 정의하도록 이끈다.

일반적인 소비 제품들이 기능적 형태의 이익에 부합한다면, 사치 상표들은 상징적 이익에 부합하고, 점점 더 '경험적'[2] 이익에 부합한다. 즉 고객에게 경험과 아주 이례적인 감동을 추구하도록 이끈다. 그래서 사치 상표의 이미지는 소비자들의 기억 속에 저장된 전체적인 연상에 부합한다. 연상은 상표의 자본 가치를 평가하기 위해 호의적일 것, 강렬할 것, 그리고 독자적일 것 등과 같은 세 가지 기준을 절대적으로 만족시켜야 한다. 이때부터 사치 상표 마케팅은 유혹, 감동, 기쁨, 어원적인 의미에서의 미를 우선하는 데 기여하도록 해야 한다. 즉 감동을 겪고 느끼도록 할 것, 일반적인 소비 제품으로도 충분할 수 있는 것처럼 확실한 이익-제품을 우선하지만 말고 공동의 가치를 공유하도록 할 것, 또한 사치 상표는 적법성과 정체성이 더해져 가치가 정당화될 수 있어야 한다.

적법성의 문제는 어디에서 찾을 수 있을까?

적법성, 이 개념은 법률이 공정성, 정의, 이성에 따라 인정하고 받아들인 것을 의미한다. 따라서 적법성은 법으로 정당화된 성질이다. 적법성은 그래서 권위를 떠올린다. 우리는 베버[3]가 분석한 적법성의 개념과 그 기반을 고려하지 않을 수 없기에 그에게 신세를 지고 있다. 베버는 구별되는 지배 기반에 의거해 서로 다른 세 가지 형태의 적법성을 구분하고 있다. 이성적-법률적인 형태, 전통적인 형태, 카리스마적인 형태. 베버의 유형학을 일반적인 상표와 특히 프랑스 상표에 적용할 때, 이들 상표의 적법성의 근원은 두 가지 질서를 갖고 있다. 즉 전통(전통적인 적법성)을 따르든지, 창조(카리스마적인 적법성)를 따르든지 질서를 갖고 있다. 이러한 두 가지의 역사적 조건들은 몇십년 동안 전 세계적으로 프랑스 사치 상표의 역량과 우수성을 확립하고 알리기 위해 필요충분조건들이었다.

실제로 프랑스를 원산지로 하는 사치 상표들은, 한편으로는 전통을 바탕으로 한 적법성을 세웠고, 다른 한편으로는 창의적 재능을 바탕으로 한 적법성을 세웠다.

- '직종'의 숙련도 및 독특한 제작 자질과 연결된 전통과 노하우는, 장인층과 또는 제조업 전통과 빈번하게 연관되어 있다. 에르메스의 사장, 장-루이 뒤마Jean-Louis Dumas는 "사치는 훌륭한 솜씨이다"라고 입버릇처럼 말했다. 따라서 숙련된 가내수공업은 액세서리 패션 분야에 속해 있다. 에르메스의 '마구' 제조업종, 루이비통의 '트렁크 제조' 업종, 페라가모Ferragamo나 베를루티Berlutti의 '제화 업종', 카르티에, 부쉐론, 혹은 쇼메의 '보석 세공' 업종, 겔랑과 카롱Caron의 '향수 제조' 업종을 예로 들 수 있다. 물론 우리는 한껏 많은 예를 들을 수 있을 것이다. 따라서 적법성은 수공업의 전통으로 세워지고, 지속성 속에서 그리고 지속성을 통해 확고하게 유지된다.
- 독창적이고 절대적이며 끊임없이 쇄신하는 유명 상표 제조업체 디자이너-설립자의 제작 재능을 이용한 창조는, 적법성의 두 번째 요인이다. 디올, 샤넬, 입생로랑 같은 쿠튀리에들과 함께한, 그리고 겐조, 고티에 혹은 뮈글러처럼 패션을 '만들어가는 사람들'과 함께한 프랑스 패션 영역의 발전 모델의 경우를 예로 들 수 있다.

프랑스 상표의 위험한 경쟁 상대인 이탈리아나 미국의 상표들은, 프레타포르테를 통해 인정받을 수 있었고, 액세서리 패션에서 발전할 수 있었다. 그러나 이러한 상표들은 더 최근에 만들어져, 미국과 이탈리아 상표들의 대부분은 아직도 그 수명을 평가받을 수 있을 만큼의 필요한 기간을 거치지 않았다. 게다가 우리는 이런 상표들을 설립한 사람들이 사라졌을 때 살아남기 위해 요구되는 창의력을 찾을 수 있을 것인가 하는 가정을 세워볼 수 있다.

패션과 쿠튀르 분야에서는 오직 프랑스 상표들만이 유명 인물들의 요건을 볼 때 역사의 단계에 들어서 있다. 예를 들면, 어쩌면 디올이 과도기의 창조적 경영을 가장 많이 경험했을 것이다. 설립자 크리스티앙 디올(1947~1957), 그리고 나서 입생로랑(1958~1959), 마르크 보앙Marc Bohan(1960~1988), 잔프랑코 페레Gianfranco Ferré(1988~1996), 그리고 현재의 존 갈리아노John Galliano에 이르기까지 과도기의 창의적 경영을 가장 많이 경험했기 때문이다. 또한 마찬가지로 샤넬도 과도기의 창의적 경영을 경험했다. 샤넬과 그의 부인, 그리고 1983년 이후의 칼 라거펠트Karl Lagerfeld, 그리고 칼 라거펠트 이후는, 우리가 파리의 패션계 환경을 생각해볼 때, 아마도 곧······ 그의 후계자가 나타날 것이다.

필시, 프랑스 상표의 위험한 경쟁 상대인 이탈리아 상표[4]나 미국의 상표들은, 최근에 더 창의성을 보여주고 있지만 아직까지는 그 수명을 평가받을 수 있을 만큼의 필요한 존속 기간을 거치지 않았다. 페라가모와 베르사체는 제외한다. 페라가모는 설립자가 죽은 후에 계속해서 발전을 거듭하고 있는 상표이다. 베르사체, 이 상표는 디자이너가 갑자기 세상을 떠났을 때 살아남기 위해 필요한 창의력을 갖고 있는지는 미래가 말해줄 것이다. 만일 반드시 예측해야 한다면, 아르마니는 어쩌면 수명의 차이를 가장 쉽게 뛰어넘을 수 있는 상표일 것이다.

　그러나 역사적 기반들이 사치 상표의 적법성을 분명히 밝히는 조건들이었다면, 예전에는 반드시 필요했던 조건들이 경쟁 세계에서는, 그리고 오늘날의 소비자들에게는 더는 충분한 조건이 되지 못한다. 적법성에, 강렬하고도 일관되게, 쉽게 알아볼 수 있으며 독특한 상상력을 전달할 수 있는 상표의 역량이 첨가되어야만 하기 때문이다. 달리 말하면 사치 상표가 성공을 거두는 데에는 다음과 같은 중요한 요인들을 필요조건으로 한다. 시간과 공간 속에서 창의적이고 일관되게 기획되어 명확하고 눈에 띄는 정체성, 상표를 쉽게 식별할 수 있어 상표에 강점으로 여겨질 수 있는 하나 혹은 다수의 선도 제품들(베스트셀러라는 용어를 피하자), 엄격한 경영 과정과 연관된 혁신적 문화. 이 모든 요인들은 사치품의 경쟁 영역이 상당히 변화되었던 만큼 더욱더 장기적인 비전, 현실에 뿌리내리기, 고객과 시장을 동시에 포함한다. 그리고 이러한 요인들은 고품질 상표뿐 아니라, 대량 소비 상표에도 해당된다. 고객이 자라Zara 상표와 샤넬 상표를 혼합해 입듯이, 갭Gap 상표의 바지와 함께 디올 상표의 윗옷을 입을 수 있다. 따라서 이때부터 상표들은 경쟁 관계로 들어간다. 고객이 소비를 선택함에 있어서 상표들을 혼합하여 통합했기 때문이다.

　따라서 사치품이 대중 시장과 계속해서 차별화를 이루면서 발전할 수 있는 방법은, 최고가 되는 수밖에는 다른 도리가 없다. 오늘날 지식과 노하우는 더 이상 경쟁하는 데 충분한 장점이 되지 못한다. 상표는 고객들이 원하면서 남아 있도록 하고 고객들을 자기 상표 영역으로 끌어들이기 위해 지속적으로 존속하는 방법과 이 방법을 알고 실천하는 것이 절대적으로 필요하다. 바카라는 새로운 수정 제품 라인을 등장시키는 광고에서 "미는 이성적이지 않다"라고 확신했다. 이러한 확장과 광고는 제조업으로 알고 있었고 또 그렇게 알려져 있던 식탁 용품 제조업의 위상을 여성의 영역으로 확장하여 사치품의 위상으로 옮겨가도록 하는 목적에 부합한다. 광고가 목표로 삼은 여성들의 87퍼센트는 바카라가 세련된 상표라 느꼈고, 85퍼센트가 감성적인 상표라 느꼈다고 밝힘으로써 회사가 의도한 광고 목표는 검증되었다. 1993년에 제품 판매를 개시한 바카라의 보석들은 2000년에 회사 총 매출액의 18퍼센트를 올려 기업의 수익성에 기여했다.

이 현상은 우리에게 사치 상표의 정체성의 개념을 정의하도록 이끈다.

정체성의 문제는 어디에서 찾을 수 있을까?

정체성은 하나라는 특성, 자기 자신과 유사하게 머물러 있다는 특성을 의미한다. 정체성은 이러한 개인으로 존재하는 사람들, 그리고 그처럼 인식될 수 있는 사람들을 위한 것으로, 개인들을 특별하게 만드는 요소들 때문에 아무런 혼란을 불러일으키지 않는다. 따라서 정체성은 첫 번째 영역으로 '동질성'을 포함한다. 정체성의 차원은 우리가 보기에 오직 차이로서만 정의될 수 있는 단일성, 성과, 연속성을 전제로 한다.

우리는 알기르다스 그레마스Algirdas Greimas가 내린 정체성의 정의에서 이와 같은 내용을 다시 발견할 수 있다. 그에 따르면 정체성의 개념은 '타인과 같은 것'으로서의 이타성과 반대된다.

정체성은 지속성의 원칙을 나타내는 데 사용된다. 지속성의 원칙이란, 개인이 유발하거나 혹은 그가 겪는 변화에도 불구하고 [……], 개인이 확신하는 존재 양태의 변화나 혹은 역할 변화에도 불구하고 [……], 개인이 '같은 사람'으로 남아 있을 수 있도록 하고, 개인이 생존하는 동안 내내 그 존재로 지속할 수 있도록 하는 것을 말한다.[5]

폴 리쾨르Paul Ricoeur 또한 마찬가지로 "자아는 일생 동안 자기의 정체성을 찾는다"라고 말했다.[6] 그러나 우리가 리쾨르를 언급한다 함은, 정체성이 오로지 '동질성idem'의 차원으로만 귀착되지 않게 생각하도록 이끈다. 왜냐하면 정체성은 이원화되어 두 가지의 차원으로, 즉 앞에서 정의된 것처럼 '같은 것, 라틴어로는 idem'과 '자기 자신'이 존재하기 위한 자아 '같은 사람, 라틴어로는 ipse' 등으로 이루어져 있기 때문이다.

리쾨르가 제안한 서술적 정체성을 해석한 장 마리 플로슈Jean-Marie Floch의 독서를 답습할 경우, 우리는 다음과 같이 정체성을 분할하기에 이른다. 시간 속에서의 성과와 중단 없는 연속성은 리쾨르가 '특성'이라고 명명한 것, 달리 말하면 '알고 있는 어떤 사람에게서 지속적으로 구별되는 경향들'의 총체와 동일시할 수 있도록 하는 기준들이다. 총체는 '같은 것idem'에 부합한다. 개인 행동들의 변동 폭은 변화, 쇄신을 나타내면서, 개인이 자기와 닮은 점을 발견하는 가치에 충실해지는 태도를 전제로 하는데, 이때 변동 폭은 다양한 형태(다의성)를 띨 수 있다. 다양한 형태는 '자신의 태도', '자신에 대한 태도', 따라서 '같은 사람ipse'을 확신할 수 있도록 하기 위한 것이다. 일정하게 정리된 말에 충실해지는 것은 리쾨르와 플로슈의 용어를 다시 사용하기 위한 것이다.[7]

　　이러한 용어들로부터, 우리는 자기 자신과 닮은 정체성에 관한 분석을 도출해낼 수 있고, 또한 다른 어느 누구와도 닮지 않은 것, 자기 자신과 닮은 것을 도출해낼 수 있다. 다양한 형태들을 조건으로 하여 끊임없이 새로워지고(이로부터는 쇄신, 게다가 단절이 나온다), 꾸준히 가치에 충실하게 머물러 있을 수 있다, 따라서 자기 자신에 충실하게 머물러 있을 수 있다. 또한 우리는 여기에서 미셸 세르Michel Serres가 정체성에 관해 특별히 명확하게 밝힌 은유들, 즉 다리와 우물에 관한 은유들을 다시 사용하려 한다.

　　다리는 양쪽 제방을 이어주거나, 길 혹은 불연속성을 연속적으로 만드는 길, 〔……〕 단절된 것을 연결시켜주는 길이다〔……〕. 도로가 잘렸을 때, 다리는 그것을 다시 이어준다.
　　우물은 구멍, 다채롭게 국지적으로 갈라진 틈이지만〔……〕, 빽빽이 들어찬 다채로움을 연결할 수 있다.[8]

　　직접적으로 정체성을 생각하도록 하지 않는데도, 다리의 은유는 벌써 지멜에 의해 사용되었다.

다리는 다리가 건설되었을 때, 그것이 만들어졌다는 사실과 실질적
인 목적을 완수함으로써 분리된 두 관계들을 연결하는 미적 가치가
될 뿐만 아니라, 다리는 연결을 곧바로 느낄 수 있게 만드는 만큼 미
적 가치가 된다.[9]

이러한 은유들로부터, 정체성은 변화, 단절, 쇄신을 조건으로 하
는 지속성, 달리 말하면 변동들을 조건으로 하는 불변 요소들이 된
다. 결국, 정체성은 불연속성을 연속적인 것으로 만드는 것, 단절된
것을 연결시켜주는 것이다.

따라서 일반적으로 어떤 상표의 정체성에 관해 연구한다는 것,
더 자세하게 말해서 어떤 사치 상표의 정체성에 관해 연구한다는 것
은 변화 요소들을 조건으로 하는 불변 요소들을 찾아내고, 영속성의
의미를 포착하기 위해 단절과 변화 그리고 쇄신을 조건으로 하는 영
속성을 찾아내는 것이다. 기호학이 여기에 사용된다. 기호학은 윤리
의 개념과 미의 개념을 통합한다. 이 개념들은 사치의 특수한 정의를
유기적으로 구성할 수 있도록 하는 두 가지 차원이다. 특수한 정의란
사치의 본질과 차이를 명확하게 하는 것을 말한다.

분리할 수 없는 윤리와 아름다움

사치의 정체성에 관한 개념을 제안하기에 앞서, 윤리 및 미학의 개념에 관심을 갖을 필요가 있다.

미적 윤리

우선 윤리는 도덕과의 관계에서 정의될 수 있다. 윤리란 용어는 그리스어에서 나왔고, 도덕이란 용어는 라틴어에 기원을 두고 있다. 이두 용어들은 풍습에 관한 사고를 생각게 하면서, 리쾨르가 말한 바를돌아보게 한다. 그는 "한편으로는 좋다고 여겨지는 것, 다른 한편으로는 의무적인 것으로 강요되는 것"[10]이라 했다.

리쾨르는 "완결된 삶을 목표로 삼기 위해 윤리"라는 용어를 유보하려 했고, 보편성을 지닌 의도와 강요의 효과로 특징지어지는 규범들을 목표로 삼아 유기적으로 결합하기 위해 도덕이란 용어를 유보하려 했다. 따라서 윤리는 주어진 가치 실현을 지향하는 행위를 구성하는 방법으로써 정의된다. 도덕은 의무의 질서에서 오는 외인성外因性인 반면에, 윤리는 개인의 의지에서 오는 내인성內因性이다. 이렇듯도덕이 모더니티를 규정하는 원칙이었던 것처럼, 윤리는 포스트모더니티를 상징하는 원칙이다.

뤼크 페리Luc Ferry는 자신의 저서 《호모 에스테티쿠스Homo aestheticus》에서, 1750년에 알렉산더 바움가르텐Alexander Baumgarten이'감각적 앎의 과학'으로 미학을 정의했다고 환기하고 있다. 이 시기는 미적 표현에서 근원적인 변화가 일어난 때로, 이때부터 미적 표현은 취향이란 용어로 생각되었다.

아름다움은 깊숙한 인간 내면의 주관성과 연관되어 있는 만큼, 아름
다움이 주는 기쁨, 감각, 혹은 사람들에게 불러일으키는 감정으로
정의되는 한계와도 연관되어 있다.[11]

미는 더 이상 사람을 기쁘게 만드는 오브제가 '본질적으로' 아름
답기 때문에 존재하는 것이 아니라, 사람이 오브제를 놓고 아름답다
고 명명하는 상당수의 기쁨 형태를 오브제가 불러오기 때문에 존재
한다. 그 후로 현대 미학의 언어는 실제로 체험한 언어가 된다.

따라서 미학은 창조자의 세계관을 나타내는 감정을 전달하는 방
식으로 감각의 세계를 구성하는, 즉 창조자의 윤리를 구성하는 독창
적이고 전대미문의 독특한 방법이 되었다. 윤리와 미학은 이러한 방
식으로 연관되어 있다.

마페졸리도 마찬가지로 미학이란 용어를 어원적인 의미에 가깝
게 받아들여 사용했다. 이러한 용어 사용은 포스트모던 시대의 양식
을 규정짓고, 윤리(존재 방식으로써)와 미학(공통적으로 느끼기)을 연결
하는 포스트모던 시대의 양식을 규정짓기 위한 것이었다. 마페졸리
는 이렇게 "존재 방식(에토스)이 구상되고, 이 방식에서는 타인들과
함께 경험한 것이 가장 중요한 것이 될 것이다. 나는 이와 같은 태도
를 '미학의 윤리'라는 표현으로 지칭할 것이다"라고 말했다.[12]

정체성에 관한 분석을 사치에 응용한다면, 우리는 사치를 윤리와
미학의 유기적 구성으로 정의할 수 있을 것이다. 윤리란 세계에 관한

통찰력, 모든 경제적인 것을 거부하는 통찰력을, 미학이란 윤리와의 유기적 구성에서 사치가 의미들의 일관성을 통해 감정을 전달하는 독특한 방식으로 인식되는 것을 말한다.

모든 경제적인 것의 거부, 그리고 의미들의 일관성

우리가 여기에서 제안한 분석들에서 알 수 있듯이, 사치에 관한 여러 가지 정의들[13]은 사치의 의미의 점진적인 변화를 강조하는 것이다.

사치는 위엄과 너그러움을 구별하는 것이다. 사실 사치는 만드는 방식이나 만들게 하는 방식보다는 존재의 방식―'생활하는 방식'― 이다. 특히 사치는 기쁨, 세련됨, 완벽함을 생각케 한다. 마찬가지로 사치는 귀함, 돈이 많이 들지만 필요 불가결하지 않은 것에 대한 평가를 생각케 한다. 삶의 방식으로써 사치는 윤리와 미학의 유기적 구성으로 정의되어야 한다.

윤리 차원에서 사치는 필요 불가결한 가치를 지니고 있지 않을 뿐만 아니라, 완전히 통제할 수 없는 세상의 가치로 여겨진다. 모든 것이 즉각적으로 사용될 수 있는 상태로 있지 않다. 미리 주어진 것은 아무것도 없다. 사치는 세상에 영향력을 미치지 못하게 하는 것이고, 게다가 그렇게 하도록 강력하게 요구하는 것이다. 사치의 재료들은 드물거나 세련되어 있다. 사람들은 어떤 작품이나 물건을 생산하게 해야 할지, 시기를 절대로 완벽하게 통제하지 못한다. 사람들은 영향력을 추구하는 위엄과 거리가 멀다. 영향력의 추구란 타인들에 대한 영향력을 더욱 추구하는 것을 말한다.

달리 말하면, 사치는 모든 것이 통제될 수 있고 예측될 수 있는 거부를 전제로 한다. 여기에 윤리 차원의 표명이 있다. 따라서 사치는 '모든 경제적인 것'에 대한 거부이다. 그리고 나서 거부가 타인들과의 커뮤니케이션의 대상이 되는 것, 사람들이 이러한 윤리를 '자랑삼아 보이는 것'은 다른 문제다. 커뮤니케이션이 당연히 체계화되고 통제되는 것은 또 다른 문제다. 이런 문제가 모든 사치품 제조업체들이 갖고 있는 모순이다. 모든 사치품 제조업체들은 오래 지속되고 발전하는 경향을 갖고 있다. 그리고 이를 위해 모든 사치품 제조업체들은 경제가 업체의 경영 원칙이길 바란다. 그러나 사치품 제조업체는 사활이 걸린 경제 원칙과 윤리적인 측면에서의 모든 경제적인 것의 거부를 마땅히 일치시켜야 한다. 여기에서 거부는 사치라는 생각과 불가분의 관계에 있는 것을 말한다. 사치의 개념은 경제와 윤리의 두 가지 차원들이 사치 분야의 여러 가지 표상들로 어떻게 나타나는지를 보여주기 이전에, 사치의 개념이 함축하고 있는 영향과 사치라는 생활 형태의 미적 차원과 비교하여 살펴보아야 한다는 것을 전제로 하고 있다.

사치의 미학은 감성의 세계에 대한 접근으로 정의된다. 즉 세계에 대한 통찰력과 세계와 자신과의 관계에 대한 통찰력을 함축하는 감각들로 정의된다. 이때 통찰력이란 감동을 전달할 수 있도록 하는 것을 말한다.

사치의 미학은 세련됨, 섬세함, 완벽함의 추구이다. 이러한 미학은 노하우와 문화를 중시하는 사치에서 유래했을 뿐 아니라, '사치스러운 것'이 될 수 있는 모든 감성적 세계의 불변적인 특성들과 동일시를 가능케 하는 사치에서 유래했다. 이러한 유래는 사치에는 단일한 미학적 통찰력만이 존재한다는 결론을 내리지 못하게 한다. 예를 들면, 사치는 늘 바로크식(괴상야릇한)이거나, 혹은 고전적일 수 있다 ……라는 결론을 끌어내지 못하게 한다. 이 말이 의미하는 바는 다음과 같다. 작업으로 완성한 특성, 전체 효과, 달리 말하면 물건의 독자적인 효과, 물건이 다양한 감각적 형태들—촉각, 무게, 형태, 색 등의 일관성……, 즉 사람들이 미학에서 '공감각'이라고 부르는 것—로 표현될 때 물건에 관한 다양한 형태들의 일관성. 이러한 특성들은 모든 사치의 세계, 따라서 사치 상표에 관해 정의를 내릴 때 많이 이용된다.[14]

사치의 윤리적·미학적 차원을 실현하는 여러 가지 담화 행위들을 살펴보는 일이 남아 있다. 왜냐하면 돌이킬 수 없는 통제 불능 상태에 빠진 세상에 대한 흥분과 완벽한 공감각 추구는 사치품의 생산에서부터 유통 단계를 거쳐 소비에 이르기까지의 여정에서 발견된다.

모든 경제적인 것의 거부는 생산의 표시로써 상표를 받아들이는 것으로 표현될 것이다. 이때 상표란, 원자재의 회귀성, 수확기에 부담이 된 돌발적인 기후, 혹은 수공업에 맡겨진 부분과 레비-스트로스의 용어를 빌자면 '제작의 기쁨'에 맡겨진 부분이 있기 때문에, 양과 질을 결코 완전하게 전체적으로 예측할 수 없거나 계산할 수 없는 재료나 물품을 공급받아 가공하는 것을 말한다.

윤리적 차원은 '완벽한' 제품이라는 개념으로 표현될 것이고, 일관된 감각 세계를 표현하는 사치품의 창조로 나타날 것이다. 어떤 기호들이나 즉각적으로 동일시할 수 있는 요소들은 가시적이고 쉽게 알아볼 수 있다손 치더라도…… 사치 영역을 대신할 수 없을 것이다.

예를 들면, 에르메스는 흠이 전혀 없는 송아지 가죽box만을 선별하여 유명한 가방 '켈리kelly'를 제작하는 데 가죽의 중심 부분만을 사용하고 있다. 팡탱Pantin의 작업실에서 장인들은 이른바 '마구' 제품을 계속해서 손으로 바느질하고 있다. 그리고 '켈리' 가방을 꿰매기 위해서는 최소한 17시간의 수작업이 필요하고, 치수에 맞추어 주문한 안장을 꿰매기 위해서는 36시간의 수작업이 필요하다. 마찬가지로 악어 가죽은 여러 시간 동안 마노(준보석)라는 보석을 이용해 자연스럽게 윤을 낸다. 이 작업은 천연 에나멜 가죽이 드러나도록 하기 위한 것이다. 반면에 (사치품이 아닌) 다른 상표들은 악어 가죽 바깥쪽에 에나멜 층을 덧입힌다. 루이비통 가방의 끝마무리는 아니에르Asnières 작업실의 장인들이 특수 주문한 것을 만들 때처럼 손으로 이루어진다.

완벽한 조합을 탐구하는 포도주와 독주 같은 다른 영역을 예로 들면, 샴페인은 제품으로 시장에 출시하기 전에 3년 동안 저장되고, 코냑은 훨씬 더 오랫동안 저장된다. 많은 제조업체가 저장 기간 동안에 샴페인 병을 정기적으로 돌려 침전물을 가라앉히는데, 이러한 작업은 계속해서 수작업으로 이루어진다. 오트 쿠튀르는 생각할 필요도 없이 수작업이 결정적인 규칙이 되고, 각 고객은 가봉을 위해 자신의 치수대로 만들어진 마네킹을 비치하고 있다.

마지막으로, 향수 영역에서 샤넬이나 겔랑 같은 유명 제품 제조업체들은 향을 만드는 데 더 회귀하고 비용이 훨씬 더 많이 드는 천연 농축물을 사용하는 것보다 값이 저렴한 화학 제품을 사용하길 거부하고 있다. 겔랑에 대해 더 말해보면, 향수 추출물의 병을 닫는 작은 명주실 깃은 계속해서 여직공들이 손으로 공들여 다듬고 있다.

에르메스가 추구하는 생활 방식은 상당히 쉽게 알아볼 수 있는 제품을 포장하는 오렌지빛 상자로 요약되지도, 에르메스의 리본으로도 요약되지 않는다. 그러나 루이비통의 여행 용품들이 이니셜 'LV'로 강조한 '모노그램'을 넣은 줄로 축소되는 것에 비하면, 에르메스의 생활 방식은 상자와 리본으로 상당히 잘 표현된다. 마지막으로 샤넬 룩의 윤리와 미학은 우리가 이 책의 뒷부분에서 발전시키겠지만,[15] 이 상표의 베스트셀러인 금빛 줄이 달려 있는 누빈 가방으로 환원되지 않고, '2C'라는 대문자 약호를 장식으로 사용한 단추로도 요약되지 않는다. 물론 이러한 인식 요소들이 상표와 동일시하는 데 반드시 필요한 것이라 할지라도 그렇다.

유통 역시 사치의 두 가지 차원인 윤리와 미학을 분명하게 내보일 수 있다. 모든 경제적인 것을 거부하는 윤리는, 서비스의 질과 고객의 완전한 재량권으로 표현될 것이고, 고객이 구매 활동을 하는 순간이나 구매 활동 전후에 그에게 맞춰진 시간으로 표현될 것이다. 우리는 앞에서 상당수의 유명 상표들이 직원들에게 서비스의 질과 그것과 관련된 수없이 많은 세부 사항들을 중시하도록 교육시켜 관리하는 것을 강조했다. 대중을 상대로 한 서비스를 생명으로 하는 회사들에게조차도, 서비스의 질과 관련된 세부 사항들은 이러한 회사들의 윤리가 아닌 '사치'[16]로 여겨진다. 예를 들면, 맥도날드McDonald's는 서비스의 질을 명확하게 드러낼 수 있는 특징을 강요하면서도, 직원들의 스타킹 색깔이나, 고객에게 건네는 햄버거 봉지의 방향에 대해서는 신경을 쓰지 않는다⋯⋯. 물론 우리는 선별적인 혹은 엄격하게 통제된 유통이 제시하는 성공의 수단과 중요성을 알고 있다.

샤넬은 여러 매장을 '불시'에 들러 정기적으로 서비스의 질을 검사하고 있다. 검사의 일환으로 여성 구매자들, 사치 상표의 고객들은 목표로 정한 매장에서 미리 정해진 제품을 사는 일을 임무로 하고 있다. 즉 한 여성은 가방을, 다른 한 여성은 스카프를, 또 다른 여성은 구두 한 켤레를 구매하는 임무를 띤다. 구매한 제품 비용은 구매자가 아주 세분화된 설문지를 채워 보내면 환불된다. 이때 구매자는 샤넬이 서비스의 질을 평가하기 위해 설정한 여러 가지 요소들 중에서 중요하게 여기는 것을 생각하면서 설문지를 채운다. 예를 들면 서비스의 질을 묻는 설문 사항들로는 고객이 여성 판매원의 접대를 받기 전에 기다린 시간, 상품을 소개하는 자질, 화장실에 샤넬 'N° 5' 향수가 비치되어 있는지 그리고 비치된 향수를 포함해서, 제품을 전시하고 있는 진열장 유리에 손자국은 없는지 등이 있다.

페라가모는 직원들에게 고객들의 신발 사이즈(길이와 넓이)를 기억하도록 한다. 이는 고객들이 다음 번에 구두를 구매할 때 즉각 그들의 사이즈에 부합하는 구두를 제안하기 위한 것이다.

마지막으로 정보 체계와 복잡한 물자 보급은 리츠칼튼Ritz-Carlton 호텔에 의해 시작되었다. 이 호텔은 각각의 고객들이 바라는 최소의 요구까지 기록하고 있다. 이는 극도로 개인 고객들의 기호에 맞춘 서비스 제공을 전 세계에서 보장하기 위한 것이다. 이러한 서비스 제공은 "고객들이 자신들의 바람과 필요를 일일이 표현하지 않아도 그들의 기대를 뛰어넘는 바람과 필요를 만족시키려는 것이다"[17].

이와 마찬가지로 유통업자들과 협력 관계에 있던 에스티 로더도, 최종 고객들의 요구와 유통업자들의 요구를 만족시키기 위해서 물자 보급과 판매점의 재고를 추적하는 시스템을 세계적인 수준으로 발전시켰다.[18]

완벽한 공감각에 관한 관심(미학 차원)은 음향, 향수, 색이 동시에 만드는 매장의 '분위기'를 통해 나타난다. 루이비통 매장의 가죽 냄새, 밤색(나무 빛이나 황동색)이 주조를 이루는 색상, 시각과 '이삭 돌기의 가죽'에서 촉각으로 되풀이되는 밤색 가방. 사람들은 뮈글러의 간접조명, 파란색 거울, 검은 회색 가구의 매장 분위기에 놓여진 향수 '에인절', 회사의 본사 건물과 그 안에 깔린 양탄자에 이르기까지, 차가운 파란색, 검은색, 은색으로 치장된 뮈글러 상표의 모든 커뮤니케이션 요소들 속에 파묻혀 있음을 발견한다.

파리의 마들렌Madeleine 광장에 있는 랄프 로렌 매장은 결연하게 공감각을 탐구[19]하는 예이다. 매장은 전통적인 뉴잉글랜드 앵글로색슨의 전형적인 내부 공간을 재현하는 경향과 구분된다. 검정-회색-흰색-크림색이 주조를 이루는 이탈리아 상표들의 현대적 디자인뿐 아니라, 선형 공간과 차가운 직접 조명을 한 일본 상표의 간결한 최소주의의 세계와도 거리가 멀다.

우리는 전통적인 앵글로색슨의 내부 공간을 똑같이 재구성한 분위기를 뉴욕에 있는 랄프 로렌 본부에서 발견할 수 있다. 사람들은 뉴욕의 랄프 로렌 건물의 엘리베이터에서 내리자마자, 외부를 차단시키는 갑문 효과로써 랄프 로렌 세계의 층계참으로 접어든다. 이 세계는 빛과 장식의 근본적인 변화, 즉 청동과 고화古畵들, 마호가니와 자단紫檀, 간접 조명으로 치장되어 있다. 방문객들의 대기실은 책장, 책, 신문, 옛 그림과 옛 조명들, 붉은빛이 도는 밤색 체스터필드Chesterfield 가죽 안락의자와 소파, 양탄자, 향료 단지와 박하 사탕 등, 영국 클럽의 분위기를 재현하고 있다. 따라서 유명 상표는 전 세계에 퍼져 있는 회사 본부 내에 여러 모양으로 매장들을 만들고 있다.

마지막으로, 소비의 순간에 모든 경제적인 것의 거부는, 고객이 처음 제품을 손으로 잡았을 때라든지, 후에 그것을 사용할 때라든지 생각해서 상표 제조업체가 여러 가지 사소한 것에도 주의를 기울이는 '근거 없는' 정교한 포장으로 표현된다.

우리는 여기에서 서로 다른 색깔의 비단을 여러 겹으로 사용한 향수 '겐조 파르 겐조Kenzo par Kenzo'의 포장지를 언급할 수 있다. 이 향수의 광고 문구는 "겐조, 아름다운 냄새가 난다"였다. 뮈글러는 향수 '에인절'을 구매하는 여성들을 위해 카드를 만들었다. 카드 케이스에 사용된 색은 제조업체와 향수를 떠올리면서 고객과 상표 사이의 특정 관계를 만들고 있다. 부쉐론의 첫 번째 향수병은 반지 모양을 하고 있었는데, 향수의 포장은 보석함, 즉 작은 보석 상자처럼 만들어졌다.

페라가모는 비단 포장지, 직물로 개별 구두 주머니를 만들어 구두 상자 속의 구두를 보호하고 있다. 샤넬이나 루이비통의 고객 카드는 매장에서 구매한 가방 모델 번호를 증명한다. 이러한 예들은 많다. 사치품 소비의 공감각 차원은 제품이나 서비스를 제공할 때 만들어지는 향유의 순간에 특히 민감한 세계가 실현되었거나 그 세계를 환기시키는 것으로 나타날 것이다.

파이퍼-하이직Piper-Heidsieck은 새로운 시각적 정체성으로 빨간색을 선택하여 단호한 일탈 의지를 나타냈다. 이 색은 밤의 상표가 되려는 그의 목적에 부합했다. 따라서 "빨강은 더는 순결의 색이 아니다"라고 주장한다. 이 색은 장-폴 고티에가 빨간색 비닐로 만든 옷을 입혔던 특별 신제품 발표회에서 반복된다. 그리고 쿠튀르 옷의 은유를 밀어내기 위해서는 코르셋을 풀면서 기쁨에 도달할 수 있도록 코르셋이란 용기容器를 벗겨야만 한다. 게다가 파이퍼-하이직 상표는 홍보를 위해 '관심을 갖는' 언론의 지지를 이용했고, 주요 도시에서 가장 인기 있는 클럽에 배포되었다. 이는 시장·고객의 특성을 고려한 상품의 유리한 위치가 확실히 정해질 수 있도록 하기 위한 것이었다.

모순되게도 사치의 두 가지 차원인 윤리와 미학은, 오늘날까지도 높이 평가되고 있는 사치를 더 이상 단순한 욕망이나 과시에 대한 관심과 동일하게 여기지 못하게 한다. 실제로 사치는 '감각의 욕구'에 부합할 수 있다. 왜냐하면 사치가 한편으로는 기존의 가치를 거부하면서 다른 가치를 수용하는 것으로 표현되고, 다른 한편으로는 제품과 상표가 제안한 감각의 형태와 미적 영역이 근거 없는 것이 아니라, 전통과 문화, 혹은 삶의 선택이나 세계관에 부합하기 때문이다.

마지막으로 사치의 이러한 두 가지 차원이 생산 단계에서뿐 아니라 유통과 소비의 단계에서 보장되어야 한다는 사실은, 또한 상표를 경영함에 굉장한 엄격성과 극도의 일관성을 보여주도록 이끈다. 노하우에서 기인하는 적법성이든, 독특한 제조 자질에서 유래하는 적법성이든, 디자이너의 절대적이고 새로운 경지를 여는 재능에서 유래하는 적법성이든 간에, 일관되고 식별이 가능한 독특한 상상력의 발전과 유지는 가치의 연쇄적 요소들—신모델 창조, 생산, 혼합 제품, 가격, 유통 그리고 광고—이 공간과 마찬가지로 시간 속에서 상표의 윤리와 미학을 표현하고 강화시킨다는 것을 전제로 한다. 왜냐하면 현재 과잉 경쟁을 하고 있는 상태에서 소비자들의 논리는 만약에, 정말로 만약에 상표 업체가 상표에 충실하고 있다는 것을 증명한다면, 이제는 과거 어느 때보다도 상표에 충실하게 될 것이기 때문이다.

다가오는 시기에 유명 상표 제조업체들은, 스스로 이중의 절대적인 필요성을 존중해야만 한다. 즉 한편으로는 아직도 한층 더 소비자들을 깜짝 놀라게 하면서 끊임없이 쇄신해야 하고, 다른 한편으로는 시각과 정신에 강한 인상을 주면서 공유해야겠다는 확실성으로써 신모델 창조, 이미지, 가치, 세계관을 제공해야 한다.

사치와 상표의 시대

현시점에서의 정체성 경영

우리는 분리할 수 없는 윤리와 미학으로서 사치의 정체성에 대한 정의가 어떻게 상표의 특별한 차원에 적용될 수 있고 적용되어야 하는지를 보여주기 위해서, 한편으로는 샤넬의 경우를, 다른 한편으로는 뮈글러의 경우를 예로 들었다.[1]

- 우선, 샤넬은 나라를 막론하고 사치의 보편적 기준들의 일부가 된다. 기준들은 최근에 이루어진 세계적 수준의 유명 사치 상표들에 대한 질적 연구들이나 상표들의 인기를 수량화하고 경제적 효용을 측정하면서 이루어진 양적 연구들에 따른 것이다. 샤넬은 2001년에도 여전히 사치 상표들 중에서 '상위 5위' 안에 드는 것으로 나타나, 정기적인 고객이든 우연한 고객이든 간에 고객들의 성향과는 상관없이 논란의 여지가 없는 기준으로 인정되었다.[2]

- 그다음으로, 샤넬은 경향의 변화들을 뛰어넘어 스타일을 현대화하면서 창의적 과도기를 성공적으로 보냈다. 샤넬은 현대적 스타일을 상징적인 것으로 만들었을 정도로 상표를 극단적으로 쉽게 알아볼 수 있도록 만들었다. 이는 신화적인 것을 말하려는 것이 아니다. 일례로 1998년 6월 8일 주간지 《타임즈 Times》는 20세기에 깊은 영향을 미친 20명의 예술가[3]와 엔터테이너들 중에 코코 샤넬을 포함시켰다. 이 잡지는 앙드레 말로 André Malraux의 문장을 인용하면서 다음과 같은 제목을 붙였다. "20세기의 프랑스를 위해서는 드골de Gaulle, 피카소Picasso 그리고 샤넬이라는 세 명의 이름이 남을 것이다." 선별된 모든 인물들 중에서는 단 한 명의 프랑스 여성이 르 코르뷔지에Le Corbusier와 피카소와 함께 있었는데, 그 여성은 독특한 패션 창조자였다. 《타임즈》는 다음과 같이 덧붙였다. "그녀는 패션을 변화시키면서 여성들 스스로가 지니고 있던 이미지를 변모시켰다." 미국인들의 관점은 이러한 측면에서 흥미가 있다. 왜냐하면 20세기에 깊은 영향을 미친 양식들에 관한 기사란에는 샤넬을 이외에도, 샤넬 '앞에는' 푸아레, 그녀와 '동등한 위치에' 디올, 그녀 '뒤에는' 미니스커트의 선조인 메리 퀸트Marie Quant, 아르마니 그리고…… 나이키Nike가 등장하기 때문이다.

- 또한 샤넬은 현대 미국 역사와 비극적인 성상들과 관련이 있다. 비극적인 성상들이란 마릴린 먼로Marilyn Monroe와 '샤넬 N°5 향수 몇 방울', 그리고 재키 케네디Jackie Kennedy의 샤넬 정장이 암살된 대통령의 피로 얼룩져 장밋빛이 되어 전 세계 사

람들의 눈에 노출된 것을 말한다.

- 마지막으로 샤넬 양식의 정체성에 관한 물음은 그의 작업 자료였던 여러 가지 데생과 화판을 대상으로 칼 라거펠트에 의해 명백하게 제기되었다. 샤넬의 토털 룩은 시각적 정체성으로, 플로슈가 추진한 기호학적 분석의 대상이었다.[4] 플로슈와 함께 필자는 사치의 정의를 발전시켰다.

  플로슈의 샤넬에 대한 기호학적 분석은, 샤넬의 신제품 창조에서 기인하는 윤리와 미학적 불변성들에 대해 다시 의문을 제기하는 것이 된다. 따라서 의문은 어떤 것이 샤넬이 창조를 통해 표현하려 했던 패션과 여성에 대한 개념(윤리적 차원)인지를 분석하는 것이고, 특히 쉽게 알아볼 수 있는 실루엣으로 감각의 세계를 독특하게 구성하는 방식(미학적 차원)은 어떤 것이었는지를 분석하는 것이다.

- 만일 샤넬 룩이 총체적인 스타일이라면, 여성의 실루엣을 구성하는 룩은 전체적인 의미로 여겨질 수 있을 것이다. 그렇기 때문에 기호학 방법론을 이용하면 의복의 담화로서 샤넬 룩을 분석하는 것이 가능해진다.

샤넬 미학의 불변 요소들

이러한 분석은 샤넬이 사라진 이후에도 상표의 정체성에 뿌리를 내린 동시에, 되풀이된 신모델 창조로 인해 상표의 영속화를 어떻게 보장하는지를 이해할 수 있도록 한다.

첫 번째 '샤넬 룩'의 구상적 차원은 시대의 맥락이나 '패션 체계'

에 속하는 모티프와 의복 모양의 의미뿐 아니라, 룩을 구성하는 모티프와 의복 모양을 판별하기 위한 것이다.

이러한 불변 요소들의 식별은 1991년에 라거펠트에 의해 식별되어 1993년에 나온 샤넬의 카탈로그 안에 5장의 도판으로 재현되었다.[5] 첫 번째 도판에는 '샤넬의 유산'이란 설명을 곁들인 '즉각적으로 식별할 수 있는 샤넬의 요소들'이라는 제목이 붙었다. 우리는 명확하게 식별되는 8개의 요소들을 구별할 수 있다. ① 베이지색 무도화 escarpin〔에스카르팽. 창이 아주 얇고 발목이 드러나게 만든 굽이 높은 신〕 끝 부분에 곁들인 검은색(1957) ② 금빛 줄을 누빈 멜빵 가죽 가방(1957) ③ 검은색 짧은 옷(1924) ④ 비잔틴 양식 십자가 모양의 다색 브로치 ⑤ '디자이너 샤넬'의 장식을 단 웃옷(1956) ⑥ 뒷머리 리본 ⑦ 동백꽃(1939) ⑧ 2개의 C로 강조한 금빛 단추.

라거펠트는 '코코의 승리'라는 제목을 붙인 도판에서 다음과 같은 결론을 내리기에 앞서, 도판을 데생의 형태로 취급하면서 다른 도판들에서 샤넬의 창의성 발전 과정을 연구했다.

1950년대에 실루엣은 근대적 여성의 실루엣〔……〕이 되었다. 즉 가방, 보석, 구두, 동백꽃, 단추, 줄…… 이 모든 것들이 당시에 있었다.

마지막으로 1991년 6월의 디자인에서 라거펠트는 자기만의 미적 불변 요소들(검은색 안경, 뒷머리 리본, 부채, 궐련용 파이프, 사진기)과 함께 생각에 잠긴 자기 자신을 무대에 올렸다. 그는 당시에 샤넬의 요소들을 한창 식별해내고 있던 중이었다. 라거펠트는 "과거에 확장된 요소들을 이용하여 최상의 미래를 만들라"[6]는 유명한 괴테의 문장을 언급하면서, 자기 주변을 맴돌며 자기 자신에게 "무엇이 아니라……… 다음에는 어떻게?"라고 되묻고 있었다. 따라서 중요한 '무엇'이 아니라, '어떻게'를 잘 이해하려는 것이었다. 즉 다른 시대와 다른 세계에서도 '독특하고 변하지 않게 어떻게'를 투사할 수 있는 방식을 이해하는 것이었다. 이러한 방식이 샤넬의 변하지 않는 윤리의 핵심이었다.

샤넬의 윤리적 불변 요소들

라거펠트는 샤넬에게서 발견되는 많은 특이한 미적 불변 요소들과 스타일의 정체성을 유산으로 물려받은 사람으로서, 어떻게 현대 세계에 특징적인 윤리의 불변 요소들을 식별하여 투사할 것인지를 생각했다. 모든 어떻게how의 의미는 샤넬 스타일의 정체성의 또 다른 면, 달리 말하면 패션과 여성에 대한 통찰력, 그의 창의성을 주재했던 통찰력을 포함하고 있었다. 기호학자는 유명 상표가 만들어진 이후에 샤넬 상표가 드러낸 모든 표상이나 표현을 분석함으로써, 디자이너의 통찰력을 명확하게 밝히는 데 기여할 수 있다. 이때부터 타당한 윤리적 불변 요소들은 독특한 불변 요소들, 따라서 샤넬에, 오로지 샤넬에만 적용될 수 있는 불변 요소들이 된다. 플로슈가 밝혀낸 '샤넬 룩'의 정체성에 관한 연구 방식은, 시각적 정체성들을 다룬 그의 시론 속에서 설명되었다. 필자는 여기에서 필자의 학생들에게는 연구 모델로, 프랑스나 외국 기업의 경영인들에게는 그들이 담당하고 있는 상표의 정체성에 대한 성찰의 지주로 광범위하게 설명했던 큰 줄거리들을 다시 짚어볼 것이다.

만일 우리가 샤넬이 고안해냈던, 혹은 그의 창조의 세계에 통합되었던 옷과 액세서리의 목록표를 만든다면, 다음과 같은 요소들을 발견할 수 있다.

- 해군 세일러복(1913)
- 저지 천 블라우스(1916)
- 카디건과 니트 앙상블(1918)
- 바지(1920)
- 검은색 원피스(1924)
- 금빛 단추를 단 플란넬 운동복 상의(1926)
- 해군의 베레모(1926)
- 트위드 천(1928)
- 모조 보석(1930)
- 문양을 넣은 트위드 천 양복과 금빛 허리띠(1956)
- 베이지색 무도화 끝 부분에 곁들인 검은색, 금빛 줄을 누벼 박음질 장식을 새긴 가방(1957)
- 뒷머리 리본(1958)

이 요소들은 쿠튀리에 푸아레가 규정한 당시 여성 패션의 특징적인 표시들을 거부한 것으로 기록된다. 푸아레는 여성들을 순수한 장식 대상으로 만들었고, 여성들은 자신들의 움직임을 속박하는 과장된 실루엣 속에 갇혔다. 사람들은 반대로 샤넬에게서 남성적 스포츠 세계와 노동 세계에서 차용한 모습들이 되풀이되는 것을 보았다. 이렇게 샤넬은 당시 여성 패션에서 진정한 의복의 기능, 즉 입고, 걷고, 일하고, 달리고, 운동하기……에 부합하지 않는 모든 것을 거부했다. 그녀에게 의복은, 실용적이고 편하게 사용되어야 하는 것이다.

나는 새로운 사회를 위해 일했다. 사람들은 여성들에게 불필요하고, 쓸데없는 옷을 입혔다. 하녀들은 많은 여성들에게 도움을 주어야만 했다. 그때부터 나는 활동적인 여성 고객들을 갖게 되었다. 활동적인 여성들은 편하게 입을 옷을 필요로 했다. 이들은 소맷자락을 걷어붙일 수 있어야만 했다.[7]

우리는 또한 폴 모랑Paul Morand의 저서에서 다음과 같은 것을 읽을 수 있다.

1914년에는 운동복이 없었다〔……〕. 운동복은 엉덩이, 다리, 사방에 족쇄를 채워 밑을 아주 꽉 붙잡아주어야 했다……. 나는 저지 블라우스를 고안해내면서, 몸을 해방시켰다. 나는 치수를 포기했고, 새로운 실루엣을 만들었다. 이에 순응할 수 있도록 전쟁이 도움을 주었다. 모든 나의 고객들은 야위어 보이게 되었다. '코코넛처럼 야위어' 보였다……. 여성들은 날씬함을 사러 내 집으로 왔다.[8]

마지막으로, 우리는 좀 더 진보된 생각을 찾아냈다.

나는 사반세기 동안 패션을 창조했다. 왜? 왜냐하면 내가 살았던 시대를 표현할 수 있었기 때문이다. 〔……〕 나는 현대적인 생활을 영위했다. 나는 내가 옷을 만들어준 여성들의 태도, 취향, 필요를 알고 있었다. 나는 적절하게 패션을 만들었다. 왜냐하면 나는 한계를 뛰어넘었고, 처음으로 세기의 삶을 경험했기 때문이다.[9]

샤넬은 손을 넣을 수 없는 호주머니를 만들기 거부했고, 진짜 단추 구멍이 없는 순전히 장식적인 단추를 거부했다. 그녀는 큰 걸음을 걸을 수 있도록 하는 치마를 만들기에 신경을 썼고, 겨드랑이와 등이 충분히 넓어 활동하기에 편한 옷을 만들기에 신경을 썼다. 그녀는 유연성을 위해 저지 천과 크레이프 천을 선택했다. 이로부터 반복적인 서술 내용으로, 개인의 자유 쟁취의 의미를 갖는 샤넬 룩의 첫 번째 기호학적 차원이 만들어진다. 자유 쟁취는 여성적인 것을 거부하는 모더니티의 상징이다. 따라서 샤넬 룩의 여러 가지 모습은 현대 여성과 자유 쟁취라는 주제에 관해 말하는 것이다.

두 번째 차원으로, 사용된 물품과 재료들은 여성 패션의 세계와 반대되는, 즉 노동과 남성복의 세계로 당대의 세계에서만 의미를 갖는다. 예를 들면, 노동과 남성적인 것(저지 천, 바지, 조끼, 트위드 천, 베레모, 넥타이, 모자, 두건 달린 겉옷, 세일러복)의 시니피앙〔기표, 記標〕들은 반대되는 시니피에〔기의, 記意〕들과 연관되도록 선택되었다. 따라서 그 당시에 사회적으로 정의된 성 정체성의 시니피앙과 시니피에의 반전이 있다. 이러한 반전으로 인해, 샤넬은 그녀만의 특이하고 구별되는 정체성을 갖게 되었다.

이때부터 독특한 '어떻게'에 대한 해답은, 과도기 스타일의 행동 지침처럼 표현되었다. 신모델 창조는 늘 그래왔고 앞으로도 그렇게 샤넬을 의미하기 위해 똑같이 '어떻게'에 부합해야만 할 것이다……. 남성적인 것과 노동을 의미하는 것을 착용하는 반면, 이것들을 여성적인 것과 사치로 변화시키는 것은 여성의 자유의 가치를 강력하게 요구하는 것이다. 이렇게 제조업체 샤넬의 설립자나 새롭게 바뀐 예술 담당 지도자의 재능은, 명확하게 식별된 윤리에 개인적인 재해석을 제안할 수 있고, 시대와 조화를 이루는 새로운 가치 체계를 실행하며 분출할 수 있다……. 오늘날 자유는 더욱 확실하게 요구되고 있고, 더욱 호전적이거나 더욱 유희적으로 변하지 않았는가! 그러므로 우리는 샤넬이 1993년에 슬립 캉구루Kangourou에 보낸 눈짓을 이해하고 있다. '2C'의 표시를 단 이 슬립은 평범한 남성 노동자들의 상징으로서, 여성들에게 사치스러운 것이 되었다.

샤넬 룩은 구상적 차원에서 식별 표시들로 분석될 뿐 아니라, 조형적 차원에서도 총체적인 체계로서 실루엣을 구성하는 요소들의 편성과 배합으로 분석된다. 샤넬의 실루엣과 당대의 기준들, 즉 1920년대 푸아레의 실루엣과 1950년대 디올의 실루엣[10]을 비교해보면, 샤넬의 실루엣은 다음의 네 요소들로 특징지어진다. ① 둘러싸기 효과 ② 선형성線形性의 우위 ③ 주요 구성 부분들의 위치가 액세서리에 한정되어 결정됨 ④ 채색.

- 둘러싸기 효과. 샤넬 룩은 일반적인 형태의 둘러싸기 효과를 만든다. 이러한 효과는 무도화의 검은색 끄트머리 때문에 실루엣을 아주 솔직하게 해결하려는 노력에서 기인한다. 땅과 실루엣이 분리된다. 만일 무도화의 베이지색이 다리까지 연장된다면, 검은색 끄트머리는 룩 전체의 닫혀진 구조를 돋보이게 한다. 같은 맥락에서 둘러싸기에 대한 관심은 깔끔한 머리 디자인으로 나타난다. 즉 짧은 머리, 뒷머리 리본, 둥글고 납작한 밀짚모자, 챙 달린 모자, 베레모로 나타난다.

- 선형성線形性. 선에 주어진 특권을 말한다. 선형성은 디자이너의 문장, 깃 디자인, 호주머니로 표현되고, 허리띠, 금빛 줄로 안감을 웃옷에 꿰매 '봉합'함으로써 확실하게 잘 맞는 옷으로 표현된다. 선에 부여한 우선권은 장식 구멍의 윤곽과 구멍 간격을 보장한다.

- 주요 구성 부분들의 위치 결정. 액세서리, 동백꽃, 팔찌, 목걸이, 훅 단추, 목걸이 펜던트, 다량의 진주, 줄 등······. 많은 요소들이 완벽하게 경계를 설정하지만 늘 주요 구성 부분에서 발견된다.

- 채색. 샤넬의 채색은 특별하다. 채색은 옷과 액세서리들의 색을 통해 밝음을 추구한다. 옷은 베이지, 블루 마린, 흑백 톤으로 변화된다. 액세서리들은 허리띠와 훅 단추의 금빛, 회색 진줏빛, 백금에 올려진 다이아몬드 광채, 보석들의 영롱한 색에 기초를 두고 있다.

샤넬: 고전 양식과 바로크 양식의 결합

플로슈는 샤넬의 미학을 이원화하여, 옷은 고전주의적인 것으로 액세서리는 바로크적인 것으로 특징지었다. 우리는 여기에서 간단하게 구별되는 두 가지 개념들이 은폐하고 있는 점들을 돌이켜볼 것이다.

하인리히 뵐플린Heinrich Wölfflin은 '고전주의적인 것'과 '바로크적인 것'이라는 일관되게 반대되는 두 가지의 통찰력을 다섯 가지 기준으로 구별했다. ① 주제를 다루는 방식: 고전주의적인 것은 구분된 평면들의 선線이다. 이와는 반대로, 바로크적인 것은 다수와 연속에 우선권을 둔다. ② 고전주의적인 것은 전형적으로 평면을 분리하여 취급한다. 반면에 바로크적인 것은 심도와 구분되게 평면을 자르지 않는 데 우선권을 둔다. ③ 고전주의적인 것이 폐쇄된 형태에 의지한다면, 바로크적인 것은 개방성을 더 높은 가치로 평가한다. ④ 고전주의적인 통찰력에서는 다원성을 자율적인 요소들로 분해할 수 있다. 반면에 바로크적인 통찰력에서 총체는 분할이 불가능하다. ⑤ 마지막 기준으로, 빛을 다루는 방식이 있다.[1]

따라서 뵐플린의 기준들에 따르면 샤넬이 '고전주의'의 특징적인 것들을 내포하고 있다는 사실을 잘 알 수 있다. 우리는 '샤넬'의 불변 요소들에 대한 분석에서 불변성과 확고부동의 요소들을 밝혔다. 샤넬의 고전주의적인 미학은 윤리의 유지와 관련이 있다. 윤리의 유지란 몸짓, 머리의 풍모, 목과 어깨의 역할, 잘 맞는 옷, 의복 봉합과 관련된 것을 말한다. 실루엣(윤곽)의 배치는 이러한 고전주의적인 윤리 유지의 표현, 달리 말하면 상당수 엄격함의 표현이다.

요컨대, 샤넬 스타일은 자유와 유지의 보완성, 고전주의적인 것과 바로크적인 것의 보완성으로 특징지어진다. 그리고 스타일은 'N°5'나 '알뤼르Allure' 같은 고전주의적인 향수들과 '코코Coco' 같은 바로크적인 향수를 이용해, 향수 분야로 상표를 확장하여 여러 가지 모양으로 만들어질 것이다. 고전주의적인 것과 바로크적인 것 모두가 상표의 정체성과 조화를 이루고 있다.

티에리 뮈글러: 창의성, 쇄신, 그리고 상표의 정체성에 대한 존중

샤넬과 디올 이후로 양장 분야에서 적법성을 갖고 있는 상표들은, 전통적으로 제품을 향수 분야로 확장하면서 전통적으로 성장과 이윤의 보고를 찾았다. 이로부터 성공을 거둔 신제품 향수 발표회의 첫 번째 전략적 중요성이 나온다.

두 번째 전략은 뮈글러의 경우로, 되풀이되는 샤넬의 경우에 부합했다. 뮈글러는 상표를 확장하는 데에 주요 성공 요인들이 규칙과 경쟁 행위와의 관계에서 상표의 뿌리와 정체성을 가장 크게 존중하면서 창의적이고 혁신적이며 게다가 규칙을 어기는 모순적인 마케팅과 얼마나 조정을 잘하는지에 달려 있는가를 보여주고 있다.

만일 우리가 앞에서 제안한 정체성에 관한 분석을 티에리 뮈글러 상표가 향수 분야로 확장한 특수한 경우에 적용한다면, 우리는 모순이 완전하게 화해되었다는 사실을 알 수 있다. 우리는 그 당시부터 진부하고 손쉬운 경쟁 방법을 과감하게 탈피한 이 향수가 성공을 거두리라고 예견할 수 있었다. 우리는 윤리와 미학의 불변 요소들로 분화되어 있던 뮈글러의 정체성을 간단하게 분석해볼 것이다. 분석은 곧바로 뮈글러의 첫 번째 향수 발표회가 상표의 정체성과 전체적으로 충분하게 일치되어 있었다는 사실을 보여줌과 동시에, 당시의 경쟁 규칙들과의 관계에서 창의적인 단절을 이루고 있었다는 사실을 보여주기 위한 것이다.

만일 우리가 뮈글러 상표의 여러 가지 컬렉션과 표시들—신모델 창조에서부터 광고에 이르기까지—을 분석한다면, 여성에 대한 뮈글러의 통찰력과 표현에서 여러 가지 체계적인 불변 요소들을 밝혀낼 수 있을 것이다. 뮈글러가 추구한 여성은 지배력을 가진 여성의 이미지이다. 지배력이란 여성들 스스로가 억압한 자기 자신의 육체를 지배하는 힘을 말하고, 이러한 지배력은 남성들을 지배할 수 있는 유혹의 능력을 분명하게 내보이기 위한 것, 즉 강력하게 요구되는 성 본능을 가진 요부, 그리고 '자기 자신의 환상을 끝까지 밀고 가는' 요부의 이미지를 내보이기 위한 것이었다. 달리 말하면 권위주의적인 여신, 코르셋을 입고 액세서리를 달고서 도도하게 화장을 마감한 여자 정부—승마용 채찍, 가는 단장, 지팡이, 지휘봉 등을 들고 있는 요부이다. 디자이너는 "나는 시대를 앞서 가는 여성들을 열렬히 사랑한다……"라는 말을 덧붙이기 전에, 더욱 신중하게 "나는 여성들이 상상의 모험에서나 입을 수 있는 옷을 만든다"라고 말했다.

따라서 뮈글러 패션의 통찰력은 여주인공 타입을 장면에 올린 것으로 규정될 수 있다. 여주인공이란 자신의 환상을 끝까지 밀고 나갈 수 있는 여성들, 남성들을 더 잘 굴복시키기 위해 자기 자신이 억압한 자기 몸에 대한 지배력을 확신하는 여성들을 말한다. 이러한 통찰력은 뮈글러 제품의 불변 요소인 특별한 미학으로 나타난다. 즉 뮈글러가 독특한 방식으로 실루엣을 취급하는 것으로 알려진 신모델 제품의 미학으로 나타난다. 그의 스타일은 과도하게 발달된 표장標章을 내포한 상당히 구조화된 실루엣으로 특징지어진다. 구조화된 실루엣이란 수영 선수같이 딱 벌어진 어깨, 말벌같이 매우 가는 허리, 풍만한 엉덩이, 긴 다리, 볼록한 가슴을 말한다. 마지막으로 뮈글러하면 떠오르는 별은 그의 정체성에 통합된 일부가 되었다. 별 모양 반지, 특히 별 모양 문신은 디자이너의 몸을 두드러지게 표현한다. 별은 상표의 광고 문안 곳곳에 들어가 있다. 별은 옷 단추를 대신하는 스냅 단추 위에도 있다. 육체에 대한 뮈글러의 개념은 십중팔구 육체에 대한 고전적인 가르침이 강요하는 억압, 즉 육체를 찬양하고 이상화하는 데에서뿐만 아니라, 틀림없이 1950년대 미국 영화 스타들에 대한 매혹에서 영감을 얻었을 것이다. 당시의 영화 스타들은 뮈글러 세대 남자들의 꿈이었다.

향수 신제품 에인절의 발표는 경쟁 업체들의 행동과 비교할 때 창의적인 단절, 달리 말하면 규칙을 위반하는 단절이었다. 이와 같은 향수의 이름은, 향수 제조업자라는 직업의 본질을 재해석할 수 있도록 했다. 대부분의 신제품 발표회가 대중 광고에 의지하고 있었을 때, 상표 뮈글러의 책임자는 근본적으로 다른 길, 즉 유통업자들의 길을 선택했다. 그는 다른 회사들의 신제품 발표회와 달리 관심의 중심을 고객들, 향수 화장품 상인-상품의 선택에 영향을 미치는 사람들에게 두었다. 뮈글러의 진정한 로드쇼road show가 미국식 트럭들과 여러 도시에서 패션쇼로 개최되었다. 이곳에서 향수가 소개되었다. 향수 화장품 제조업자들을 대리하는 조언자들, 달리 말하면 제조업체가 직접 양성한 판매 사원들은, 표준화된 판매 자료에 의지하지 않고 자신들이 향수에 대해 느낀 바를 적합한 말을 찾아 고객에게 조언했다. 당시의 경쾌하고 솔직한 경향과는 본질적으로 달랐던 이 향수는, 강하고 보편적인 개념에 의지했다. 즉 반쯤은 천사 같고 반쯤은 악마 같은, 요부 같으면서 소녀 같은…… 여성의 이중성에 의지했다. 향료는 '분할하는 것'으로 규정될 수 있었다. '분할하는 것'이란, 뮈글러의 패션이 그렇듯이 '사람들이 좋아하거나 싫어하는' 것을 말한다. '파란색' 향료는 뮈글러의 세계가 그렇듯이, 감히 타사의 제품들과 분명하게 차이를 내보였다. 뮈글러의 향료는 완벽하게 동양 음악의 가락에서 느낄 수 있는 관능적인 것과 동시에 어린 시절의 향수鄕愁를 자극하는 냄새(초콜릿)를 되살릴 때 느낄 수 있는 순진무구함, 이 이중성의 개념을 표현했다. 즉 퇴폐-관능성 그리고 순진무구-어린 시절을 표현했다.

다양한 색깔을 가진 뮈글러 정체성은 비약이 없이 일관되고 혁신적이었다. 전 세계적으로 알려진 에인절이란 이름. 다섯 줄기의 별 모양 향수병. 파란색 향료. '천사들을 조심하세요'라고 분명하게 내보이는 언론 광고. 따라서 에인절은 정체성을 다름으로 분명하게 내보일 수 있었다. 그리고 그 후로 에인절은 새롭게 격식을 차리지 않는 신제품 발표회를 열었다. 이러한 발표회는 이전에는 존재하지 않았다. 뮈글러의 에인절은 1998년에 프랑스 시장에서 최고의 판매고를 올리고 있던 신화적인 샤넬의 향수 'N°5'의 자리를 빼앗는 데 성공했다.

또한 뮈글러의 향수 신제품 발표회는 선별된 분야에 관련된 마케팅 방법을 최초로 도입했다. 이러한 마케팅 방법은 상표와 고객들 사이의 특별한 관계를 만들었다. 뮈글러의 혁신은 사치품에서 요구되는 완벽이란 코드와 상표의 시각적 정체성을 완전하게 존중했다. 색, 종이 상표 '콩케로르Conquéror'의 평량〔종이 1제곱미터의 무게를 그램으로 표시한 것〕과 품질, 여성 소비자들이 까다롭게 요구하고 기대하는 것들에 맞춰 신경 쓴 많고 많은 주의 사항들. 따라서 여기에서는 위반, 쇄신, 존중이 삼박자를 이루어, 이전에 볼 수 없었던 고객과 상표 사이의 관계를 만들고, 이때부터 전례 없던 성공을 보장받았다. 이렇게 거둔 성공에서 가격은 궁극적으로 볼 때 별로 중요하지 않았다. 뮈글러의 창의적이면서 가장 엄밀하게 상표의 정체성에 뿌리를 내린 철학이 만들어낸 결과는 이론의 여지가 없기 때문이다.

- 소비자들의 행동에 영향을 미치는 향수 화장품 상인들과 여성 판매원들의 의견이 판매 신장에 기여한다.
- 향수 제조업에서 향수병의 '원천으로 되돌아가기'에 의한 강력한 반복 구매 비율, 향수병은 달리 채산성이 있을 수 없는 제작 비용을 생각케 한다. 향수병은 준※수공업적인 방법으로 만들어진다, 따라서 유일한 것이 되어 '버려지지' 않는다. 고객들은 병을 자기만의 것으로 삼아 샘으로 가서 새로 채워 넣을 때까지 보존한다.
- 여성 고객들의 강한 충성도.
- 클라란스에서의 경험으로 고객들의 프로필을 알고 있어, 참고 자료를 기입한 색인표를 만든다.
- 신제품을 만들 때 제조업체의 웹사이트에서 수집된 제안들.
- 상표의 유명세를 논거로 삼는다.

전체적으로 뮈글러 상표의 자산은 확대되었고, 2001년도에 향수 뮈글러는 1억 6천 200만 유로 이상의 매출액을 올렸다. 이때부터 뮈글러의 신제품 발표회는 교과서적인 케이스가 되어, 많은 경쟁사들이 신제품을 발표할 때 착상을 얻는다. 입지를 굳힌 뮈글러 향수는 신화적 차원으로 올라갈 수 있었다. 에인절은 2002년에도 여전히 프랑스 향수 시장에서 판매율 1위였다. 달리 말하면 제품 판매 개시 10년 후에 에인절은 향수의 기준과 신고전주의적인 것을 만들었다.

샤넬의 예와 연관되어 있는 뮈글러의 예는, 성공 열쇠들 중의 하나가 상표 정체성에 대한 분석과 창의적인 경영이 어떻게 이루어져야 하는지를 보여주고 있다. 결론적으로 말하면, 필요 불가결하게 모든 것을 무릅써야 한다는 것이다. 고전적인 유명 상표들은 일시적인 혹은 '경향을 따르는' 패션과 신제품 발표회의 차원을 넘어 늘 지속적인 시간선상에 흔적을 남기고 있다. 유명 상표들이 그들만의 독특한 세계를 고객들에게 공유하도록 하기 때문이다.

연속성과 불연속성

연속성과 불연속성의 관점을 연장해볼 때, 크게 네 가지 방법으로 나눌 수 있다. 사치 상표들은 네 가지 방법을 이용해 시간과의 관계를 관리할 수 있다. 사치 상표와 유행 상표를 구별하는 것은 일시적인 패션 주기를 뛰어넘어 오랜 시간 속에 지속적으로 흔적을 남기는 것이기 때문에, 시간과의 관계는 상표가 갖고 있는 스타일의 정체성에 관한 경영 원칙이 된다. 이러한 시간과의 관계는 도식적으로 불연속과 불연속이 아닌 것의 범주, 연속과 연속이 아닌 것의 범주로 소개될 수 있다.[12]

첫 번째로 관찰할 수 있는 전략은 불연속적인 시간을 강조하는 것, 즉 상표의 과거나 미래의 기준 부재를 강조하는 것이다. 이 전략은 '디자이너'의 상표에서 지속적인 도전 논리로 나타난다. 이러한 논리는 최대한 체계적으로 볼거리를 제공하고 되풀이되는 위험 부담을 감수하면서 복싱 챔피언과 같은 각각의 컬렉션에 디자이너의 이름을 끌어들일 것이다. 이야기는 철 따라 달라지고, 절정에 달한 감동과 창조의 세계에 대한 열광 정도에 따라 다르게 언급될 것이다. 실례로는, 갈리아노가 이런 경우에 해당된다. 그는 디올의 여성용 담당 디자이너였다. 디올의 여성 용품은 '관련 사업'의 논리가 없었고, 디올 남성 용품의 '후계자' 그리고 디올이라는 이름을 부착한 상표 그 이상은 아니었다. 갈리아노는 자신의 이야기를 말하거나, 체계적인 도전과 더 높은 가치 부여의 논리를 펴면서 패션, 의복, 달리 말하면 정장에 대한 개인적인 견해를 다양하게 표현했다. 그때부터 이 상표는 크리스티앙 디올이 아니라 디올로 불렸다. 그리고 디올D(i)or이라는 이름에 들어 있는 금l'or의 의미는 은에 자리를 내주었다. 물론 나쁜 의향을 갖고 있었던 것은 아니지만, 금이 금고의 돈으로 변한다고 말하는 데까지 이르렀다(이 문장은 프랑스어 단어를 갖고 말장난을 하는 부분으로 Dior에서 'i'를 제거해 'd'or(금의)'란 의미를 만든 뒤에, 금을 돈으로 다시 변화시키고 있다. 프랑스어에서 'argent'은 '은'과 '돈'이란 의미를 모두 갖고 있는데, 갈리아노는 마지막 문장에서 '은'의 의미가 '돈'의 의미로 바뀌도록 말하고 있다).

반대의 전략은 비非불연속성이다.[13] 이 경우, 디올 상표는 유산 계승과 전통 계승의 논리 속에 있다. 따라서 규범은 늘 있어왔던 것을 존중해야 하고, '특히 아무것도 변하지 않아야 한다'는 것이다. 이것이 이른바 상표 유산이 세습된 경우로, 역사적 중요성이 가장 앞선다. 만일 이러한 철학이 베버가 말한 의미에서의 전통적인 적법성을 가진 상표들에 부합한다면, 그리고 보존해야 할 제조 노하우에 의지하면서 상표들에 적용된다면, 기원을 갖고 있고 적법한 창의성을 가진 상표를 시대에 뒤떨어지게 할 수 있는 위험이 있다. 그때부터 이러한 상표는 '관습'으로 창출될 것이다. 뿐만 아니라 상표만을 모방하여 점점 더 멋없는 제품을 생산하는 것 이외는 더는 새로운 제품을 만들어내지 않을 위험이 있고, 상표가 태어난 시대 이외에 다른 시대에는 새로운 가치가 부여되지 않고, 쇄신되지 않거나, 혹은 분출되지 않는 역량을 되풀이할 위험이 있다. 그러나 또한 디자이너-설립자가 세웠던 제조업체를 떠날 때부터, 그리고 후계자가 유산으로 물려받은 기원이 되는 스타일의 정체성을 연장하면서 디자이너-설립자의 뒤를 계승할 때부터, 상표의 전략은 영속화를 목적으로 한다. 베르사체 같은 상표가 이 경우에 해당한다. 베르사체는 디자이너-설립자의 죽음을 극복하고 유사한 것을 여러 가지 모양으로 만들어 여전히 같은 스타일의 정체성을 유지하고 있다. 여러 가지 모양으로 만들어진 유사한 것이란 고대 신화를 참조한 강렬한 기준들을 이용한 퇴폐적인 바로크적인 것과 섹시하게 뽐내 보이는 사람, 나쁜 취향의 한계로서 과산화물(염색약)로 만들어진 '금발 여성들'의 사회적인 부상을 말한다.

이렇게 상표는 비불연속성 때문에 정체성과 고객들을 유지할 수 있고, 최소주의의 시대와 그 후에 상표를 더욱 두드러지게 '로고화한' 시대를 동시에 헤치고 나갈 수 있다.

세 번째 문화 형태는 연속성을 우선한다. 이 형태는 아르마니나 뮈글러 같이 상표가 꽤 최근에 생겼을 때, 상표 미학의 출현, 확신, 강화를 대대적으로 조직하는 경우에 해당될 수 있다. 다른 경우는 더 오래된 상표가 창의적 과도기에 직면하여 쇄신하려는 노력, 즉 디자이너의 교체와 관련이 있을 수 있다. 이때 디자이너는 창의적임과 동시에 상표의 기원과 가치에 따른 정체성에 충실하면서, 새로운 시기나 확장하려는 새로운 영역에 상표의 윤리를 투사할 줄 알아야 한다. 최상의 예는 샤넬의 경우이다. 우리가 앞에서 보여줬던 것처럼, 라거 펠트는 여성 설립자의 윤리와 미학을 시대의 취향에 맞춰 새롭게 되풀이하는 식으로 재해석했다. 이러한 정체성의 경영은 상표의 가치를 높이고 새로운 가치를 만든다. 이렇게 상표는 모든 시대를 관통할 수 있다. 실제로 버버리Burburry가 그렇다. 버버리의 위상은 아마도 가장 긍정적일 것이고, 시간 속에서 한 상표의 정체성으로 성공을 거둔 경영의 예를 잘 보여주고 있다.

마지막으로 시간과 상표의 관계는 비연속적인 것일 수 있다. 여기에서 과거와 디자이너-설립자와의 단호한 단절의 논리가 개입된다. 예전의 역사는 끝난다. 그리고 상표의 역사에 '쿠데타'와 '한바탕의 소동'이 등장한다……. 과거를 백지 상태로 만들어 제로 상태에서 다시 더 잘(?) 시작하기 위해 '모든 것을 부순다'. 그러나 상표의 유명세와 이미지는 이용한다. 가장 최근에 일어났고 가장 상징적인 예로는 톰 포드가 입생로랑에서 권력을 장악한 것을 들 수 있다. 디자이너-설립자가 세상을 떠났고, 다른 사람이 그의 자리를 차지했다. 포드는 그의 통찰력과 세계를 강요했다. 그는 이미 구찌에서 성공적으로 자신의 개성을 드러내 보였다. 그가 구찌에 있었을 때, 구찌 미학 불변 요소들의 대부분은 쉽게 알아볼 수 있는 로고를 보존하기 위해 포기되었다. '흥하든지 아니면 망하든지' 하는 식의 전략이 얼마나 위험스러웠겠는가. 이러한 전략은 오케스트라의 지휘자나 재능 있는 머천다이징 전문가를 필요로 한다. 상표의 정체성을 관리할 수 있어야 한다. 재창조하고 재건하며 '다시 자금을 모을' 줄 알아야 한다.

이러한 분석은 시간과의 관계에서 상표의 논리들을 구분할 수 있도록 한다. 그러나 네 시기로 나눈 분석은 또한, 같은 상표에서도 설립 시기부터 다르게 발전해온 과정들을 생각할 수 있도록 한다. 이러한 과정들은 상표가 어떻게 창의적으로 발전되어왔는지를 명확하게 밝히기 위한 것이다. 이렇게 우리는 한 상표의 수명에 있어, 설립 시기부터 현재에 이르기까지의 여러 과정들을 설정할 수 있다.

만일 아직도 입생로랑이란 이름을 쓰고 있는 업체와 금년에 작별 인사를 고한 그를 예로 든다면, 그와 그의 신모델들이 초기에는 얼마나 파문을 일으켰는지 돌이켜보아야 한다. 그는 당시의 전통을 파괴하는, 달리 말해 규범을 어기는 입장을 분명하게 내보였다. 향수 신제품 발표회에서 맨몸을 노출시키고(1971), 향수를 '오피움 Opium'이라고 부르면서 명확하게 마약을 기준으로 삼았으며, 'YSL'에 몰두할 여성들을 초대하면서 시간에 앞서 탐닉을 대대적으로 조직했다. 또 사진 작가 헬무트 뉴턴 Helmut Newton의 도움을 얻어 남성으로 변장한

동성애 여성 모델들을 무대에 올렸다(1975). 이렇게 입생로랑의 신모델들은 '창녀들과 하찮은 여성들을 위한 패션'이라고 마음을 상하게 하기보다는 논평의 대상이 되었다⋯⋯. 그때부터 입생로랑은 '관습'으로서, '오트 쿠튀르' 사원의 마지막 문지기로서, 게다가 '최후의 쿠튀리에'로서 열렬히 맞아들여졌다. 우리는 오늘날 그의 관점을 읽을 수 있다.

마찬가지로, 상표 샤넬의 수명 주기도 입생로랑과 같은 일련의 시련으로 분석될 수 있다. 샤넬은 초기에 당시의 주도적인 쿠튀리에들, 당시 여성들의 실루엣과 단호하게 단절을 이루었다. 당시 여성들의 실루엣은 긴 외투를 둘러싸인 깃털 장식 모양으로 만들어, 여성들의 움직임을 방해하고, 그들을 장식 용품의 역할(비-연속성)로 한정시켰다. 이는 패션과 여성들에 대한 관점을 강요하기 위한 것이었다. 샤넬은 자신이 혁명가임을 자처했다. 장 콕토Jean Cocteau는 친구로서 그녀를 잘 이해하고 있었다. 콕토는 반대되는 두 가지 실루엣, 즉 푸아레의 실루엣과 그와 반대되는 샤넬의 실루엣을 간결하게 묘사하고 있다. 왜냐하면 콕토는 다음과 같이 명확하게 자기의 생각을 밝히고 있기 때문이다.

푸아레는 멀어지고 있고, 샤넬은 다가오고 있지 않은가![14]

나는 왜 쿠튀리에 직업에 투신했고, 거기에서 왜 혁명가의 모습을 만들었는지 자문해본다. 나를 기쁘게 하는 것을 만들기 위한 것이 아니라, 내 마음에 들지 않는 것을 진정 유행에 뒤지게 만들기 위한

것이었다…….나는 내 재능을 폭약으로 사용했다.[15]

　이 문장에 따르면, 샤넬 상표는 점차 조금씩 불변 요소들을 필요 불가결한 것으로 만들기 위해 '연속성'으로 옮겨갔다. 그리고 그 후에 샤넬 상표는 샤넬 정장을 입은 일정한 나이에 이른 순응주의적인 부르주아들(비-불연속성) 이외 다른 사람들과는 더는 관련이 없었다. 이러한 이유 때문에, 새로운 디자이너는 새로운 가치를 더 잘 부여하기 위해서 상표의 윤리와 미학을 쇄신하면서 활성화시켜야 한다. 그리고 그는 전 세계적인 차원에서 가장 갖고 싶어 하는 상표, 가장 유익한 상표들 중의 하나로 만드는 데 기여해야 한다.

　마지막으로 '연속성:비연속성'이란 범주들은 상표들이 '어떤 패션 현상'에 부합하는지, 즉 불연속성에 부합하는지, 비-연속성에 부합하는지 구분되도록 해야 한다. 그리고 상표들이 어떤 스타일 현상에 부합하는지, 즉 연속성에 부합하는지, 비-불연속성에 부합하는지 구별되도록 해야 한다.

　플로슈[16]에 따르면, 패션 현상으로 분류되는 상표는 '이 상표가 무엇으로 알려졌는가'에 따라 구별된다. 즉 주어진 순간에 식별이 가능하고 뚜렷한 미적 불변 요소들에 따라 구별된다. 이러한 상표는 과시적으로 코드들을 붙인다. 이러한 코드들은 주어진 시대와 조화를 이루기 때문에 채용되었을 것이지만, 어떤 의미에서는 일시적으로 시간 속에 상표의 흔적을 남긴다. 반대로 스타일은 가치나 윤리를 통해 상표를 지속적인 시간 속에 나타나게 한다. 이때 가치와 윤리는 상표의 신모델 스타일을 주재했던, 그리고 식별 가능한 스타일이 위치를 정할 수 있는 시간 단위들에 투사(미학)될 때 나타나는 결과일 뿐이다.

이러한 똑같은 범주들은 또한 오로지 표시들, 달리 말하면 코드들, 혹은 미학(이러한 미학에서 상표는 피상적으로 알려진다)을 우선하는 상표들을 구분할 수 있도록 한다. 그리고 우리가 앞에서 정의한 것처럼 이러한 범주들은 의미, 상표의 차별되는 가치들 혹은 상표의 윤리에 더 높은 가치를 부여할 수 있도록 하고, 상표의 창조, 제조, 표명을 주재한다. 여기에 귀스타브 플로베르Gustave Flaubert의 말을 인용해보자. "연속성은 스타일을 구성한다." 혹은 샤넬의 말을 인용해보자. "패션은 사라지고, 스타일은 남는다!"

*

오늘날 사치 영역과 이 일에 종사하는 당사자들은 상당수의 쟁점에 사로잡혀 있다. 상당수의 쟁점이란 그들의 성공과는 모순되는 결과를 말한다. 즉 상표나 제조업체 각각의 정체성을 존중하면서, 쇄신과 창의성을 자극하고 발전시키면서 공조할 수 있도록 하는 직업 활동의 구조화와 사업의 경제 규모 사이의 적당한 균형을 찾아야 한다는 쟁점에 사로잡혀 있다.

유명 제조업체들이 창의성을 실천하는 여러 분야에서 그들 상표의 정체성을 다양한 모양으로 일관되게 만들어낼 수 있을 때부터, 고객들은 분열되지 않는다. 고객들은 오히려 상표들을 발전시켜 경제적 효용을 강화시킬 것이다. 예를 들면, 향수, 화장품, 패션 액세서리는 다른 부문들의 창조에 출자를 할 수 있도록 하면서 상표의 가시성, 영향력, 가능성을 강화시킨다. 반대로 쿠튀르나 보석 세공업에서 만들어진 상표의 정체성과 적법성은 향수나 화장품, 립스틱에 이르기까지 영역의 세계와 새로운 개념들을 만들어냈다.

마케팅은 상표의 창의성에 더 높은 가치를 부여하기 위하여 새로운 분야에 침투했다. 그러나 사치는 계속해서 대중 소비 제품 및 상표와의 '거리를 더 넓혀야'만 할 것이다. 특히 화장품과 관리 제품 부문에서 그러하다. 왜냐하면 두 분야에 진출해 있는 세계적인 대그룹들이, 끊임없이 대량 소비 제품들을 공급함에 있어서 품질을 향상시키면서 사치품과의 차이를 줄이는 데 기여하고 있기 때문이다.

10여 년 전에는 사치품 사회에 마케팅이라곤 없었다. 사치품 사회는 당시에 상표의 이름마저도 광고하길 거부했다. 당시에는 오로지 신모델 창조만이 더 높은 가치를 부여받았는데, 특히 프랑스 사치품 제조업체들이 더욱 그러했다. 미국 경쟁사들의 영향으로, 또한 아주 창의적이면서 시장의 기대에 귀를 기울이는 이탈리아의 경쟁사들의 영향으로, 마케팅의 엄정한 고찰을 통합해야 할 필요성이 어쩔 수 없는 새로운 확실성으로 받아들여졌다. 마케팅은 유명 상표 제조업체들이 일관성을 갖고 대대적으로 창의적인 제품 공급을 할 수 있도록 하기 위한 것이었다.

물론, 마케팅의 입장과 역할은 오늘날 분야에 따라 달라진다. 패션이나 액세서리 분야보다는, 향수, 화장품, 관리 제품 분야나, 혹은 포도주와 독주 분야에서 더욱 절실하고 중요함이 틀림없다. 우선 마케팅의 역할은 상표의 정체성, 소비자들과 고객들의 행동과 열망에 관해서 연구하고 감사監査할 뿐 아니라, 판매와 경쟁사의 결과에 관해서 연구하고 감사하는 것이다. 또한 마케팅은, 만일 필요하다면 예술 담당 지도자들과 디자이너들이 그들 자신에게 속한 창의적인 세계나 목록에 따라 정체성의 요소들과 사실에 근거를 둔 요소들을 해석할 수 있도록 그들에게 이러한 요소들을 물려주기 위하여, 이들과의 커뮤니케이션과 인터페이스의 역할을 한다. 결국 마케팅은 신개념과 신제품을 발전시키는 역할을 한다. 이러한 마케팅은 상표의 정체성과 가치를 존중하면서 신제품 발표와 제품이 성공을 거둘 수 있도록 대대적으로 조직되어만 한다. 이러한 마케팅은 매번 기쁨, 감동, 감탄 그리고 성공의 표시로 뜻밖의 일, 놀라움을 불러일으킨다.

따라서 사치품 마케팅은 되풀이되는 신모델 창조와 고객의 가치를 더 높이 평가하는 데 도움이 되는 창의성과 엄격한 노동 절차를 결합한다. 왜냐하면 사치는 '경향 속에 자리를 잡는' 것이 아니라, 경향을 만드는 것이기 때문이다. 우리는 10여 년 전처럼 마케팅과 신모델 창조를 대조하면서 양자택일의 논리가 아니라 결합의 논리에 빠져 있다. 즉 고객의 동향, 신모델 창조의 동향, 따라서 마케팅과 신모델 창조, 혹은 신모델 창조와 마케팅의 결합 논리에 빠져 있다.

○ 후주

1부 영원한 사치, 감동의 사치 | 질 리포베츠키

▪ 성스러움, 국가 그리고 사치

1 이 점에 관해서는 마셜 살린스(Marshall Sahlins, *Âge de pierre, âge d'abon-dance*, Paris, Gallimard, 1976, pp. 37~81)의 고전적 분석을 참조하시오.

2 Bronislaw Malinowski, *Les Argonautes du Pacifique occidental*, Paris, Gallimard, 1989.

3 Marcel Mauss, *Essai sur le don*[1924], in Sociologie et anthropologie, Paris, P.U.F., 1960, pp. 197~202.

4 Georges Bataille, *La Part maudite*[1967], Paris, Éd. du Seuil, coll. 《Points》, p. 123.

5 조르주 바타유는 앞에 언급한 책(*Ibid.*, pp. 57~83)에서 이러한 생각을 발전시켰다.

6 클로드 레비-스트로스(Claude Lévi-Strauss, *Les Structures élémentaires de la parenté*[1967], Paris et La Haye, Mouton, rééd. 1981, pp. 49~ 79)가 내린 정의와 마찬가지로 루이 뒤몽(Louis Dumont, *Homo aequalis*, Paris, Gallimard, 1977)의 전통 사회에 관한 정의는 잘 알려져 있다.

7 Pierre Clastres, *La Société contre l'Etat*, Paris, Éd. de Minuit, 1974.

8 Karl Polanyi, *La Grande Transformation*, Paris, Gallimard, 1983, pp. 71~86. 또한 K. Polanyi, C. M. Arensberg et H. W. Pearson, *Les Systèmes économiques*

dans l'histoire et dans la théorie, Paris, Larousse, 1975.

9 M. Mauss, *Essai sur le don*, *op. cit.*, pp. 214~227. 콰키우틀 족에게 포틀래치의 신성한 의미에 관해서는 마셜 살린스의 논문(Marshall Sahlins, 《Les cosmologies du capitalisme》, *Le Débat*, n° 118, janvier-février 2002, pp. 182~186)을 참조하시오.

10 M. Mauss, *Essai sur le don*, *op. cit.*, p. 165.

11 Roger Caillois, *L'Homme et le Sacré*, Paris, Gallimard, coll. 《Idées》, pp. 123~162.

12 Marcel Henaff, *Le Prix de la vérité: le don, l'argent, la philosophie*, Paris, Éd. du Seuil, 2002, pp. 145~207. 마르셀 에나프는 값진 물건의 교환은 파트너들 사이의 동맹 관계, 동맹 행위임을 강조하고 있다. 그러나 그의 분석은 이러한 현상의 마술적이고 종교적인 근간을 고려하고 있지 않다. 신화적인 사고 체계와 분리될 수 없는 사치스러운 분배는, 사람들 사이에 감사 표시를 하는 과정으로 축소되지 않는다. 또한 분배는 환생의 주기들, 우주적이고 신성한 권력의 통합 등을 보장하려는 목적을 갖고 있다. cf. 앞에서 언급한 살린스의 논문(M. Sahlins, 《Les cosmologies du capitalisme》)을 참고하시오.

13 M. Mauss, *Essai sur le don*, *op. cit.*, pp. 277~279 ; M. Sahlins, *Âge de pierre, âge d'abondance*, *op. cit.*, pp. 221~236. 또한 레비-스트로스도 *Les Structures élémentaires de la parenté*, *op. cit.*, p. 78에서 다음과 같이 언급하고 있다. "교환은 전쟁을 평화롭게 해결했고, 전쟁은 불행한 타협의 출구였다."

14 화장 도구와 장례에 사용된 화장품들은 이미 초기 구석기 시대의 장례에서 나타난다. 신석기 시대에 들어서면서 성소(聖所)들(사탈 후육Çatal Hüyük, 기원전 6500년과 5600년 사이)은 풍부한 벽 장식으로 치장되고 종교적인 목적을 지닌 석재나 토기 동상들로 채워진다. 장례 집기에 있어서의 불평등은 사회 '계급' 표시와 관련된 것, 종교 권력의 표시나 일생을 통해 얻은 명망 있는 영예의 표시들을 모르고는 이해할 수 없다. 장례는 기원전 4000년

부터 비로소 한편으로는 봉헌물이 전혀 없는 혹은 거의 없는 초라한 묘지
들과 철저한 차이를 드러내고, 다른 한편으로는 세련된 도자기, 귀중한 보
석, 호화스러운 병기들을 갖추고 있는 왕족의 묘지들과 철저한 차이를 드
러낸다.

15 Jacques Cauvin, *Naissance des divinités, naissance de l'agriculture*, Paris,
Flammarion, coll. 《Champs》, 1977, pp. 102~104 ; Jacques Cauvin, 《L'
apparition des premières divinités》, *La Recherche*, n° 194, 1987, pp.
1472~1480.

16 Erik Hornung, *Les Dieux de l'Égypte*, Paris, Flammarion, coll. 《Champs》,
1992, pp. 210~211.

17 Jean Bottéro, *La plus vieille religion*, Paris, Gallimard, 1997, pp. 113~115.

18 *Ibid.*, pp. 229~266.

19 Erik Hornung, *L'Esprit du temps des pharaons*, Paris, Hachette-Pluriel, 1996,
pp. 79~92.

20 역사의 역동성과의 관계에서 국가의 역할에 관한 일반적인 이론화에 대해
서는 마르셀 고셰(Marcel Gauchet, *Le Désenchantement du monde*, Paris,
Gallimard, 1985, pp. 26~46)의 책을 참조하시오.

21 Paul Veyne, *Le Pain et le Cirque. Sociologie historique d'un plurali-sme politique*,
Paris, Éd. du Seuil, coll. 《Points》, 1976.

22 Marc Bloch, *La Société féodale*, Paris, Albin Michel, 1939, pp. 432~433.

23 Norbert Elias, *La Société de cour*, Paris, Calmann-Lévy, 1974. 원로원 기구를
종합적인 관점으로 현대화한 연구로는 자크 레벨(Jacques Revel, 《La Cour》,
in *Les Lieux de mémoire*(sous la direction de Pierre Nora), Paris, Gallimard,
coll. 《Quarto》, 1997, vol. III, pp. 3141~3197)을 참조하시오.

24 Orest Ranum, 《Les refuges de l'intimité》, in *Histoire de la vie privée*, t. III,
Paris, Éd. du Seuil, coll. 《Points》, 1985, pp. 246~248.

25 Philippe Ariés, *L'Homme devant la mort*, Paris, Éd. du Seuil, 1977, pp. 133~138.

26 Georges Duby, *Le Temps des cathédrales*, Paris, Gallimard, 1976, pp. 221~327.

27 Krzysztof Pomian, *Collectionneurs, amateurs et curieux. Paris, Venise: XVIᵉ- XVIIIᵉ siècle*, Paris, Gallimard, 1987.

28 Odile Blanc, *Parades et parures. L'invention du corps de mode à la fin du Moyen Âge*, Paris, Gallimard, 1997, pp. 21~36.

29 더 자세한 분석에 대해서는 본인의 저서(*L'Empire de l'éphémère. La mode et son destin dans les sociétés modernes*, Paris, Gallimard, 1987, pp. 55~79)를 참조하시오.

• 근대의 사치, 포스트모더니즘의 사치

1 워스와 오트 쿠튀르에 관해서는 다음의 책들을 참조하시오. Diana De Marly, *Worth, Father of Haute Couture*, Londres, Elm Tree Books, 1980 ; *The History of Couture, 1850-1950*, Londres, Batsford, 1980 : G. Lipovetsky, *L'Empire de l'éphémère, op. cit.*, Iᵉʳ partie, chap. II.

2 돔Daum은 1875년에, 랄리크Lalique는 1910년에, 부쉐롱Boucheron은 1858년에, 에스티 듀퐁S.T.Dupont은 1872년에, 에르메스Hermès는 1837년에, 루이비통Louis Vuitton은 1854년에, 겔랑Guerlain은 1828년에, 잔느 랑방Jeanne Lanvin은 1889년에 창설되었다. 부쉐롱은 1893년에, 카르티에Cartier는 1899년에 프랑스 파리의 방돔Vendôme 광장에 자리를 잡았다.

3 근대 산업과 오트 쿠튀르의 결합은 또한 향수 화장품 산업과의 관계에서 나타난다. 20세기 초부터 쿠튀리에는 향수 사업을 개시하거나 향수와 관계를 맺었다. 푸아레Poiret는 1914년에 향수 '프루트 데팡두Fruit défendu(금단의 열매라는 뜻)'와, 샤넬Chanel은 1921년에 향수 'N°5'와 함께 사업을 시작

했다.

4   Didier Grumbach, *Histoires de la mode*, Paris, Éd. du Seuil, 1993.

5   Philippe Perrot, *Le Luxe. Une richesse entre faste et confort, XVIII-XIX siècle*, Paris, Ed. du Seuil, 1995, pp. 125 ~ 156.

6   Michael B. Miller, *Au Bon Marché*, 1869-1920, Paris, Armand Colin, 1987, p. 181. 미국의 백화점들에 관해서는 윌리엄 리치(William Leach, *Land of Desire*, New York, Vintage, 1993)의 저서를 참조하시오.

7   Elyette Roux et Jean-Marie Floch, 《Gérer l'ingérable: la contradiction interne de toute maison de luxe》, *Décisions Marketing*, n° 9, septem-bre-décembre 1996.

8   메릴 린치Merryll Lynch 은행의 연구에 따르면, 100만 달러 이상을 저축하고 있는 사람이 2000년에 전 세계적으로 720만 명에 달했다. 현재는 5만 7천 명이 3천만 달러 이상의 금융 자산을 소유하고 있다.

9   이러한 현상은 모드와 향수 부문을 능가한다. BMW 자동차는 향후 6년 동안에 20여 종의 신 모델을 상업화할 계획을 갖고 있다.

10   Elyette Roux, 《Le Luxe: entre prestige et marché de masse》, *Déc-sions Marketing*, n° 1, janvier-avril 1994.

11   Bruno Rémaury, 《Luxe et identité culturelle américaine》, *Revue française du marketing*, n° 187, 2002, pp. 49 ~ 60.

12   Danielle Allérès, *Luxe... Stratégies-Marketing*, Paris, Economica, 1997, pp. 5 ~ 6.

13   Thorstein Veblen, *Théorie de la classe de loisir* (1899), trad. de l'an-glais par L. Évrard, Paris, Galllimard, coll. 《Tel》, 1970, p. 27.

14   니체는 귀족주의의 관점에서 '자기 스스로가 다른 사람들과는 다르다는 것을 알고 있는 즐거움'을 강조했다(Nietzsche, *Par-delà le Bien et le Mal*, §260).

15   다음의 저서를 예로 들 수 있다. Saphia Richou et Michel Lombard, *Le Luxe*

dans tous ses états, Paris, Economica, 1999, chap. VIII.

16 Pierre Bourdieu, *La Distinction*, Paris, Éd. de Minuit, 1979, pp. 198 ~230.

17 이 호칭들에 관해서는 로저 카유아(Roger Caillois, *Les Jeux et les Hommes*, Paris, Gallimard, 1967)를 참조하시오.

18 로버트 라이시Robert Reich는 개인의 안전은 미국에서 가장 빠르게 성장하는 직업 활동 영역 중의 하나라고 밝히고 있다. '개인 경호원들은 1990년에 전체 직업 활동 인구의 2.6퍼센트를 차지했는데, 이 비율은 1970년도보다 더 심하게 두 배 이상 증가했다(*L'Économie mondialisée*, Paris, Dunod, 1993)'.

19 David Le Breton, *Passions du risque*, Paris, Métailié, 1991, pp. 130~161.

▪ 사치의 여성화

1 폴 벤느(P. Veyne, *Le Pain et le Cirque*, *op. cit.*, p. 462)가 인용함.

2 Bernard Grillet, *Les Femmes et les fards dans l'Antiquité grecque*, Lyon, C.N.R.S., 1975.

3 P. Veyne, *Le Pain et le Cirque*, *op. cit.*, p. 750, note 261.

4 O. Blanc, *Parades et parures*, *op. cit.* (*supra*, p. 42, n. 1), p. 216.

5 Diane Owen Hughes, 《Les modes》, in *Histoire des femmes*, Paris, Plon, t. II, 1991, p. 150.

6 Daniel Roche, *La Culture des apparences*, Paris, Éd. du Seuil, coll. 《Points》, 1989, pp. 113~114.

7 D. Owen Hughes, 《Les modes》, art. cité, p. 153.

8 Louise Godard de Donville, *Signification de la mode sous Louis XIII*, Aix-en-Provence, Édisud, 1978, p. 144.

9 Jean Delumeau, *La Peur en Occident*, Paris, Fayard, 1978, p. 442.

10 엘로페 부인Mme Eloffe은 1787년에 궁정복을 제공하고 2,049파운드를 청구했다. 즉 이 액수는 2,000일 이상의 노동 가치에 해당했다. 1785년 한 해

에, 왕비는 로즈 베르탱Rose Bertin에게 거의 9만 파운드를 지불해야 했다. 더 자세한 내용은 로슈의 저서를 참조하시오(D. Roche, *La Culture des apparences*, *op. cit.*, pp. 309~310). 이와 비교하기 위해 예를 들면, 서민 계층과 부르주아 계층의 여성 복장은 평균적으로 각각 92파운드와 200파운드의 가치를 갖고 있었다.

11 D. Roche, *La Culture des apparences*, *op. cit.*, pp. 110~117.

12 Th. Veblen, *Théorie de la classe de loisir*, *op. cit.*, pp. 119~120.

13 Michelet, La Femme [1859], Paris, Flammarion, coll. 《Champs》, 1981, p. 279.

14 여성 외모를 우선시하는 태도는 18세기부터 모든 사회 계층에서 펼쳐졌다.

15 르네상스 시대부터 시작된 '아름다운 성, 즉 여성'의 우상 숭배에 관해서는 본인의 저서(*La Troisième Femme*, Paris, Gallimard, 1997, pp. 113~128)를 참조하시오.

16 M. B. Miller, *Au Bon Marché*, *op. cit.*, pp. 179~191.

17 Geoffrey Gorer, *Les Américains*, Paris, Calmann-Lévy, 1949, p. 61.

18 G. Lipovetsky, *La Troisième Femme*, *op. cit.*를 참조하시오.

19 1997년도 전체 의복 구매 비율에서, 남성용이 32퍼센트, 아동용이 16퍼센트를 차지한 것에 비해 여성용은 52퍼센트였다. 남성 의류 예산은 30년 전부터 상당히 감소했다. Cf. Gérard Mermet, *Francoscopie*, Paris, Larousse, 1998, p. 63.

20 G. Lipovetsky, *La Troisième Femme*, *op. cit.*, pp. 140~144.

21 Roland Barthes, *Fragments d'un discours amoureux*, Paris, Éd. du Seuil, 1977, pp. 100~101.

▪ 사치와 육감

1 Claude Lefort, 《L'échange et la lutte des hommes》, in *Les Formes de l'histoire*,

Paris, Gallimard, 1978.

2 이 점에 관해서는 필자의 저서(*L'Empire de l'éphémère, op. cit.*) 제2부를 참조하시오.

3 Bernard Arnault, 《The Perfect Paradox of Star Brands》, *Harvard Business Review*, October 2001, vol. 79.

4 Mircea Éliade, *Aspects du mythe*, Paris, Gallimard, 1963.

5 Jean-Paul Aron, *Le Mangeur du XIXᵉ siècle*, Paris, Robert Laffont, 1973.

2부 사치의 시대, 상표의 시대 | 엘리에트 루

▪ 명성과 대중 시장 사이에서의 사치

1 McKinsey, 《Douze propositions pour étendre le leadership des marques françaises》, McKinsey-comité Colbert, 1990.

2 Eurostaf, 《L'industrie mondiale du luxe: l'impératif de la création face à la banalisation des marchés》, 1992; *id.*, 《L'industrie mondiale du luxe: perspectives stratégiques et financières》, 1995.

3 P. N. Giraud, O. Bomsel et E. Fieffé-Prévost, 《L'industrie du luxe dans l'économie française》, Cerna et ministère de l'Industrie-comité Colbert, 1995.

4 R. Burnel, 《La filière luxe. Rapport du Conseil économique et social》, *Journal officiel de la République*, n°4, 13 février 1996.

5 H. Baudrillart, *Histoire du luxe privé et public de l'Antiquité jusqu'à nos jours*, Paris, Hachette, 4 volumes, 1878-1880.

6 P. Perrot, *Le Luxe: une richesse entre faste et confort, XVIIIᵉ-XIXᵉ siècle*, Paris,

Éd. du Seuil, 1995.

7 T. Veblen, *Théorie de la classe de loisir* [1899], Paris, Gallimard, trad. de l'anglais par L. Évrard, 1970.

8 J. Sekora, *Luxury: the Concept in Western Thought. Eden to Smollet*, Johns Hopkins University Presse, 1977.

9 C. Berry, *The Idea of Luxury: a conceptual and historical investiga-tion*, Cambridge University Press, 1994.

10 일례로 캐퍼러(J.-N. Kapferer, *Les Marques Capital de l'entreprise*, Paris, Editions d'Organisation, 1995)의 저서를 참조하시오.

11 P. N. Giraud, O. Bomsel et E. Fieffé-Prévost, 《L'industrie du luxe dans l'économie française》, *op. cit.*, p. 7. 이러한 수치들에 대한 논쟁에 관해서는 또한 리슈와 롬바르(S. Richou, et M. Lombard, *Le Luxe dans tous ses états*, Paris, Economica, 1999)의 저서를 참조하시오.

12 매킨지의 2000년도 예상치.

13 클라란스는 상표 몬타나를 1995년에 취득하여 2000년에 매각했다.

14 C. Blanckaert, *Les Chemins du luxe*, Paris, Grasset, 1996, p. 28.

15 에벨과 쇼메, 이 두 상표의 매수 가격은 태그 호이어의 인수 가격(7억 4천 700만 달러)을 약간 밑돌았으리라 추정된다. 반면에 쇼메는 이전 소유주가 1987년에 인베스트콥Investcorp에 600만 달러에 팔았다. LVMH 그룹은 보석 사업을 하는 프레드Fred와 시계 사업을 하는 제니트Zénith를 이미 소유하고 있었다.

16 이 평가는 예를 들면 비즈니스위크(*Business Week*, 《The 100 Top Brands》, Interbrand, 6 août 2001, pp. 60~64)에 게재되었다. 인터브랜드가 계산한 제조회사의 가치는 이해 당사자들의 독서를 위해 다음과 같은 기준들을 고려했다. 시장에서 제조회사의 리더십, 안정성, 제조회사의 시장 변화, 제조회사의 국제적 규모, 상표를 유지하고 보호하기 위한 투자. 제조회사의 '영

향력'은 각각의 기준을 바탕으로 한 성과들에 따라 평가되었다. 여기에서 성과들이란 중요도에 따라 부여된 가중치를 말한다. 인터브랜드의 분석가들은 이 점수에 '배수'를 적용했고, 배수는 제작자의 가치를 측정하기 위해 제작자의 수입에 적용되었다.

17 McKinsey, 《Douze propositions pour étendre...》, *op. cit.*

18 당시 헤네시의 사장이었던 크리스토프 나바르Christophe Navarre의 강연은 '사치품 생산 공장. 새로운 소비 행위와 마케팅의 모순'이었다. 이 강연은 2000년 6월 20일 파리에서 기업들에 파견된 인문 사회 과학 연구의 학제 간 평가를 위한 국가 협회에서 있었다. 필자는 이 강연회를 주재하는 영광을 가졌다.

19 Cofremca, 《Rapport sur le luxe et l'évolution des mentalités》, Co-fremca-comité Colbert, 1992.

20 B. Dubois, G. Laurent, 《The Functions of Luxury: a situational approach to excursionism》, *24ᵉ Conférence annuelle de l'European Marketing Academy* (16–19 mai 1995), Essec, Cergy-Pontoise.

21 Eurostaf, *L'Industrie mondiale du luxe: l'impératif de la création face à la banalisation des marchés*, 1992; H. Joly, 《Industrie du luxe: rebondir sur la crise. Leviers pour le succès dans les années 90》, *Revue française du marketing*, n° 132–133, pp. 97 ~ 109, d'après le rapport McKinsey, 《Douze propositions pour étendre...》, *op. cit.* 또한 이미 언급한 코프랑카(Cofremca, 《Le luxe et l'évolution des mentalités》)를 참조하시오.

22 아동복, 운동복, 내복, 혹은 다른 향수 제품들(로레알 그룹을 거쳤던 제품들), 시계와 액세서리, 혹은 내부 장식 용품들로의 확장을 고려하지 않을 때, 조르지오 아르마니Giorgio Armani, 보르고누보Borgonuovo, G. 아르마니 르 콜레지오니G. Armani Le Collezioni, 마니Mani, 엠포리오 아르마니

Emporio Armani, 아르마니 진스Armani Jeans, A/X(Armani Exchange)밖에
없다.

23 이 주제에 관해서는 일류 제품의 정체성에 관해서 논한 이 글의 제3장을 참
조하시오.

24 H. Simon, 《Le Prix optimal: un concept majeur》, *Décisions Marketing*, 1993,
n°0, pp. 35~45.

25 비(非)사치품을 포함하여, 모든 시장과 영역들이 혼동되었다.

26 1991년 9월부터 1992년 11월까지, 그리고 2000~2001년도에 발표된 신상
품들을 편집한 수치이다(*Cosmétique Magazine*, juillet-août 2001).

27 우리는 뮈글러의 예외적인 경우를 일류 상표의 정체성에 관한 장에서 분석
할 것이다.

28 출처: *Cosmétique Magazine*, juillet-août 2002, pp. 64~65.

29 출처: 1999년도, 고가 제품 판매를 조사하기 위한 고정 조사 대상자들을 상
대로 한 자료 분석으로부터 만들어졌다.

30 마케팅 믹스는 여러 가지 다른 마케팅 활동 수단들(제품, 가격, 판매력, 분
배 경로, 커뮤니케이션)의 일관된 조합과 배분을 포함한다. 혼합 상품은 예
를 들면 결정의 상호 작용에서 제품 콘셉트, 시장·고객의 특성을 고려하여
상품의 유리한 조건을 정하고, 포장과 일치하게 만든다.

31 1997년 제조업체들의 자료.

32 P. Bousquet Chavanne, 《How Recession Proof is The Luxury
Industry? The first panel makers conference》, Essec, New York, 24
avril 2002.

33 1999년 자료를 기초로 한 것으로 캘빈 클라인의 프레타포르테 부분이 사용
한 금액이지, 유니레버Unilever에 양도한 캘빈 클라인 향수를 위해 사용된
금액은 아니다.

34 P. Desmet, *Promotion des ventes*, Paris, Nathan, 1992.

35 D. Aaker, *Managing Brand Equity*, New York, The Free Press, 1991.

36 Dodson *et al.*, 《The Impact of Deals and Deal Retraction on Brand Switching》, *Journal of Marketing Research*, 15, 1978, pp. 72~81.

37 S. Davis *et al.*, 《Promotion Has a Negative Effect on Brand Evaluation—or Does Not It? Additional disconfirming evidences》, *Journal of Marketing Research*, 21, 1 pp. 141~148.

38 1998년 11월, 제조업체의 자료.

39 이 주제에 관해서는 패션에 관한 질 리포베츠키(Gilles Lipovetsky, *L'Empire de l'éphémère. La Mode et son destin dans les sociétés modernes*, Paris, Gallimard, 1987, 특히 이 책의 제1부)의 저서를 참조하시오.

40 다음의 연구 결과에 따랐다. 《Les femmes leaders et les circuits non traditionnels》, de Régime Lemoine-Dartois, Euromap-Upper. 이 연구 결과는 1999년 2월 15일부터 3월 15일까지 유럽의 상당한 고소득층 여성 300명을 표본으로 해서 얻어졌다.

41 비교로서, 파리의 샹젤리제Champs-Elysées에 있는 갭Gap 매장은 1년에 200만 유로의 임대 비용을 지불하기 위해서는 1천 700제곱미터 미만의 넓이로는 손익 분기점에 이르지 못한다.

42 A. Parasuraman *et al.*, 《Servqual: une échelle multi-items de mesure des perceptions de la qualité de service par les consommateurs》, *Recherche et applications en marketing*, 5, 1, 1990, pp. 19~42.

43 다음을 참조하시오. P. Eiglier, E. Langeard, 《Fondateur》; C. Dageville, 《La qualité de service》, *Revue française du marketing*, n° 121, 1989, pp. 93~100.

▪ 사치란 의미의 점진적인 변화

1 Comité Colbert, 《Nouveaux regards sur le luxe. Rapport d'activité》, octobre

1997, p. 5.

2 R. Colonna d'Istria, *L'Art du luxe*, Paris, Hermé, 1991, p. 35 ; J.-N. Kapferer, *Les Marques Capital de l'entreprise*, *op. cit.*, p. 85 ; D. Rapoport, 《Le luxe: réponse à quels désirs, à quels besoins》, *Rencontres internationales des métiers du luxe*(Rime 98), Paris, 26-27 mars 1998.

3 J. Picoche, *Dictionnaire étymologique du français*, Paris, Éd. Le Robert, 1986, p. 213 ; A. Rey, *Dictionnaire historique de la langue française*, Paris, Éd. Le Robert, 1998, t. II, p. 2072.

4 K. Polanyi, *Primitive, Archaic and Modern Economy*, Boston, Beacon Press, 1968; *La Grande Transformation*, Paris, Gallimard, 1983. 또한 다음의 저서들을 참조하시오. P. Veyne, *Le Pain et le Cirque: sociologie historique d'un pluralisme politique*, Paris, Éd. du Seuil, 1976, p. 73. 우리는 다음의 발췌문을 통해 이러한 점을 예시할 수 있다. "그런데 키케로는 말했다. 로마 시민들은 사적인 사치를 싫어한다. 하지만 그들은 대중을 이롭게 하는 사치를 승인했다. 황제의 사치는 단지 이기주의적인 소비가 아닐 것이다. 그것은 또한 로마에 볼거리를 제공하는 공여자의 모습을 가질 것이다."(p. 637) 헌금도 마찬가지로 기독교 도덕의 중심에 있다. "완전한 기독교인들은 육체의 세계에서 벗어나고, 더 많은 수의 다른 기독교인들은 헌금을 통해, 그리고 교회에 유증을 통해 자신들의 영혼을 회복한다[……]. 하느님은 부자들에게 기부하도록 권장했다."(p. 62)

5 B. Mandeville, *La Fable des abeilles ou les vices privés font le bien public*, Paris, Vrin(éd. originale, 1714), I, 1990, p. 108. 또한 카리브(P. Carrive, *Bernard Mandeville: passions, vices, vertus*, Paris, Vrin, 1980)의 저서를 참조하시오.

6 P. Perrot, *Le Luxe: une richesse entre faste et confort*, *op. cit.*, p. 34, par R. Burnel,

《La filière luxe》, art. cité, 1996, p. 8 ; A. Rey, *Dictionnaire historique...*, *op. cit.*, p. 2072.

7 Grand Larousse en 5 vol., vol. 2, 1991, p. 1902.

8 P. Perrot, 《De l'apparence au bien-être: les avatars d'un superflu nécessaire 》, dans J.-P. Goubert, *Du luxe au confort*, Paris, Belin, 1988, p. 46.

9 G. Simmel, 《L'individualisme moderne》 [1917], dans *Philosophie de la modernité*, Paris, Payot, 1989, pp. 281～322. 또한 패션에 관해 다룬 부분을 참조하시오.

10 T. Veblen, *Théorie de la classe de loisir*, *op. cit.*, pp. 105～106.

11 R. Burnel, 《La filière luxe》, art. cité., 1996, p. 68. 콜베르위원회에 가입한 회원사들의 창업 연도는 본 저서의 부록 I에서 볼 수 있다.

12 필자가 이 책의 뒷부분에서 논의하겠지만, 사치품 산업은 사실 1995년에 유명 상품 전체를 아우르는 범주로서 정의를 부여받았다(본 저서의 150쪽 이후를 참조하시오).

13 R. Rochefort, *La Société des consommateurs*, Paris, Odile Jacob, 1995 ; *Le Consommateur entrepreneur*, Paris, Odile Jacob, 1997. 역사학자의 시각으로 접근한 연구로는 카롱(F. Caron, *Les Deux Révolutions industrielles du XXᵉ siècle*, Paris, Albin Michel, 1997)의 저서를 참조하시오.

14 J. Baudrillard, *Le Système des objets*, Paris, Gallimard, 1968 ; *La Société de consommation, ses mythes, ses structures*, Paris, Denoël, 1970; rééd. Gallimard, coll. 《Folio Essais》.

15 P. Bourdieu, *La Distinction. Critique sociale du jugement*, Paris, Éd. de Minuit, 1979.

16 G. Simmel, 《La mode》 [1923], dans *Philosophie de la modernité*, *op. cit.*, p. 169.

17 P. Bourdieu, *La Distinction*, *op. cit.*, p. 275.

18 *Ibid.*

19 *Ibid.*, p. 317.

20 브렛 이스턴 엘리스(Bret Easton Ellis, *American Psycho* (1990))의 소설에서 이 논리를 절정으로 몰고 간 것을 볼 수 있다. 이 소설은 극단적인 언어적 폭력으로 출간 당시에 큰 파문을 일으켰다. 이 소설은 레이건Reagan의 통치 시절과 유명 상표의 우위성에 대한 신랄한 비판으로 여겨진다. 우리는 여기에서 예로서 목록표에 올라 있는 여러 가지 유명 상표들 중에서 하나를 다시 취급할 것이다. 유명 상표들은 인물들이 장면에 등장할 때부터 그들에 대한 묘사에 점철하고 있다. "여인 네 명이 정면 식탁에 앉아 있다. 〔……〕 그들 중 한 여인은 캘빈 클라인의 양면 모직 슈미즈를 입고 있다. 다른 여인은 제프리 벤Geoffrey Beene의 결이 굵은 실크에 U자형 이음매가 있는 뜨개질 옷을 입고 있다. 또 다른 여인은 가장자리를 수놓은 크리스티앙 라크루아Christian Lacroix의 끈 없는 벨벳 브래지어 그리고 시도니에 라이치Sidonie Laizzi의 높은 굽의 무도화〔창이 아주 얇고 발목이 드러나게 만든 신〕와 함께 주름진 대칭형 얇은 망사 치마를 입고 있다. 그리고 마지막 여인은 빌 블라스Bill Blass의 모직 크레이프로 만든 몸에 꼭 맞는 외투 안에 반짝이로 장식한 끈 없는 브래지어를 입고 있다." (*American Psycho*, éd. fr., Salvy Points, 1992, p. 58) 우리는 또한 미국 문학사에서 이 소설의 관해 읽을 수 있다. "시대의 모습이 완전하게 아주 사치스러운 상표들(구두, 위스키, 비디오)을 통해 나타난다." (Pierre Yves Pétillon, *Histoire de la littérature américaine. Notre demi-siècle*, Paris, Fayard, 1992, p. 664)

21 M. Maffesoli, *La Contemplation du monde, figures du style communautaire*, Paris, Grasset, 1993; *Éloge de la raison sensible*, Paris, Grasset, 1996. '종족, 혹은 부족tribu'이란 용어가 상당히 유행한 이후로 이 용어에 관한 기준이 되는 저서로는 *Le Temps des tribus, le déclin de l'individualisme dans les* *sociétés de masse*, Paris, Méridiens Klincksieck, 1988; rééd. Le Livre de poche, 1990이 있다

22 *Le Temps des tribus, op. cit.* 마페졸리는 그의 저서에서 종족의 개념을 은유로 서 사용하고 있다는 것을 잘 명심해야 한다.

23 J.-F. Lyotard, *La Condition postmoderne*, Paris, Éd. de Minuit, 1979.

24 우리는 유명 사치품들의 특수성과 특수한 정체성에 대해 다른 부분에서 이 점을 광범위하게 발전시킬 것이다.

25 G. Lipovetsky, *La Troisième Femme. Permanence et révolution du féminin*, Paris, Gallimard, 1997, p. 138.

26 G. Lipovetsky, *L'Empire de l'éphémère, op. cit.; Le Crépuscule du devoir. L'éthique indolore des nouveaux temps démocratiques*, Paris, Gallimard, 1992. 또한 인류학자의 분석으로는 브르통(D. Le Breton, *Anthropologie du corps et modernité*, Paris, P.U.F., 2001(2ᵉ éd.))의 저서가 있고, 사회 학자의 분석으로는 아마디외(J.-F. Amadieu, *Le Poids des apparences. Beauté, amour et gloire*, Paris, Odile Jacob, 2002)의 저서가 있다.

27 프랑스 가계 소비에서 의복비가 차지하는 비율은 1960년부터 2000년까지 40년 동안에 반으로 줄어들어 11퍼센트에서 5.1퍼센트로 감소했다(프랑스 국립 통계 경제 연구소Insee의 자료).

28 B. Rémaury, 《Une mode entre deux décennies》, *Repères mode et textile*, Institut français de la mode, 1996, p. 63.

29 M. Maffesoli, *Au creux des apparences. Pour une éthique de l'esthéti-que*, Paris, Plon, 1990.

30 G. Lipovetsky, *La Troisième Femme, op. cit.*, p. 135.

31 우리는 1999년 봄, '디올 바디 라이트Dior Body Light' 광고에서 다음과 같 은 내용을 볼 수 있다. 날씬함에 대한 고상한 정의는 다음과 같은 세 가지 이점을 근거로 내세우고 있다. ① 날씬함의 체계를 일깨운다. ② 초과 중량

을 직접 공략한다. ③ 효과 연장은 '엄격하게 관리한 과학 실험을 통해 증명된 효과'를 근거로 내세우고 있다. 여기에서 과학 실험을 통해 증명된 효과란 '설문에 응한 93퍼센트의 여성들이 지방 방지에 효과를 보았다고 평가했고, 96퍼센트의 여성들이 피부 탄력 효과를 보았다고 평가한 내용'을 말한다(1999년 4월호 여성 잡지 광고).

32 G. Mermet, *Francoscopie*, Paris, Larousse, 1998 et 2001.

33 G. Lipovetsky, *La Troisième Femme*, *op. cit.*, pp. 142~143.

34 M. Maffesoli, *Le Temps des tribus*, *op. cit.*, p. 135.

35 메르메Mermet는 프랑스인이 자기 자신에 대한 관심을 나타내는 증거로, 거의 20만 명의 프랑스 사람들이 해수 요법 센터를 자주 드나들고 있는 사실을 예로 들어 밝히고 있다. 즉 1958년(26만 5천 명)과 1996년(60만 명) 사이에 온천 방문이 두 배로 늘어났던 것처럼, 해수 요법 센터에 드나드는 사람의 수는 10년 전보다 두 배 이상이 되었다(*Francoscopie*, *op. cit.*, p. 124).

36 콜베르위원회는 15개의 제조업체가 모여 1954년에 창설되었다. 현재는 75개 제조업체들이 가입하고 있다. 이 위원회에 속해 있는 기업들의 목록은 이 책의 부록에 실려 있다.

37 P. N. Giraud, O. Bomsel et E. Fieffé-Prévost, 《L'industrie du luxe dans l' économie française》, art. cité.

38 R. Burnel, 《La filière luxe》, art. cité.

39 McKinsey, 《Deux propositions pour étendre...》, *op. cit.*

40 P. N. Giraud, O. Bomsel et E. Fieffé-Prévost, 《L'industrie du luxe...》, art. cité, p. 3.

41 표상의 개념을 심화시키고자 한다면, 아브릭의 논문(J.-C. Abric, 《Les représentations sociales, aspects théoriques》, *Pratiques sociales et représentations*, Paris, P.U.F., 1994)을 참조하시오. 현재 사회 심리의 발달로, 표상은 "세상에 대한 기능적인 시각'으로 정의되어 있다. 개인들이나

그룹들은 이 시각 때문에 자신들의 행동에 의미를 부여할 수 있고, 자기 나름의 기준 체계를 통해 현실을 이해할 수 있다. 따라서 현실에 적응하고, 현실에서 입장이 정해진다."(*ibid.*, p. 13) 혹은 "사회적으로 공들여 만들어져 공유하고 있는 앎의 형태는 실천을 목표로 하고, 사회 전체와 공통의 현실을 구성하는 데 기여한다."(D. Jodelet, 《Représentations sociales, un domaine en expansion》, dans D. Jodelet [éd.], *Les Représentations sociales*, Paris, P.U.F., 5ᵉ éd., p. 36) 따라서 여러 저자들이 제시한 것처럼, (조직된) 사회인지(社會認知) 체계는 오로지 '이미지, 개념, 느낌'으로만 환원되지 않는다.

42 E. Roux, 《Comment se positionnent les marques de luxe》, *Revue française du marketing*, n°132-133, 1991, pp. 111~118.

43 연구 방법의 목적에 관해 더 많은 정보를 원할 경우에 다음의 저서를 참조할 수 있다. Y. Évrard, B. Pras et E. Roux, *Market. Études et recher-ches en marketing*, Paris, Dunod, 2000.

44 Cofremca, 《Rapport sur le luxe et l'évolution des mentalités》, *op. cit.*

45 Risc(Research Institute on Social Change). 사치품의 표상과 사치품 소비자들에 관한 이미지 연구(octobre 1993, 1995, 2001).

46 P. Degrave, 《Quelle conception du luxe pour s'adapter aux moeurs du troisième millénaire?》, Communication au Rime 98 (26-27 mars 1998), Versailles. 파트릭 데그라브는 코프랑카의 사회전망국Cofremca Sociovision 국장이다.

47 이 주제에 관해서는 필자의 동료인 베르나르 코바가 심화시킨 연구 저서를 참조하시오. Bernard Cova, *Au-delà du marché: quand le lien importe plus que le bien*, Paris, L'Harmattan, 1995.

48 우리는 상당히 교육적인 저서로 필자의 다른 동료인 파트릭 에첼이 포스트모던을 마케팅에 적용한 책을 참조할 수 있을 것이다. Patrick Hetzel,

Planète Conso, *Marketing expérientiel et nouveaux univers de consommation*, Paris, Éditions d'Organisation, 2002.

49 간단하게 돌이켜보자. 마케팅에서 체험적 모델은 1980년대에 특히 홀브룩과 허쉬만(M. Holbrook et E. Hirschman, 《The Experiential Aspects of Consumption: consumer fantaisies, feelings and fun》, *Journal of Consumer Research*, 9, 1982, pp. 132~140)에 의해 발전되었다. 마케팅에서 소비자들의 '체험'에 관한 최근 연구에 관해서는 필세르의 저서(M. Filser, 《Le marketing de la production d'expérience: statut théorique et implications managériales》, *Décisions Marketing*, 28, 2002, pp. 13~22)를 참조할 수 있을 것이다.

50 이 경우는 불행하게도 막스 베버Max Weber나 혹은 고쉐Gauchet에 대해 분석한 자료가 전혀 없다.

51 유럽, 미국, 일본의 고객들. 이 자료는 1만 2천 500명의 유럽인(프랑스, 이탈리아, 독일, 영국, 스페인), 3천 명의 미국인과 일본인을 표본으로 하여 만들어진 RISC의 자료(1994년과 2000년도 10월 조사)에 의거해 편집되었다. 최근 2년 동안에 적어도 1점의 사치품을 구매했다고 대답한 응답자들은 사치품 고객으로 여겼다.

고객 형태	미국		유럽		일본	
	1994	2000	1994	2000	1994	2000
사치품 총 고객	39%	65%	40%	60%	39%	62%
비정기적인 고객 (1-3개 구매)	29%	44%	31%	42%	25%	43%
정기적인 고객 (4개 이상 구매)	10%	21%	9%	18%	14%	19%
비고객 (구매 사실 없음)	61%	35%	60%	40%	62%	38%

52 유럽 국가들에 대한 수치는 2001년에 3퍼센트가 더 증가하여, 60퍼센트에서 63퍼센트로 변했다. 프랑스 한 나라만을 생각하면, 2001년 10월에 64퍼센트의 사람들이 적어도 최근 2년 동안에 사치 상품 하나를 구매했다.

53 향수, 화장품이나 관리 제품에 대한 2002년 RISC 자료. 백분율은 최근 1년 동안에 사치 상표를 구매한 여성 소비자들에 해당하는 것이다.

54 Étude annuelle SIMM 2000 Interdeco, Taylor Nelson, Sofrès, Séco-dip. 9,975명의 모집단을 대상으로 조사했다.

55 이 '방정식'은 밑에서 볼 수 있는 유명 상표들의 지명도에 관한 질문에서 나온 응답들을 비교하면서 만들어졌다. "상당수의 유명 사치 상표들이 있습니다……. 당신이 최소한 이름을 알고 있는 모든 상표들을 적어주십시오." 그리고 꿈에 관한 설문은 다음과 같다. "당신이 아주 아름다운 선물을 한 가지 선택할 수 있는 가능성을 갖고 있다고 상상해보십시오. 당신을 가장 기쁘게 만들 수 있는 상표 다섯 가지는 어떤 것들입니까?"

56 2000년 RISC의 자료로는 파테르노(C. Paternault, 《La marché du luxe》)의 논문이 있다. 이 자료는 1994년과 2000년의 RISC Image의 연구 결과에 따른 것이다. 그리고 베버와 뒤부아(D. Weber et B. Dubois, 《The Edge of Dream: managing brand equity in the European luxury market》)의 논문은 H.E.C.의 1995년 연구 자료이다. 마지막으로 뒤부아와 파테르노(B. Dubois et C. Paternault, 《The Dream Formula》, *Journal of Advertising Research*, août 1995, pp. 69~76)의 논문이 있다.

▪ 사치 상표: 적법성과 정체성

1 여기에 제안한 분석들은 부분적으로 기호학자 장-마리 플로슈Jean-Marie Floch와 공동으로 발전시켰다. 그는 현재 불행하게도 세상을 떠났다. 필자는 또한 여기에 그를 추억하며 경의를 표한다.

2 C. Whan Park *et al.* 《Strategic Brand-Concept Image Management》,

Journal of Marketing, 50, octobre 1986, pp. 135～145 ; K. Keller, *Strategic Brand Management*, Prentice Hall, 1998. 최근에 출간된 프랑스어 논문으로는 경험 영역의 확장에 관한 것으로 잡지 데시지옹 마케팅 특별 호(*Décisions Marketing*, n°28, 2002)와 에첼의 저서(P. Hetzel, *Planète Conso*, *op. cit.*)를 언급할 수 있다.

3   M. Weber, *Économie et société*, t. 1, 1956(독일어판). 프랑스어판으로는 플롱 출판사(Plon, 《Agora Pocket》, 1995)에서 출간한 것이 있다.

4   구찌 상표의 재탄생은 이 범주에 분류해서는 안 되고, 앞의 범주에 분류해 야 한다. 왜냐하면 이 상표가 패션을 광고한다 해도, 주력 업종에 부합하는 액세서리보다 훨씬 많은 매출액을 올릴 것이기 때문이다. 따라서 구찌의 경 우는 첫 번째 범주에 넣어야 한다. 디자이너 톰 포드의 재능이 구찌 상표를 소생시키는 데 상당히 기여했다 해도 말이다. 사실 구찌 상표의 모든 경영 (신모델 창조와 제품 종류는 물론, 특히 유통, 가격 정책, 광고 정책)은 이 회사의 사장인 드 솔레M. De Sollé에 이끌려 이루어진 것이다.

5   A. Greimas, et J. Courtés, *Sémiotique: dictionnaire raisonné de la théorie du langage*, Paris, Hachette, t. II, 1993, pp. 177～178.

6   폴 리쾨르가 개인 정체성과 서술적 정체성에 관해 연구한 부분(P. Ricoeur, *Soi-même comme un autre*, Paris, Éd. du Seuil, 1990, p. 137 *sq.*).

7   J.-M. Floch, *Identités visuelles*, Paris, P.U.F., 1995, p. 40.

8   M. Serres, 《Discours et parcours》, dans Cl. Lévi-Strauss, *L'Identité*, Paris, P.U.F., 1977, p. 28.

9   G. Simmel, *La Tragédie de la culture* [1909], Paris, Rivages, 1988, p. 163.

10 P. Ricoeur, *Soi-même comme un autre*, *op. cit.*, p. 200.

11 L. Ferry, *Homo aestheticus. L'Invention du goût à l'âge démocra-tique*, Paris, Grasset, 1990, p. 33.

12 M. Maffesoli, *Au creux des apparences*, *op. cit.*, p. 13.

13 E. Roux et J.-M. Floch, 《Gérer l'ingérable: la contradiction interne de toute maison de luxe》, *Décisions Marketing*, 9, 1996, pp. 15~23.

14 오감에 상응하는 기준들은 플로슈가 중요하게 생각하는 것들로, 플로슈와 필자는 1991년부터 LVMH에서 개최된 세미나 강좌와 여러 강연회의 일환으로 이 기준들을 널리 퍼뜨렸다. 그 이후 많은 사람들이 이 기준들을 광범위하게 다시 사용했다.

15 샤넬의 정체성에 관한 분석은 다음 장의 대상이다.

16 '세부 사항'의 결정적인 역할과 그림에서의 세부 사항에 대한 문제 제기에 관해서, 독자들은 아라스(D. Arasse, *Le Détail. Pour une histoire rap-prochée de la peinture*, Paris, Flammarion, coll. 《Champs》, 1996년도 판(版) 혹은 1992년에 처음으로 발간된 《Idées et recherches》 총서)의 저서를 참조할 수 있다. 결국 극까지 이르는 세부 사항은 사치의 윤리와 미학에 공존하듯이 구상 작품에 대한 인식에 공존하는 특질이다.

17 B. Speckhals, 《Les enjeux de la fidélisation des clients: les systèmes d'information au service de la satisfaction》, Ve Conférence annuelle des professionnels du luxe, Les Echos, en collaboration avec Coo-pers & Lybrand et le MBA Luxury Brand de l'Essec, Paris, 28 avril 1998. 스페칼은 리츠칼튼의 정보 시스템 부사장이다. 리츠칼튼 호텔의 사훈은 'Exceed customer's non expected expectations(고객이 예상하지 않았던 기대를 넘어서자)'이다.

18 Y. Veraart, 《Les enjeux de la fidélisation des clients: les systèmes d'information au service de la satisfaction》, 앞에서 언급한 에섹Essec의 제5차 연례 발표회(Ve Coférence annuelle). 이브 베라트는 에스티 로더의 국제 물류 시스템 부사장이다.

19 P. Hetzel, 《Systemising the Awareness of the Consumer's Five Senses at the Point of Purchase: an essential challenge for marketing theory and practice》,

232

Actes de la 24ᵉ Conférence de l´European Marketing Academy, Paris, 1995, pp. 471~482. 또한 같은 저자의 다음 논문을 참조하시오. 《La mise en scène de l´identité d´une marque du luxe sur son point de vente: l´approche expérientielle des magasins Ralph Lauren》, *Revue française du marketing*, n° 187, 2002, 2, pp. 61~72.

▪ 사치와 상표의 시대

1　이 장은 샤넬의 정체성에 관해 작업한 장-마리 플로슈와 함께 집필하기 시작했다. 플로슈의 작업 중 상당수의 분석은 그의 시각적 정체성에 관한 저서(*Identités visuelles, op. cit.*)에 소개되었다. 이 장을 재해석하여 공동 집필하려는 계획은 불행하게도 예기치 않은 그의 죽음으로 중단되었다.

2　1만 2천 500명의 유럽인(독일, 영국, 스페인, 프랑스, 이탈리아)과 3천 명의 미국인 및 일본인을 표본을 대상으로 해서 실시한 2000년도 RISC Image의 여론 조사 연구에 따른 것이다.

3　《타임즈》에 따르면 20세기의 가장 저명한 예술가 20인은 피카소P. Picasso, 르코르뷔지에Le Corbusier, 샤넬C. Chanel, 조이스J. Joyce, 엘리엇T.S. Eliot, 채플린C. Chaplin, 스필버그S. Spielberg, 브란도M. Brando, 스트라빈스키I. Stravinsky, 비틀즈les Beatles, 딜런B. Dylan, 프랭클린A. Franklin, 암스트롱 L. Amstrong, 시나트라F. Sinatra, 로저스와 해머스타인Rodgers et Hammerstein, 루실 볼Lucille Ball, 헨슨J. Henson, 윈프리O. Winfrey, 그레이엄G. Graham, 심슨B. Simpson(1990년대 만화 영화의 주인공)이 있다(vol. 151, n°23, p. 3).

4　자유와 유지: 샤넬 토털 룩의 윤리와 미학(La liberté et le maintien: éthique et esthétique du total look de Chanel, dans J.-M. Floch, *Identités visuelles, op. cit.*, pp. 108~144).

5　이 도판들은 또한 샤넬의 카탈로그 109쪽과 110쪽에 재현되었다. 마찬가지

로 보도(F. Baudot, *Chanel*, Éd. Assouline, 1996, 패션에 관한 석사 논문으로 쪽수가 매겨지지 않았다)의 저술에 재현되었다.

6 F. Baudot, *Chanel*, *op. cit.*

7 플로슈(J.-M. Floch, *Identités visuelles*, *op. cit.*, p. 112)와 들레(C. Delay, *Chanel solitaire*, Paris, Gallimard, 1983, p. 117)의 저서에 인용되었다.

8 P. Morand, *L' Allure de Chanel*, Paris, Herman, 1976, pp. 45~46.

9 *Ibid.*, p. 138.

10 '디올'의 실루엣과 스타일에 관해서는 포슈나의 저서(M.-F. Pochna, *Christian Dior*, Paris, Flammarion, 1994)나 그녀의 전공 논문(Éditions Assouline, 1996)을 참조하시오.

11 H. Wölfflin, *Principes fondamentaux de l histoire de l art*〔1916〕, Paris, Gérard Montfort, 1992(가장 최근의 프랑스어판). '고전주의적인 것과 바로크적인 것'의 구분에 관해서는 다음 서적들을 참조하시오. H. Wölfflin, *Renaissance et baroque*, Paris, Gérard Montfort, 1985; V. Tapié, *Baroque et classicisme*, Paris, Pluriel, Le Livre de poche, 1980. 간결하게 종합한 것으로는 플로슈의 논문을 참조하시오. J.-M. Floch, *Sémiotique et marketing, sous les signes les stratégies*, Paris, P.U.F., 1990, pp. 64~57. 그리고 고전주의적인 것과 바로크적인 것을 적용한 연구로는 플로슈의 다음과 같은 책이 있다. J.-M. Floch, *Identiés visuelles*, *op. cit.*, pp. 120~138.

12 구조 기호학의 범주들로서 이러한 시간 구분의 타당성에 관해서는 그레마스와 쿠르테스(A. Greimas et J. Courtés, *Sémiotique: dictionnaire raisonné*, *op. cit.*(éd. de 1986), p. 68과 (éd. de 1993), p. 67)의 정의를 참조할 수 있다. 또한 플로슈가 이 범주들을 공간에 적용한 저서(J.-M. Floch, *Sémiotique et marketing*, *op. cit.*, pp. 33 sq.)와 고전주의적인 것과 바로크적인 것의 차이에 관해 논한 저서(J.-M. Floch, *Identité visuelles*, *op. cit.*, pp. 127~131)를 참조할 수 있다. 또한 이 범주들은 베르트랑의 사치 상표와 사

치품 시계에 관한 광고 담화 분석(D. Bertrand, 《Approche sémiotique du luxe: entre esthétique et esthétie》, *Revue française du marketing*, n° 187, 2002, 2, pp. 73~82)에 적용되었다. 레모리(B. Rémaury, 《Imaginaire de mode》 (conférence pour la chaire LVMH), Essec, 28 février 2001)와 바르니에(S. Warnier, 《Mode et temps: la légitimité des griffes créatives》, *Repères mode et textile*, Institut français de la mode, 1996, pp. 94~105)는 여기에서 제안한 분류를 자유롭게 채용했다.

13 여기에 사용한 용어는 기호학의 기술적 어휘에 따른 것으로 의미론적 대비에 부합하는 말인 '대립'이 아니라 '모순'을 의미한다. 우리는 독자들의 이해를 돕기 위해 '대립'이란 말을 간직하길 더 좋아한다.

14 J. Cocteau, Lithographie(1928), dans Collection privée, soixante-dix illustrations des sociétés du comité Colbert, 1929.

15 P. Morand, L'*Allure de Chanel*, *op. cit.*, p. 143.

16 J.-M. Floch, *Identités visuelles*, *op. cit.*, p. 137.

○ 부록: 도표와 지표

콜베르위원회의 회원사들 목록과 설립 연도

겔랑Guerlain	1828
기 라로쉬Guy Laroche	1957
니나 리치Nina Ricci	1932
돔Daum	1875
들릴Delisle	1895
디디에 아론Didier Aaron	1923
라코스테Lacoste	1933
랄리크Lalique	1910
랑콤Lancôme	1935
레미 마르탱Rémy Martin	1724
레비용Révillon	1723
레오나르Léonard	1943
로랑 페리에Laurent Perrier	1812
로베르 아빌랑Robert Haviland	1924
로샤스Rochas	1925
루이 로데레Louis Roederer	1776
루이비통Louis Vuitton	1845
루이나Ruinart	1729
르노트르Lenôtre	1957
르자주Lesage	1870

마뉘엘 카노바스Manuel Canovas	1963
멜르리오 일명 멜르Mellerio dits Meller	1613
모브생Mauboussin	1827
미셸 게라르Michel Guerard	1965
바카라Baccarat	1764
반 클리프 앤 아펠Van Cleef & Arpels	1906
베르나르도Bernardaud	1863
볼랭저Bollinger	1829
뵈브 클리코Veuve Clicquot	1722
부쉐롱Boucheron	1858
뷔시에르Bussière	1924
브레게Breguet	1775
생-루이Saint Louis	1767
샤넬Chanel	1912
샤를르Charles	1908
샤토 디켐Château d'yquem	1786
샤토 라피트-로쉴드Château Lafite-Rothschild	1855
샤토 슈발 블랑Château Cheval Blanc	1832
셀린느Céline	1946
술레이아도Souleiado	1780
에디아르Hédiard	1854
에르메스Hermès	1837
에르퀴스Ercuis	1876

S.T. 듀퐁 S.T. Dupont	1872
호텔 로열 에비앙 Hôtel Royal Évian	1909
호텔 리츠 Hôtel Ritz	1898
호텔 조르주 5 Hôtel Georges-V	1928
호텔 크리용 Hôtel Crillon	1909
호텔 플라자 아테네 Hôtel Plaza-Athénée	1911
우스토 드 보마니에르 Oustau de Baumaniere	1945
잔느 랑방 Lanvin	1889
장 파투 Jean Patou	1919
장-루이 세레 Jean-Louis Scherrer	1971
존 롭 John Lobb	1899
지방시 Givenchy	1951
지앙 Giens	1821
카롱 Caron	1904
쿠르부아지에 Courvoisier	1835
크루그 Krug	1843
크리스티앙 디올 Christian Dior	1947
크리스토플 Christofle	1830
타이방 Taillevent	1946
퍼퓸 니나 리치 Parfums Nina Ricci	1945
퍼퓸 랑방 Parfums Lanvin	1925
퍼퓸 반 클리프 앤 아펠 Parfums Van Cleef & Arpels	1976
퍼퓸 샤넬 Parfums Chanel	1924

퍼퓸 에르메스 Parfums Hermès	1948
퍼퓸 장 파투 Parfums Jean Patou	1925
퍼퓸 지방시 Parfums Givenchy	1957
퍼퓸 크리스티앙 디올 Parfums C. Dior	1948
포트홀 D. Porthault	1924
퓌포카 Puiforcat	1820
플라마리옹 Flammarion	1875
피에르 발망 Pierre Balmain	1945
피에르 프레이 Pierre Frey	1935

이후에 티에리 뮈글러가 1996~1997 회계 연도에 콜베르위원회에 동참했다. 콜베르
위원회의 통제를 받고 있는 화장품 그룹 클라란스는, 2002년 말에 티에리 뮈글러 쿠
튀르 분야의 영업 활동을 중단한다고 발표했다.

콜베르위원회의 회원사들 목록과 설립 연도

	프랑스	이탈리아	미국
1900~1920	랑방Lanvin		
1921~1940	발렌시아가Balenciaga 샤넬Chanel 그레Grès 에르메스Hermès*	펜디Fendi	
1941~1960	발망Balmain 카르댕Cardin 카르벵Carven 셀린느Céline 디올Dior 페로Féraud 지방시Givenchy 라로슈Laroche	크리지아Krizia	
1961~1970	쿠레즈Courrèges 라피두스Lapidus 라반Rabanne 소니아 리키엘 Sonia Rykiel 셰레Scherrer 입생로랑YSL 토랑트Torrente 웅가로Ungaro	발렌티노Valentino	제프리 벤 Geoffrey Benne 오 드 라 렌타 O. de la Renta 랄프 로렌 Ralph Lauren 캘빈 클라인 Calvin Klein

	프랑스	이탈리아	미국
1971~1980	카스텔바작Castelbajac 고티에J.-P. Gaultier 몬타나Montana 뮈글러Mugler 타를라치Tarlazzi 샹탈Chantal 토마Thomas	아르마니Armani 트루사르디Trussardi 베르사체Versace 페레Ferre	
1981~1990	알라이아Alaïa 라크루아Lacroix 라거펠트Lagerfeld	구찌Gucci* 질글리Gigli	

출처

McKinsey, 《Douze propositions pour étendre le leadership des marques françaises》, *op. cit.*, p. 5-2. Hubert Joly(1991). Industrie du luxe: rebondir sur la crise, leviers pour le succès des années 1990, *Revue française du marketing*, 132-133, p. 100.

* 프레타포르테의 사업 개시일을 의미하는 것이지 사업체의 설립 연도를 의미하지 않는다. 예를 들면 에르메스는 1837년에 설립되었고, 구찌는 1920년에 설립되었다.

샤넬, 디올, 구찌, 루이비통, 롤렉스, 벤츠, BMW……. 우리는 사람들이 이러한 상표들 앞에서 보일 수 있는 여러 가지 반응들을 생각해볼 수 있다. 두근거리는 마음과 찌푸린 인상, 부자와 빈자, 과시와 소외, 과소비와 절약, 욕망과 절망, 기다림과 실망감, 현실과 꿈……. 무덤덤한 반응을 보이는 사람들이 얼마나 될까? 사람들은 왜 유명 사치 상표에 대해 이분법적인 반응을 보일까?

사람들은 건강, 몸매 관리, 휴식 그리고 여행과 관련된 목록에 대해서도 위에서 열거한 유명 사치 상표들에 보인 반응과 유사한 반응을 보일까?

다시 한 번 열거해보자. 성형 수술, 해외 여행, 다이어트, 외식, 휴양지…….

일상 속에서 자주 접하고 실천하며 소비하는 이 항목들은 과연 사치에 속하는 것들일까? 물론 사치의 절대적인 기준은 존재하지 않는다. 설령 존재한다 해도, 그 기준은 개인의 경제 능력에 달려 있어 단일하지 않다. 그러나 역사적으로 볼 때, 사회, 집단, 개인과의 관계에서 사치는 공동의 규범에 따랐다.

그렇다면, 사치란 무엇일까? 이 책은 이 물음에 두 가지 관점으로 답하고 있다. 질 리포베츠키는 사회학적·민속학적 측면에서 원시시대부터 현재까지 사치가 사회, 종교, 권력, 예술과의 관계에서 어떻게 분출되어, 어떤 의미로 발전해왔는지, 달리 말하면 사치의 기원과 본질을 다루고 있다. 엘리에트 루는 경영학적인 측면에서 사치가 어떻게 산업이 되었으며, 산업화 과정에서 사치품 마케팅은 어디, 그리고 무엇에 주안점을 두고 진행해왔는지를 보여주고 있다. 즉 이 책은 사치를 통해 바라본 사회 변화 과정과 사치품 마케팅에 관한 일종의 케이스 스터디를 담고 있다. 언뜻 보기에 두 가지 관점은 서로 상치되는 시각을 견지하고 있는 듯 보인다. 그러나 이 책은 이러한 생각을 한순간의 기우로 만들면서, 사치가 시대의 변화에 따라 개인과 사회에 어떻게 수용되어 현시성을 갖게 되었는지를 명쾌하게 밝히고 있다.

사치의 기원과 본질은 세 가지 용어로 요약할 수 있을 것이다. 포틀래치Potlatch, 쿨라Kula, 노블레스 오블리주Noblesse Oblige. 한 집단에서 부와 지위를 선의적으로 과시하기 위해 경쟁적으로 진수성찬을 베풀고 선물했던 일(포틀래치)과 집단과 집단 사이의 평화 유지를 위한 의례적인 교환과 기부의 역량을 보여준 원시 시대의 쿨라 현상은 지위가 높으면 덕도 높아야 한다(노블레스 오블리주)는 생각을 잘 표현하고 있기 때문이다. 따라서 사치는 개인보다는 집단, 물건보다는 인간, 갈등보다는 평화, 지탄보다는 명예를 우선하는 축재蓄財가 아닌 베풂이었다. 그러나 우리가 간과할 수 없는 사실은 인간 역사에서 관찰할 수 있는 다양한 사치의 양태들은 시대와 환경에 따라 달리 해석될 수 있고 많은 변화를 겪어왔다는 점이다.

현대의 사치에 대한 부정적인 생각은 18세기 프랑스에서 있었던 사치 논쟁에서 유래한다. 사치 논쟁이란, 사치가 과도함과 자만심의 표현 수단, 쾌락 경쟁, 육체와 영혼의 퇴폐, 풍기 문란과 사회 혼란의 원인이 된다는 이른바 도덕적인 비판과 잉여와 부에 대한 예찬의 대립을 말한다. 현대 사회에서도 이러한 논쟁은 유효하다. 사심을 버리고 조건 없이 너그러움을 베푸는 행위(원시 시대의 사치), 골동품과 예술품 그리고 예술에 대한 후원과 구매와 투자(르네상스 시대 이후의 사치), 사회 변혁과 산업 발달로 인해 자연스럽게 부를 드러낸 외관(근대 사회의 사치), 인간의 한계에 도전하는 여러 가지 기록 경쟁들(신개인주의 경향의 사치), 불확실한 시대에 안전에 대한 관심, 건강과 미에 대한 관심(현대 사회의 사치), 시대를 막론하고 사리사욕과 축재를 목적으로 한 사치의 거부 등, 이 모든 것들은 사치가 내포하고 있는 윤리, 미학, 정체성, 적법성의 기준들을 생각게 하면서 비판과 예찬의 논쟁을 불러일으키기 때문이다.

사치는 나와 타인, 개인과 개인, 개인과 집단, 집단과 집단의 관계에서 통합과 분리, 수용과 거부, 긍정과 부정 등과 같은 이율배반적인 속성을 드러낸다. 또한 사치는 평범함을 비범함으로, 무가치를 유가치로 변화시킬 뿐 아니라, 반대로 유가치를 무가치로, 비범함을 평범함으로 변화시키는 순기능과 역기능을 함유하고 있다. 이러한 사치의 속성은 개인보다는 집단을 우선하던 사회 규범에서 극도로 개인화된 인간 행태로 옮아간 변화 과정, 그리고 집단 우위의 사회에서 미세하게 분화된 현재의 다변화된 사회 현상을 잘 보여주고 있다. 사치는 시대 환경에 따른 개인, 집단, 사회의 차별화 혹은 구별 짓기의 속성을 잘 드러낸다. 따라서 사치는 인간과 사회와 세계에 대한 성찰이 결합되어 나타난 삶의 방식이다. 달리 말하면, 사치는 일상 생활에서 쉽게 접할 수 있는 창조의 형태로 표출된 문화 현상이 되었다.

고가의 시계, 장식품, 화장품, 자동차 등은 부를 과시하는 광경과 혼동되어 사용되었다. 물론 타인의 시선을 끌 목적으로 한 기교, 몸치장, 눈에 보이는 표시들은 사치를 드러내는 주된 수단들이었고, 지금도 그러하다. 그러나 현재 많은 사람들의 관심 대상이 된 기능성 화장품, 건강과 몸매에 대한 관심, 호화로운 목욕 시설, 성형외과 등은 사치를 표현하는 데 중요한 수단이 되었다. 따라서 이러한 관심들은 사치 마케팅 전략을 수립하고 진행하는 데 반드시 참고해야 할 사항이 되었다. 즉 사치 마케팅은 유명 상품 제조업체들이 상표의 정체성과 적법성과 명성을 유지하기 위해 펼치는 가격 유지 정책, 서비스의 질, 정기적인 신상품 발표회뿐 아니라, 유명 상품의 홍수 속에서도 예전보다 가격에 더 예민하게 반응하는 고객들에게 만족과 감동과 기쁨을 주면서 고객들을 확보하고 유지하기 위해 적극적으로 대응하는 수단이다.

따라서 이 책이 견지하고 있는 사회·민속학적 관점과 경영학적 관점은, 한편으로는 일상의 문화로 자리하고 있는 사치의 개인적·집단적·사회적 의미를 이해할 수 있도록 하고, 다른 한편으로는 사치품이 단순한 물건의 차원을 넘어, 그 속에 함유되어 있는 개인과 사회와 세계에 관한 새로운 통찰력을 바탕으로 세상을 변화시킨 장인들의 창의적 숨결, 즉 가치를 극대화한 물품들의 효용성, 창조 문화의 가치 제고와 확대 전략을 이해하는 데 도움을 준다.

우리는 이러한 두 가지 관점의 이해로부터 문화에 대한 이해가 전제되지 않는 사치품 소비는, 명예나 숭고함이 결여되어 있는 자기 과시의 속성을 대신할 뿐이라는 단순 명료한 교훈을 얻을 수 있다. 왜냐하면 물신 숭배의 대상으로서 사치 상표는 부침을 겪지만, 인간이 사치를 통해 추구하려는 문화적 감동은 영원하기 때문이다.

유재명

○ 찾아보기

옮긴이 **유재명**

서강대학교 불어불문학과를 졸업하고, 프랑스 그르노블 3대학에서 불문
학 석사학위를, 사부아 대학에서 〈보리스 비앙 작품에 나타난 창작의 변
증법으로서 빛과 그림자〉로 문학 박사학위를 받았다. 현재 경희대학교 후
마니타스 칼리지 객원교수 재직 중이며, 경희대학교 아프리카연구센터
공동연구원이다.
저서로는 《에티오피아의 역사》《황금 사치 방랑 그리고 눈》(공저), 역서로
는 《사치의 문화》《저속과 과속의 부조화, 페미니즘》 등이 있다.

사치의 문화
우리 시대의 일상이 된 사치에 대하여

1판 1쇄 발행 2004년 6월 25일
개정판 1쇄 발행 2018년 4월 30일

지은이 질 리포베츠키·엘리에트 루 | 옮긴이 유재명
펴낸곳 (주)문예출판사 | 펴낸이 전준배
출판등록 1966. 12. 2. 제 1-134호
주소 03992 서울시 마포구 월드컵북로 6길 30
전화 393-5681 | 팩스 393-5685
홈페이지 www.moonye.com | 블로그 blog.naver.com/imoonye
페이스북 www.facebook.com/moonyepublishing | 이메일 info@moonye.com

ISBN 978-89-310-1085-5 03100

이 도서의 국립중앙도서관 출판시도서목록(CIP)은 서지정보유통지원시스템
(http://seoji.nl.go.kr)과 국가자료공동목록시스템(http://www.nl.go.kr/kolisnet)에서
이용하실 수 있습니다. (CIP제어번호 CIP2018009697)